C. S. FORESTER

Eine Bootsfahrt in Deutschland

C. S. FORESTER

Eine Bootsfahrt in Deutschland

Koehlers Verlagsgesellschaft mbH
Hamburg

CIP-Kurztitelaufnahme der Deutschen Bibliothek:

Forester, Cecil. S.:
Eine Bootsfahrt in Deutschland / C. S. Forester.–
Hamburg: Koehler, 1999
(Edition Compass)
ISBN 3-7822-0753-X

ISBN 3 7822 0753-X
© 1999 by Koehlers Verlagsgesellschaft mbH, Hamburg
Alle Rechte, insbesondere das der Übersetzung,
vorbehalten
Produktion, Layout und Einbandgestaltung:
Hans-Peter Herfs-George
Printed in Germany

Inhalt

Lob des Wohnboots

Wer sich auf der Reise Scherereien und Ärger ersparen möchte, der nimmt sein Wohnhaus am besten gleich mit. Und das geht am bequemsten auf dem Wasser. Man kann freilich auch im Hotel übernachten, falls man das Geld dazu hat. Aber selbst der reichste Mann der Welt ist nicht imstande, sich ein Hotel aus dem Nichts hervorzuzaubern, wenn er irgendwo bleiben möchte, wo es keines gibt. Wer Spaß daran hat, kann eine Wohnwagen benutzen; doch dann muß er sich Nacht für Nacht demütigen und wegen eines Rastplatzes herumhandeln. Mit einem Zelt ist es dieselbe Geschichte, und das muß außerdem noch jeden Abend auseinander- und jeden Morgen wieder zusammengepackt werden, was einen ungefähr beim fünften Mal zur Raserei bringt. Man könnte ja schließlich, wenn man mag, auf ein Obdach ganz verzichten. Aber das bleibt immer noch die ungemütlichste Art zu reisen.

Bei einem Wohnboot auf dem Wasser fallen all diese lästigen Dinge fort. Man kann für seine Bequemlichkeit viel mehr mitführen, als sich selbst in einem Reiseauto gut unterbringen ließe. Man kann haltmachen, wo man Lust hat, und braucht niemanden um Erlaubnis zu fragen. Ist einem gerade so zumute, daß man kein anderes menschliches Wesen zu Gesicht bekommen möchte, dann kann man einfach mitten im Fluß liegen bleiben oder an einer einsamen Insel anlegen und auf die ganze Menschheit pfeifen. Wer so in einem Boot sitzt, der hat rings um sich herum den idealsten Aschenbecher der Welt, und die Zigarettenstummel werden vom Wasser lautloser davongetragen als vom allertüchtigsten Hausmädchen. Abwaschwasser steht in unerschöpflichen Mengen zur Verfügung. Müßte man es dagegen erst etwa eine halbe Meile über Land zu einer Lagerstelle befördern, käme man sich bestimmt wie ein Mensch vor, der das Kreuz zu seiner eigenen Kreuzigung herbeischleppt. Schwimmen kann man, sooft es einem Spaß macht, und wenn man wieder aus dem Wasser taucht, ist man sofort in einem behaglichen, geschützten Nest geborgen, wo einem der schneidende Ostwind, der doch nur auf diesen Augenblick gelauert hat, nichts anhaben kann. Aus den Polstern, Matratzen und Kopfkissen, die einen wesentlichen Bestandteil der Bootseinrichtung bilden, läßt sich das allerbequemste Ruhebett zurechtmachen. Man ist also nicht dem Dilemma ausgesetzt, zwischen einem Schmerzenslager auf den kalten, harten Erdboden und dem langweiligen Mitherumschleppen von Bettzeug wählen zu müssen. Unter den verschiedenen Arten einer »Reise im Eigenheim« bietet nur das Wohnboot die Möglichkeit, zu essen, während man sich vorwärts bewegt. Keine Ameise, keine Schlange, keine herumwandernde Kuh kann einen aus der Ruhe stören. Höchstens ein – Krokodil, das will ich gerne zugeben.

Auf Flüssen kommt man übrigens auch stets am leichtesten an ein lockendes Ziel. Und das ist ganz natürlich; denn die Kultur ist den Flußläufen gefolgt, und alle bemerkenswerten Ereignisse der Weltgeschichte vom Bau der Pyramiden bis zur Marneschlacht haben sich in Reichweite von schiffbaren Gewässern zugetragen. Es gibt auch kein schöneres Landschaftsbild als eine Flußgegend, ob es nun die Seine mit ihren ragenden Kalksteinufern ist oder die

Themsepartie bei Maidenhead und Marlow mit ihren Märchenwäldern oder auch bloß das schlichte, liebliche Wiesenland, das sich in jedem Flußtal findet. Die Flußstimmungen, die einem das Wohnboot erschließt, könnte man sonst nur unter erheblichen Schwierigkeiten genießen. Das stille, sanfte Niedersinken des Abends, der perlmuttene Schimmer der Frühnebel, das reizvolle Grau des Sommerregens ... all das ist auf einem Fluß hundertmal so schön.

Ich weiß wohl, es gibt Leute, die bei dem Gedanken an Flüsse die Nase rümpfen und sich in ihrer Unduldsamkeit darauf versteifen, daß es in der ganzen Welt nur ein einziges Vergnügen gebe: auf dem Meer. Sie haben natürlich unrecht, wenn ich auch immerhin zugeben will, daß das Meer wohl das zweitschönste ist, und daß das Aufkreuzen in einem Fünftonnen-Fahrzeug manches für sich hat. Doch die Einsamkeit auf dem Meer ist die Einsamkeit einer anderen und nicht dieser Welt. Sie ist wunderschön in ihrer Art, – aber es ist nicht die Art, die mich reizt, und Seehäfen stimmen mich geradezu melancholisch.

Jedem das Seine! Für mich also die Flüsse, immer und immer wieder! Alles, was ich da eben über die besonderen Annehmlichkeiten einer Flußfahrt zusammengeschrieben habe, ist eigentlich nur Gerede. Es entspricht zwar der Wahrheit; aber es ist nicht aufrichtig gemeint. Wäre nämlich das Fahren auf Flüssen für alle Ewigkeit ebenso mühsam und unbequem wie die Besteigung des Matterhorns, – ich würde es, glaub' ich, trotzdem betreiben. Die Strudel und Wirbel an einer tiefen Stelle, der Anblick des grauen Flußlaufs im Sommerregen, die bewaldeten Höhen, die auf dem einen Ufer emporragen, und die sanften Wiesen, die sich vom andern aus in die Ferne dehnen,

… allein schon beim Schreiben darüber greift mir die Sehnsucht ans Herz. Der Fluß selbst macht den Hauptreiz einer Flußfahrt aus. Fließendes Wasser! In alten Zeiten hat es Hexereien entlarvt. Es verbirgt die Spur des gejagten Wildes. Es reinigt, es läutert, und es verschönt. Nichts auf der Welt ist auch nur halb so bezaubernd wie fließendes Wasser!

Ludwig XIV. hat Verständnis dafür gehabt. Achtzigtausend Soldaten und ungezählte Arbeiterscharen mußten sich abrackern, um Wasser nach Versailles zu schaffen, das über Marmorstufen herabstürzen, aus zahllosen Fontänen ausschießen und den großen Teich am Fuße der Schloßterrasse füllen sollte. Aber Ludwigs Geschmack war durch seine königliche Stellung zur Unnatur verführt. Seine Fontänen und Wasserstürze sind Verrücktheiten. Und so waren auch seine Fahrten in der vergoldeten Fregatte, gefolgt von Galeeren, über den langen Teich von Versailles zum Trianon nichts anderes als eine lächerliche Verzerrung der echten Wohnbootfahrten auf einem richtigen Fluß. Das war alles, was Ludwig einfiel, um sein Verlangen nach einer Wasserfahrt zu stillen. Und dabei fließt die Seine mitten durch Paris, und vierzehn Tage in einem kleinen flachen Fischerboot – wenn seine königliche Würde so etwas nur zugelassen hätte – würden ihm bestimmt mehr Vergnügen bereitet haben als sämtliche Prunkfahrten über den Schloßteich, – selbst wenn die Montespan drüben auf ihn wartete.

Der Hang zum fließenden Wasser ist eine weit verbreitete Leidenschaft. Es ist ja möglich, daß ich ihr mehr verfallen bin als die meisten Menschen, oder daß ich wenigstens mehr Gelegenheiten finde, ihr zu frönen. Vielleicht haben schon meine blutdürstigen Vorfahren in der ersten

Steinzeit ihren Spaß daran gehabt, in Booten aus Tierhäuten zwischen den Ichthyosauriern herumzupaddeln und haben flache Boote durchs Wasser gestakt. Einmal bin ich auch um mein Leben geschwommen, als mich mitten auf der Themse eine unbedachte Bewegung schiffbrüchig gemacht hatte. Dabei habe ich meine Schuhe eingebüßt. Es war gerade Karfreitag, und da ich keine anderen Schuhe bekam, bin ich mitten durch die Feiertagsmenge barfuß nach Hause gewandert. Oft habe ich mir dicke Blasen an meinen Händen zugezogen und an anderen Körperteilen die Haut abgeschürft. Und doch bin ich des fließenden Wassers niemals überdrüssig geworden. Ich glaube, das wird auch nie geschehen. Die mächtigste Wirkung aber hat das Wasser auf meine Frau ausgeübt. Bei ihr ist der gleiche Hang wohl noch stärker ausgebildet als bei mir. Sie hat nahezu dieselben Erfahrungen durchgemacht wie ich und hat das Bootfahren noch weniger sattbekommen. Deswegen allein schon würde ich dem fließenden Wasser treu bleiben, selbst wenn ich es auf den Tod nicht leiden könnte. Das alles erklärt wohl zur Genüge, daß ich eines Tages auf einen phantastischen Einfall kam: in einem offenen Boot durch Deutschland zu fahren. Und darauf wollte ich eigentlich hinaus, als ich mich daran machte, dieses Kapitel zu schreiben. Alles übrige bleibt wohl besser dem nächsten vorbehalten.

Ein Plan nimmt feste Formen an

Romanschriftstellerei macht alle Häuslichkeit zuschanden. Wer das Schreiben als Beruf betreibt, braucht keinen festen Wohnsitz zu haben. Selbst wenn er wollte, könnte er es sich kaum leisten. Der Zwang, Tag für Tag dieselbe Arbeitsstätte aufzusuchen macht die meisten Menschen seßhaft. Aber der Romanschreiber kann sein Geld ebenso gut da verdienen, wo er sich gerade aufhält. Das macht einigermaßen unstet, genau wie die Erleichterung der Ehescheidung, wenn sie eingeführt würde. Irgendein Einfall, irgendeine flüchtige Stimmung verleiten den Schriftsteller leicht dazu, Heim und Herd zu verlegen. Er kann auch eine Einladung, bei anderen Leuten zu wohnen, annehmen und tut das um so bereitwilliger, als er stets in der Lage ist, sich mit seiner Arbeit auszureden, wenn er der Gesellschaft langweiliger Gastgeber entgehen möchte, indes seine geduldige Gattin die Höflichkeit für zwei aufbringen muß. Immer schwebt ihm die vage Aussicht vor, es könne sich der Plan verwirklichen, nächstes Jahr da oder dorthin zu gehen ... irgendso eine Ansicht, bei der es niemals der Mühe wert erscheint, sich erst noch eine ständige Wohnung mit Möbeln auf Abzahlung einzurichten wie andere Leute. So zieht er umher, ohne Rast und Ruh, durch London, England und Europa, je nach Laune und Geldbeutel. Für ihn selbst ist das ganz schön, für seine Frau aber eine Zumutung.

Und so wurde es mir auch niemals schwer, in einem Boot zu hausen, wenn mich das Verlangen danach überwältigte. Es bedeutete weiter nichts, als daß ich keine Miete mehr zu zahlen brauchte. In letzter Zeit, seit ich eine Frau zu Rate ziehen muß, geschah es freilich nicht mehr so spontan, sondern erst nach einiger Überlegung. Lange Wasserfahrten sind dabei nicht zustande gekommen; vielleicht erforderten sie zu viele Vorbereitungen. Wie dem auch sei, England eignet sich überhaupt nicht so gut für lange Flußfahrten wie andere Länder. Die Themse hat eine entzückende Wasserstrecke von etwa hundertfünfzig Kilometer Länge zu bieten, der Severn sogar noch etwas mehr. Es gibt zahlreiche Kanäle, und viele sind wirklich wunderschön. Aber man gelangt nur mit Mühe und Not von einem in den andern, und billig ist das auch nicht gerade. Kein Boot, das nicht besonders für sie registriert ist, darf die Themse befahren, und das kostet ein schweres Stück Geld. Die Schleusengebühren für Motorboote sind auf der Themse einfach verheerend. Deshalb mietet man sich bei Flußfahrten in England lieber an Ort und Stelle ein Boot, wobei man sich allerdings jedesmal auf einen bestimmten Wasserlauf beschränken muß. Erst ganz allmählich macht sich eine Opposition gegen diese Einschränkung geltend.

Für meine Wasserfahrt in Deutschland wollte ich unbedingt ein Motorboot haben. Weshalb eigentlich – das weiß der liebe Himmel! Auf meinen Fahrten durch England hatte ich stets mit Vorliebe behauptet, eine gemächliche Ruderei über eine Strecke von fünfundsiebzig Kilometern in vierzehn Tagen sei alles, was ich zu meinem Wohlbefinden brauchte. Da keine Anlegestelle der anderen glich, warum sollte man sich da wohl die Mühe machen und fünfzehn Kilometer in schnellem Tempo zurücklegen, wenn einem acht Kilometer langsamer Fahrt ebenso viel Vergnügen bereiteten? Aber die große Karte von Deutschland hatte es mir angetan. Ich wollte schnell vorwärts kommen und möglichst weit. Doch meine Kräfte versagten schon bei dem bloßen Gedanken daran, daß ich all die hunderte von Kilometern rudernd, paddelnd oder gar stakend zurücklegen sollte. Und selbst für mich, den schamlosesten Faulpelz von ganz England, war die Vorstellung unerträglich, ich könnte etwa mit dem Glorienschein einer Flußfahrt durch Deutschland heimkehren und dann womöglich in folgendes Gespräch verwickelt werden: »Na, war's schön?« – »Danke, sehr schön!« – »Wie lange sind Sie denn im ganzen fort gewesen?« – »So ziemlich vier Monate!« – »Ach, und wie weit sind Sie gekommen?« – »Na – so etwa fünfzig Kilometer! Fünfundzwanzig flußaufwärts und fünfundzwanzig abwärts …«

Kein Zweifel also: es mußte unbedingt ein Motorboot sein! Und nun hob ein planloses Durchstöbern von Verkaufsanzeigen in technischen Zeitungen an. Wohlgemerkt, es war bisher alles nur Spielerei, etwa von der Art, aus der sich manchmal ein Romanidee entwickelt. Kajütboote gab es zu kaufen, in allen Preislagen von 200 Pfund an aufwärts. Viel billiger, als ich gedacht hatte. Aber was hatte ich davon? 200 Pfund – das war gerade zweihundertmal so viel, wie ich mir leisten konnte. Also wurde der Gedanke einstweilen ad acta gelegt. Als ich bald darauf Gelegenheit fand, mir ein, zwei Kajütboote anzusehen, tat es mir nicht einmal sonderlich leid. Und jetzt werde ich mir sicher den Haß aller Kajütbootbesitzer zuziehen, die dieses Buch zu Gesicht bekommen. Aber ich muß doch bekennen: ich würde vielleicht nicht gerne auf längere Zeit in einem Kajütboot hausen. In einem Boot von der üblichen Aufmachung zu wohnen, das kommt mir vor, als wohnte man unter einem Eßtisch: alle möglichen Kinkerlitzchen, aber kein Platz! Die Natur hat mich mit einem etwas überdurchschnittlichen Leibeswuchs gesegnet, und das macht das Problem noch komplizierter. Kajütboote konnten mich nicht reizen. Kurz: ich wollte keines haben, wenn ich auch noch dafür bezahlen sollte.

Und nun gaukelte in meiner Phantasie wieder einmal das ideale Wohnboot herum, wie ich es mir schon oft in Gedanken ausgemalt hatte. Wozu braucht man sich mit einem »Skiff« oder mit einem »Punt« abzuplagen? Ihre ungeschickte Länge ist meist zu nichts nütze. Man kann in ihren äußersten Enden doch nie Sachen unterbringen, und wenn man es gleichwohl tut, kommt man später einfach nicht an sie heran; sie werden auf der ganzen Fahrt nie wieder angerührt. Ein Boot von fünf Meter Länge – mehr braucht man nicht: anderthalb Meter für die Steuerung und dreieinhalb Meter zum Aufenthalt. Aber breit muß das Boot sein. Ein schmales Boot kommt, ganz abgesehen von der Raumfrage, viel zu leicht in Schaukeln. Es läßt sich darin auch nicht bequem kochen. Die Pfannen purzeln von den Kochern herunter, sobald man einmal plötzlich nach seinem Tabak langt. Und wenn man bei Schlafen nicht acht gibt, und alle Mann an Bord sich nach einer Seite bewegen, kann es passieren, daß der Dollbord unter Wasser ist, wenn man aufwacht. In Wirklichkeit kommt so etwas ja nicht vor. Aber man muß eben achtgeben, und das Achtgebenmüssen ist schon lästig. Eine Höchstbreite von anderthalb Meter und ein flacher Boden bieten Gewähr für Stabilität. In solchem Boot können zwei bis drei Menschen zusammen auf derselben Bordkante sitzen, und es wird sich trotzdem höchstens eine ganze Kleinigkeit auf die Seite legen. Je breiter das Boot, desto geringer ist sein Tiefgang. Die Geschwindigkeit wird, wenn es darauf ankommt, nicht viel beeinträchtigt. Geringer Tiefgang ist stets ein Vorzug.

Der Schutz gegen die Witterung ist das nächste Problem, und hierüber muß ich mich etwas verbreiten, auch auf die Gefahr hin, daß mich manche Leser für weitschweifig und das Ganze für überflüssig halten. Bootszelte sind auf der Themse so zahlreich vertreten wie Stichlinge im Wasser. Aber schon auf anderen englischen Flüssen kennt man sie nicht, und in Deutschland war, soweit ich wenigstens feststellen konnte, meine ANNIE MARBLE das erste Boot, das sich mit einem Zelt geschmückt hatte. Soviel zu meiner Entschuldigung!

Man bringt zunächst drei Reifen in gleichmäßigen Abständen über dem Boot an. Darüber kommt ein wasserdichter Bezug aus Segeltuch, der vorn, hinten und an den Seiten über Bord hinunterreicht. Damit ist das Bootszelt fertig. Bei schönem Wetter rollt man den Überzug seitlich ganz hoch, bindet die Rollen hübsch ordentlich fest, – und nun ist das Boot fahrbereit. Bei Regen werden die Schnüre gelöst und die Zeltbahn über die Reifengestelle herabgelassen. In drei Sekunden ist dann der Regen ausgesperrt. Die Reifen können so hoch sein, wie man will … in vernünftigen Grenzen natürlich; denn weder die Reifen noch der Überzug sind so schwer, daß sie die Stabilität des Bootes beeinträchtigen könnten. Hat man etwa einen Spielraum von ein Meter fünfzig über sich bis zum Zeltdach, so ist das ebenso natürlich wie fünf Millionen Fuß Spielraum unterm Himmelszelt, wenn der Überzug hochgerollt ist. Das gewöhnliche Kajütboot mit seinen knappen Maßen von anderthalb Meter in der Mitte und weit weniger noch an den Enden, mit seinen Lüftungsschwierigkeiten und seinem ständigen Windwiderstand hält den Vergleich mit einem guten Zeltboot nicht aus, das überdies auch noch billiger ist.

Urplötzlich ging mir auch eine Lösung für das Motor-problem auf. Ein Außenbordmotor, der hinten überm Heck herunterhängt, nimmt im Boot selbst keinerlei Raum in Anspruch und würde meinem Dinghy-Boot mit seinem flachen Boden eine größere Geschwindigkeit geben, als ein gewöhnliches Kajütboot zu erzielen vermöchte. Wenn ich einmal mit der Eisenbahn fahren mußte, ließ sich so ein Boot leicht verpacken. Der Benzinverbrauch war gering. An flachen Stellen konnte man den Außenbordmotor einfach hochkippen, so daß die Schraube aus dem Wasser kam. Billig war er auch. Außenbordmotor und Bootszelt setzen miteinander das Kajütboot außer Wettbewerb! Und nun fing ich wieder einmal an, die Kosten zu überschlagen. Mein Idealboot mitsamt Zelt, Motor und allem Drum und Dran würde nicht mehr als achtzig Pfund kosten, und das war nur noch achtzig mal so viel als ich mir leisten konnte! Es kam also meinen Wünschen wesentlich entgegen.

Nun habe ich, wie man ja schon weiß, auch eine Frau, die ich wie einen Schatz in einer geheimen Kammer meines Daseins hüte. Und diese meine Frau – es war eigentlich ganz natürlich – hatte meine flüchtigen Bemerkungen über eine Flußfahrt in Deutschland aufgeschnappt und war gleich Feuer und Flamme dafür. Ich hätte die Fahrt wohl ganz gerne gemacht, – sie aber mußte sie einfach machen. Sie setzte mir unaufhörlich damit zu. Ich mußte Reisekosten überschlagen, ich mußte mich nach den Formalitäten für die Einfuhr eines Motorbootes nach Deutschland erkundigen. Immer wieder sagte ich zu ihr: »Ach, geh und spiel Hockey oder sonst was und laß mich in Ruh!« Es hatte gar keinen Zweck. Nicht einmal die Erwähnung des Hockeys konnte sie ablenken, und dabei war sie Meisterspielerin der Grafschaft. Als wir im Verlauf des Winters in alten Erinnerungen an Wasserfahrten schwelgten, und uns das Verlangen nach neuen ganz närrisch machte, wurde die Suche ernst. Es mußte schließlich etwas geschehen! Allmählich glaubte ich beinahe selbst schon an den Plan.

Ich suchte meinen Verleger heim. Verleger sind wunderliche Käuze. Sie tun immer gerade das, was man am wenigsten von ihnen erwartet hätte. Ich brachte dem meinigen schonend bei, daß ich den ewigen Quälereien meiner Frau nachgeben, unbedingt ein Motorboot kaufen und damit in Deutschland herumfahren müsse. Ich sagte ihm nichts Neues, als ich erzählte, daß die abendliche Themse, vom Embankment aus gesehen, ungefähr das einzige Stückchen Fluß sei, das ich zu Gesicht bekäme. Darauf drängte mir der Verleger Geld auf. Ich sagte ja schon: Verleger betragen sich immer ungewöhnlich. Wäre ich mit einem vernünftigen Anliegen zu ihm gekommen, hätte ich ihm etwa gesagt, ich müsse mir ein Haus kaufen und einrichten–, glaubt man vielleicht, er hätte mir Geld aufgedrängt, und wenn ich ihm noch so viele Bücher versprochen hätte? Wie dem auch sei, sein Angebot war nett und machte ihm Ehre. Meine Frau fand es auch nett von ihm, aber – selbstverständlich. Die meisten Menschen werden mir keinen Glauben schenken. Aber ich kann ihnen versichern, daß die Geschichte wirklich wahr ist.

Wenn man etwas vorhat, ist es am besten, man stürzt sich erst einmal Hals über Kopf hinein. Nachher muß man dann einfach hindurch. Die zügellose Phantasie tut zunächst die Hälfte der Arbeit. Dann aber wächst sie sich zu einem schrecklichen Unfug aus, außer wenn man sich ein Boot ausdenkt. In feierlicher Beratung sprach ich mit meiner Frau über frühere Boote und Fahrten. Wir gaben uns einen energischen Ruck und schüttelten die rosige Brille ab, durch die man gerne auf seine einstigen Taten zurückblickt. Kühl und unvoreingenommen riefen wir uns alles ins Gedächtnis, was einmal schief gegangen war, und sannen Maßnahmen zur künftigen Vermeidung solcher Mißgeschicke aus. Als wir uns alles genau hin und her überlegt hatten, waren wir endlich soweit, daß wir an Anschaffungen denken konnten.

Die Beschreibung der ANNIE MARBLE verlangt ein Kapitel für sich. Hier sei nur noch erwähnt, daß meine Frau, als der Plan gefaßt war, wie erlöst aufatmete bei der Vorstellung, nun vier Monate hintereinander dasselbe Dach überm Kopf zu haben, – und wenn sich auch dieses Dach in einer unbekannten, fremden Gegen herumbewegen sollte.

ANNIE MARBLE *stellt sich vor*

ANNIE MARBLE ist ein Mittelding zwischen einem Punt und einer Jolle. Sie ist fünf Meter lang und mißt dreißig Zentimeter vom Heck entfernt, wo sie am breitesten ist, anderthalb Meter Breite. Ihre Bordhöhe beträgt einen halben Meter. Mit zwei Mann und Gepäck an Bord hat sie einen Tiefgang von zehn Zentimeter. Vorne bildet ein Verdeck von dreißig Zentimeter Länge einen Bootskasten, der zur Unterbringung von Sachen dient, die man aller Voraussicht nach niemals braucht. Auf ihren Spanten liegen Bodenbretter, unter denen sich das eingedrungene Wasser sammelt. An zwei Stellen können Rückenbretter fast senkrecht von Bordwand zu Bordwand angebracht werden wie in einem Vergnügungsboot. Nur kann man in der ANNIE MARBLE das vordere Brett nach beiden Seiten schrägstellen, so daß die im Bug sitzenden Insassen eine Rückenstütze haben und doch in Fahrtrichtung blicken. Ein zwischen den Lehnbrettern über die Bootsränder gelegtes flaches Brett dient als Tisch. Die Reifen tragen ein Bootszelt aus grüner Willesden-Leinwand, fast zwei Meter hoch. Sie sind oben leicht gewölbt, aber nur so, daß seitlich der Spielraum nicht wesentlich beeinträchtigt wird. Duchten sind nicht vorhanden. Aber in dem Winkel, den das hintere Rückenbrett mit dem Dollbord bildet, kann man von einem Kissensitz aus ganz bequem steuern oder rudern. Zwei kurze Kanuruder bringen das Boot in mäßiger Strömung recht schnell vorwärts. Unser Kissenbestand setzt sich zusammen aus: drei Matratzen mit amerikanischen Leinwandbezügen, die – wasserdicht und waschbar – geripptem Manchesterstoff und Samt unendlich vorzuziehen sind; ferner aus ebenso vielen kleinen Kissen, als wir überhaupt nur stehlen und leihen konnten.

Unser Motor war ein »Elto Speedster« mit 6 PS. Hinter dem Rückenbrett im Heck fanden wir reichlich Platz zur Unterbringung von je zwei Benzin- und Ölkannen und einem Werkzeugkasten auf der einen Seite; auf die andere kamen zwei Primuskocher, eine Kochmaschine, eine Lampe und eine unheimliche Batterie Flaschen, darunter einige mit Paraffin und Spiritus. Wenn man zu zweit fährt, braucht nur das hintere Lehnbrett eingesetzt zu werden. Man hat dann den ganzen vorderen Teil des Bootes für Vorräte, zum Kochen und Herumbewegen frei. Alles, was zwei Menschen brauchen, läßt sich bequem mitführen. Übrigens sind Kisten, die sich hin und her tragen lassen, weit brauchbarer als Bootskästen; das haben wir in den verschiedensten Booten ausprobiert. In einer Kiste haben wir unser Geschirr und alle Sachen, die sofort zur Hand sein müssen. Die andere enthält Dinge, die häufiger gebraucht werden, und im Bug, wo man schwer herankommt, steht noch eine dritte Kiste mit Reservevorräten, Büchern und allerhand Zeug. Auf dieser Kiste liegt der Handkoffer mit unserer Kleidung. Unser Bettzeug, bestehend aus zwei Schlafsäcken mit Eiderdaunen und drei Decken, ist in einem wasserdichten Felleisen zusammengerollt und gibt, wenn nötig, einen passenden Sitz unmittelbar vor dem Bootstisch ab.

Schließlich muß ich noch von meiner großen Erfindung berichten. Es sind wasserdichte Taschen, die längs des Dollbords im Boot aufgehängt sind. Hier kann man alles verstauen, was man häufig braucht und doch nicht im Boot herumliegen lassen möchte: Bücher, Landkarten, Zigaretten, Schokolade, Haarbürsten, Handtücher, Hausschuhe, unvollendete Manuskripte, Seife, Strickzeug und zerrissene Hosen, die geflickt werden sollen. Handtaschen, Puderquasten, Hosengurte und Sonnenhüte. Die Bootstaschen, die stets zur Hand sind, an die man immer herankommt, und die dabei kaum Platz beanspruchen, stellen die letzte Verwollkommnung des Wohnbootes dar. Ich bin ihnen bisher auf keinem anderen Boot begegnet und tue mir viel auf ihre Erfindung zugute, mag meine Frau auch noch so oft behaupten, sie sei die Erfinderin. So also sah ANNIE MARBLE aus, als sie fertig vor uns dalag. Unser Traum war Wirklichkeit geworden. Die Taufe hatte uns übrigens ziemliches Kopfzerbrechen bereitet. Beinahe hätten wir sie »schlanke Linie« genannt, wegen ihrer flachen Kehrseite. Aber bescheiden, wie ich von Natur bin, schreckte ich doch vor diesem Vorschlag zurück. Kathleen – so heißt meine Frau – hatte sich bei den Vorbereitungen bis zur Erschöpfung abgearbeitet, und außerdem erinnern die ausgesprochen häßlichen Formen des Bootes nicht im geringsten an meine Frau. Aus Verzweiflung nannten wir es schließlich ANNIE MARBLE. Das war ein Name, der für ein Schiff zumindest neu war. So hieß nämlich eine Gestalt in einem meiner ersten Romane, auf den ich einigermaßen stolz bin. Das Urbild war ein schwer arbeitendes, phantasieloses, gefügiges Wesen. Wenn sie auch schließlich ein vorzeitiges Ende nahm, so besaß sie doch alle charakteristischen Eigenschaften, die ich von meinem Boot erwartete. Später fanden wir »Opera Top« wäre ein passenderer Name gewesen; denn wenn man das Wort »Opera Top« immer wiederholt, so klingt das genau wie das Geräusch des Motors. Aber Opera Top, auch eine Figur aus einem Roman von mir, war durchaus keine nette Dame. Ein so hübscher Name wie Annie Marble war noch am besten; heute können wir uns ANNIE MARBLE kaum unter einem andern vorstellen.

Nebenbei bemerkt, war ich in der ganzen Zeit, während sich ANNIE MARBLE ihrer Vollendung näherte, während Kissen bestellt, Fahrtrouten ausgedacht und sonst noch alle möglichen Dinge betrieben wurden, tief in eine Tätigkeit vergraben, die anderen Menschen unwichtig vorzukommen pflegt, für den Betroffenen aber doch eine gewisse Bedeutung hat: ich schrieb an einem Roman. Das Schreiben von Romanen ist nicht übermäßig schwer, nimmt aber voll in Anspruch. Ehe nicht das Tagespensum erledigt und die Arbeit für die nächsten zwei, drei Tage in den Einzelheiten einigermaßen festgelegt ist, will man mit den Angelegenheiten der Außenwelt nichts zu schaffen haben. Die Dinge der Außenwelt kommen einem unwirklich vor. Die Hauptgedanken gehören ausschließlich dem vertrackten Buch, das man gerade schreibt. Wenn der Held eben Bananen und Kokosnüsse auf einer Südseeinsel verspeist, dann ist es einem ziemlich gleichgültig, ob man selber im Ritz oder überhaupt nicht zu Abend ißt; denn was man auch zu sich nimmt, schmeckt ja doch nach Kokosnuß oder Banane. Hat man just zu der Zeit, da die Heldin sich mollig und warm in die Arme des Helden schmiegt, zum Verdruß seiner Frau eine brennende Zigarette im Bett zurückgelassen, so nimmt man von ihren Vorwürfen nur ganz obenhin Notiz und fühlt sich irgendwie dadurch irritiert, daß sie nicht auch warm und mollig ist.

So schienen mich also, nachdem der Entschluß erst einmal gefaßt war, die eigentlichen Vorbereitungen für unsere Fahrt, die ich mir aufgehalst hatte, nicht näher zu berühren. Es kam mir in Wirklichkeit etwa so vor, als schriebe ich gleichzeitig an zwei Romanen. Der Mensch, der da Landkarten und Reiseführer eifrig studierte und in schwülstigem, fehlerhaftem Deutsche Briefe verfaßte, das war weniger ich selbst als vielmehr eine meiner beliebten, etwas unvollkommenen Nebenfiguren, und was diesem Menschen zustieß, ging mich im Grunde gar nichts an, sondern nur mein anderes Ich, das sich bald unter ein Bootszelt kuscheln, mit Primuskochern herumhantieren und über die weite Fläche des Müritzsees dahinsteuern sollte. Ich kann mir nicht helfen, aber es kommt mir so vor, als habe sich Kathleen die günstige Gelegenheit, sich mir überlegen zu zeigen, in unfairer Weise zunutze gemacht und mich dazu verleitet, völlig in dieser Geistesverfassung aufzugehen, in der ich nicht ganz zurechnungsfähig war.

Es geht los

Wenn der Eisbär aus seinem Winterschlaf erwacht, dann soll er eine wilde, ausgehungerte Bestie sein, die man am besten sich selbst überläßt. Eines schönen Aprilmorgens im Jahr 1929 ging es mir gerade umgekehrt wie dem Eisbären. Ich hatte freilich auch keinen Winterschlaf gehalten. Für mich war der Winter von Arbeit erfüllt gewesen, die mich so stark in Anspruch genommen und so hohe Anforderungen an mich gestellt hatte, daß ich jetzt schwach war wie ein kleines Kind. Ich blinzelte in die Sonne wie ein Mensch, der gerade aus einem Burgverlies ans Licht tritt, und starrte matt und staunend die Bootspinne in meiner Hand an. Ich wunderte mich, wo sie plötzlich herkam.

Und nun steuerte ich, indes der Motor neben mir laut vor Freude knatterte, ANNIE MARBLE die breite, windbewegte Themse hinunter. Die Sonne wärmte mich, der Wind bewahrte mich vor einem Sonnenstich und gelegentliche Spritzer hielten mich wach. Den Winter über hatte ich zeitweise einen ganzen Berg von Arbeit bewältigt. In lichten Augenblicken hatte ich dazwischen Reiseführer und Lexika durchstudiert, an Konsulate und Verkehrsbüros geschrieben, um mich über Zollbestimmungen und Flüsse zu orientieren. Ja sogar an Seine Exzellenz, den Deutschen Botschafter, hatte ich mich gewandt. Mit hochnehmerischen Schiffsgesellschaften hatte ich erbitterte schriftliche Fehden geführt. Nun aber war die Krönung all meiner Taten gekommen: mit der Ebbe schossen wir unter der Battersea Brücke hindurch.

Erst vor zwei Tagen war ich von der Schiffahrtsgesellschaft, der ich schließlich meine Gunst geschenkt hatte, telefonisch mit der Nachricht überrascht worden, daß ihr zweimal wöchentlich verkehrender Dampfer, auf dem wir Plätze für die Überfahrt belegt hatten, einen andern Kurs genommen habe. Wir könnten aber dafür den vorher oder den nachher verkehrenden Dampfer nehmen. Wir wählten natürlich den früheren; denn wer hätte wohl gern eine Reise verschoben, die schon so nahe bevorstand? Der Erfolg war, daß Vorbereitungen, für die wir fünf Tage in Aussicht genommen hatten, in dreien überstürzt werden mußten. Ich hatte vier wichtige Besprechungen auf einen einzigen verhetzten Tag zusammengedrängt, hatte Banken ausgesucht und Einkäufe erledigt, die bis zum letzten Tag aufgeschoben worden waren. Meiner Sekretärin hatte ich zwanzig Briefe in die Maschine diktiert, die ich seit einem Monat hätte schreiben sollen, wenn es nur meine Arbeit zugelassen hätte. Als ich nach Hause kam, stellte ich fest, daß es meiner Frau nach einem noch anstrengenderen Tagewerk gelungen war, alles zusammenzusuchen und einzupacken, was wir für eine Motorbootfahrt von vier Monaten brauchten. Es sollte sich zeigen, daß sie tatsächlich nicht das geringste vergessen hatte. Den Abend benutzten wir dazu, all dies Zeug mit einer Autodroschke zur Anlegestelle der ANNIE MARBLE zu schaffen. Der nächste Tag verging mit Abschiedsbesuchen, der Abwicklung unerledigter Geschäfte und dem Abtransport unserer Möbel in ein Lagerhaus ... Und nun waren wir endlich zum Hafen unterwegs, wo uns das wackere Schiff STURMMÖWE erwartete, das uns nach Hamburg bringen sollte.

Wieviele Londoner mögen wohl überhaupt von uns Notiz genommen haben, als wir mit günstiger Strömung an

Chelsea, Vauxhall und Westminster vorbei flußabwärts dahinjagten. Wir kamen uns ganz verloren und verlassen vor. ANNIEs ganze Pracht, die Zeltreifen mit krönendem Dach, war abmontiert und verstaut. Wie wir so dahinfuhren, schlugen die Wellen gegen unser fünf Meter langes, flachbodiges Fahrzeug, dessen Bord kaum vierzig Zentimeter aus dem Wasser ragte. Bis auf den Platz im Heck, wo ich samt Kathleen und dem Motor untergebracht war, hatten wir das ganze Boot sorgfältig mit einer grünen Schutzhülle überdeckt, die Spritzer und Sprühwellen abhielt und unsere eigene Winzigkeit noch zu betonen schien. Schiffer riefen uns spöttisch nach, ob wir nicht Briefe für sie in Amsterdam oder Ostende in den Kasten werfen wollten. Polizeiboote nahmen uns neugierig aufs Korn. Während wir mitten im Fluß trieben, füllten wir unsern Benzintank auf, um für die letzte, unangenehmste Strecke gerüstet zu sein. Und dann brausten wir dahin in der reißenden Strömung.

Wir hatten – es war schon eine ganze Zeit her – einmal diesen Teil unserer Fahrt eifrig erörtert, und ich bin mir so gut wie sicher, daß Kathleen damals bereit gewesen war, auszusteigen und den Rest des Weges mit dem Autobus zurückzulegen. Jetzt aber, als es soweit war, wies sie diese Zumutung mit einem verächtlichen Pah!!! von sich und drehte beherzt das Anlaßrad des Motors. So sind Frauen – und meine ist den meisten anderen noch voraus! ANNIE MARBLE ist niemals als seetüchtiges Schiff gedacht gewesen. Deshalb mußten wir unsere bequeme Methode, schnell aus London herauszukommen, hinter der Blackfriars Brücke mit fünf recht ungemütlichen Minuten bezahlen.

Es war wirklich sehr unbehaglich. Der heftige Wind rief kurze Stoßwellen hervor, und die vielen Schlepper und

Dampfer machten die Sache noch zehnmal schlimmer. ANNIE hopste und hüpfte wie eine Verrückte. Immer wieder hob sich ihr fester flacher Boden aus den Wogen und stampfte krachend zurück, daß einem ganz schwindlig dabei wurde. In wahren Sturzbächen kam das Spritzwasser über Bord. Das alles dauerte indessen nicht so lange, daß man sich hätte ängstigen müssen. Wirblig im Kopf, klammerten wir uns an die Pinne und hielten uns auf dem hin und her schwankenden Dollbord im Gleichgewicht wie Cowboys auf ihren Präriepferden ... So sausten wir inmitten einer dahinjagenden Flotte von Schleppdampfern unter der Tower Bridge hindurch. Wir steuerten wie wahnsinnig und hielten nach allen Seiten Ausschau, um die STURM-MÖWE zu entdecken. Die Freude war groß, als wir schließlich ihren Namen lasen. Sogleich nahmen wir in halsbrecherischer Fahrt unsern Kurs auf die Stelle zu, wo sie vor Anker lag. Aufatmend schossen wir in das stille Wasser zwischen Schiff und Ufer. Das Ganze hatte knapp fünf Minuten gedauert und war für ANNIE, wie wir allerdings erst später feststellten, das reine Kinderspiel gewesen.

Ein Polizeiboot, das wohl mit Staunen und in heller Bestürzung unsere Bocksprünge verfolgt hatte, sah uns neben dem Dampfer haltmachen und eilte herbei, um uns seine Hilfe anzubieten. Vom Kai aus fragte jemand, was in aller Welt wir eigentlich vorhätten. Hilfsbereite Leute auf der Tower Bridge riefen Ratschläge zu uns hinunter. Nur die Besatzung der STURMMÖWE zeigte keinerlei Interesse für uns. Sie hatte uns überhaupt nicht bemerkt. Aber schließlich schaute auf das laute Geschrei hin doch ein rußiges Gesicht über Bord und rief auf Verlangen den Maat herbei. Ich hatte schon angesichts der kürzlichen Änderungen in den Fahrzeiten das Schlimmste befürchtet. Wir wurden aber tatsächlich erwartet. Wir warfen die Fangleine. Sie wurde festgemacht. Ich hob mit Kathleen den Motor an Bord, und dann kletterten wir auf der schwankenden Strickleiter an Deck der STURMMÖWE.

Man schaffte Stricke herbei und schlang sie um ANNIE. Ein Kran begann zu arbeiten, schwenkte sie in die Luft empor, tastete fast wie ein Mensch umher, beförderte sie durch die Luke und setzte sie schließlich auf einem Stapel Wollballen behutsam ab. Noch nie war mir ANNIEs spaßige Winzigkeit so zum Bewußtsein gekommen wie jetzt, da ich sie durch die Schiffsluke schweben und dabei nicht mehr Raum in Anspruch nehmen sah als eine Erbse in einem Kanalisationsrohr. Sonst hätte ich wohl auch kaum mit ihr die Fahrt durch die Tower Bridge riskiert. Und doch war es der bequemste Weg gewesen: ANNIE samt ihrem Motor und all dem Sack und Pack, das zu ihrer Wohneinrichtung gehörte, war auf diese Weise mit unserem eigenen Gepäck zusammen von Barnes aus stromabwärts an Bord gebracht worden, und das hatte nicht mehr Umstände gemacht, als wenn wir bloß unsern Handkoffer allein mit Hilfe von Gepäckträgern und einer Autodroschke befördert hätten.

Noch bei Ebbe wandte die STURMMÖWE ihren Rumpf und nahm Kurs nach Deutschland, ins Unbekannte … Aber nicht lange mehr sollte uns der Schiffsrumpf wuchtig vorkommen. Der günstige Südost, der uns auf der Fahrt durch London Sonnenschein beschert hatte, hielt nur an, bis wir wohlbehalten draußen in der Mündung waren. Dann sprang er nach Norden um und verwandelte sich in einen heulenden Sturm, der die Nordsee wild aufwühlte. Wie Fäuste eines rasenden Giganten hämmerten die Wogen gegen die geduldige Schiffsflanke. Jetzt hüpfte und hopste die

STURMMÖWE ebenso toll umher wie ANNIE MARBLE an der Tower Bridge. Und dabei wäre beinahe eine glückverheißende Ehe in die Brüche gegangen. Ich glaube, Kathleen hat mich nie so gehaßt wie damals; denn eine seltsame Laune es Zufalls wollte es, daß weder das ziellose Aufbäumen des Hinterschiffs noch das heftige Auf und Nieder des Bugs den geringsten Eindruck auf mich machten. Ich setzte mich während dieser hochdramatischen achtundvierzig Stunden bei jeder Mahlzeit mit gutem Appetit zu Tisch und brachte es hinterher auch noch fertig, der ächzenden, stöhnenden Kathleen in ihrer Schlafkoje das gekochte Rindfleisch und die Klöße mit Kompott in den verlockendsten Farben auszumalen. Das schwindelerregende, korkzieherartige Schlingern, das man bei aufgewühltem Meer nur zu gut kennen lernt, und das mich durch seine unbarmherzige Wiederkehr auf früheren Seereisen völlig entmutigt hatte, übte nicht die geringste Wirkung auf mich aus. Ich kann mir das eigentlich gar nicht anders erklären als mit der voraufgegangenen Überarbeitung.

Aber schließlich stieg Helgoland vor unsern Blicken auf. Man bekam in Steuerbord vorn in weiter Ferne Baumwipfel zu sehen und später auch einen dünnen gelben Streifen … Das war Deutschland! Bald hatten wir Land zu beiden Seiten. Kein Zweifel: wir waren schon auf der Elbe, wo unsere eigentliche Flußfahrt beginnen sollte. Nun durfte Kathleen aus ihrer Schlafkoje wieder auferstehen und mir meine robuste Natur verzeihen. Es kamen Fabriken, Werften, Schiffsdocks, immer neue Werften … immer neue Docks … Und schließlich ging die STURMMÖWE gegen Abend in einem Hafenbecken vor Anker.

Noch während wir anlegten, verdüsterte sich der Himmel. Der Nordwind heulte lauter denn je, und ein Schneesturm fegte herab, der das Schiff und die Boote und die Kais in eine dichte weiße Decke hüllte. Wahrlich, ein freundlicher Willkommensgruß für zwei Menschen, die gerade eine lange Wasserfahrt in einem offenen Boot antreten wollten. Und doch haben wird beide drum nicht schlechter geschlafen.

Wir setzen uns mit der Hamburger Zollbehörde auseinander

Meine Reisevorbereitungen waren ein nicht sehr glückliches mixtum compositum aus Weltgewandtheit und Leichtfertigkeit. Ich hatte zwar für die Überfahrt nach Hamburg vorsorglich die Dampferlinie gewählt, deren Schiffe sowohl auf der Themse als auf der Elbe am weitesten flußaufwärts anlegen, weil wir so den dichten Verkehr der Handelsschiffe vermieden. Aber gleichzeitig ließ ich mich auf das ganze Unternehmen ein, ohne mehr Deutsch zu können, als ich mir in zwölf Konversationstunden mitten zwischen meinen übrigen, viel anregenderen Arbeiten anzueignen vermochte. Wie schon alles für die Fahrt vorbereitet war, entdeckte ich plötzlich, daß meine Geld nicht langte. Ich mußte erst meinem Verleger die Pistole auf die Brust setzen und ihn regelrecht ausplündern, um unsere Überfahrt und die Fracht für das Boot zahlen zu können. Außerdem mußte ich mich, um Geld für unsere täglichen Ausgaben zu beschaffen, schon im voraus verpflichten, Artikel für Magazine zu schreiben, wobei ich lustig drauflos versprach, es würde etwas sehr Interessantes und Sensationelles werden. Und das alles drei Tage vor unserer Abfahrt! Ich hatte mich in einem Londoner Geschäft mit Landkarten eingedeckt, nachdem ich mit völlig negativem Erfolg einer Hamburger Firma, die mir von hoher amtlicher Stelle empfohlen war, kostspielige Aufträge erteilt hatte. Und bei alledem vergaß ich ganz, mir auch eine Karte von Hamburg selbst zu besorgen! Am Bootszelt ließ ich verschiedene Abänderungen vornehmen. Aber ich trat die Reise an, ohne mich vorher zu überzeugen, daß nun auch wirklich alles paßte. Glücklicherweise war es der Fall. Was aber allem die Krone aufsetzte: ich besuchte Deutschland, ohne jemals an Bier Geschmack gefunden zu haben! Etwas sehr Wichtiges hatte ich jedenfalls schon vorher festgestellt: jedermann kann die Flüsse und Kanäle in Deutschland befahren, ohne zuvor sein Boot einer Prüfung unterwerfen, Formalitäten erledigen und um eine Erlaubnis nachsuchen zu müssen. Es gibt nur sehr wenig Schleusen, und die Gebühren betragen durchschnittlich eine Reichsmark. Wenn es auch im allgemeinen nicht recht ist, andere Länder auf Kosten des eigenen Vaterlandes zu loben, so kann ich doch die Tatsache nicht unerwähnt lassen, daß, wer die Themse oberhalb von Teddington befahren möchte, sein Boot zur Prüfung vorstellen, eine Eintragungsgebühr von jährlich vier Pfund entrichten und außerdem noch an jeder Schleuse – also alle fünf Meilen – ein Schleusengeld von anderthalb Schillingen zahlen muß.

Auf meine Nachfragen wegen der Zollbestimmungen hatte ich nur verschwommene Auskünfte erhalten. Der schwergeprüfte Deutsche Botschafter hatte in seinem Brief an mich ganz verzweifelt zwei Stellen aus dem Zollgesetz zitiert. Die eine besagte, daß für Motorboote eine Abgabe von zwanzig Reichsmark je hundert Kilo Eigengewicht zu zahlen sei, die aber bei Verlassen des Landes wiedererstattet werde. In der anderen war zu lesen, daß Beförderungsmittel, mit denen man nach Deutschland komme, zollfrei hineingelassen würden. Seine Exzellenz schlug vor, ich solle mich bei meiner Ankunft in Hamburg den Zollbeamten gegenüber auf beide Bestimmungen berufen und ihnen die Entscheidung überlassen. Aber als ich zehn Stunden Deutsch hinter mir hatte, war ich mir über die

Grenzen meiner Verständigungsmöglichkeiten im klaren und trachtete eifrig nach einer eindeutigeren Auskunft. Die »Automobile Association« teilte mir kurz mit, für Deutschland gebe es keine Triptyks für Motorboote. Der »Royal Automobile Club« sagte das Gegenteil und schickte mir gleich ein Triptyk zu, nachdem ich zehn Pfund hinterlegt hatte. Erstaunlicherweise hatte ich nicht einmal vergessen, es auf die Fahrt mitzunehmen und trug es in der Tasche bei mir, als wir an dem trüben Morgen auf dem Deck der STURMMÖWE standen und zuschauten, wie ANNIE aus dem Schiffsbauch in die Luft entführt und dann auf dem Wasser abgesetzt wurde.

Ich weiß nicht, was für einen Titel der Mann führt, der die Entladung eines Schiffes im Interesse der Speditionsfirmen überwacht. Vielleicht nennt er sich Ladungsoberaufseher oder auch Superkargo oder so ähnlich. Uns interessierte lediglich, daß der bei der STURMMÖWE diensttuende Aufsichtsbeamte ausgezeichnet Englisch verstand, so daß wir bald ins Gespräch mit ihm kamen. Ich fragte ihn nach der Zollabfertigung und erwartete zu hören, daß Zollbeamte an Bord kommen, hier unser Triptyk in Augenschein nehmen und mit einem Stempel versehen würden. Nichts dergleichen, meinte er, würde geschehen. Das Zollamt sei vielmehr unten am anderen Ende der Stadt; wir müßten also durch den Hafen zurückfahren, die Zollstelle passieren und könnten dann erst wieder hierher. Die STURMMÖWE lag ja, wie ich schon erwähnte, weit flußaufwärts vor Anker.

Nun herrschte in Hamburg ein außerordentlich geschäftiges Treiben. Ich erinnere mich zwar nur unbestimmt, aber doch zuverlässig genug, an meilenweite Wasserwege, die sich nach allen Himmelsrichtungen hin verzweigten und auf denen es wimmelte von Motorbooten, Schleppern, Leichtern und großen Dampfern, die alle so eilig dahinjagten, daß das Wasser spritzte und brodelte. Ich fragte den freundlichen Superkargo oder Ladungsoberaufseher nach dem Weg zum Zollamt. Er fing an, ihn zu beschreiben: beim fünften Kanal rechts, dann beim zweiten links, dann den Hauptfluß abwärts und immer geradeaus usw. usw. ... Schließlich gab er es ganz verzweifelt auf und erklärte, wenn ich wollte, würde er seine Arbeit hier Arbeit sein lassen und mitkommen.

Ich sah auf die reißende Strömung, dreimal so heftig wie an der Tower Bridge, und fragte ihn, ob er denn auch mit einem kleinen Boot umzugehen wisse. Und ob! Er hatte als Matrose auf einer Yacht gedient und war vor dem Kriege auf einem Rennboot in elf Tagen von New York nach den Scilly Inseln, südwestlich von England, gejagt. Als er mir das gesagt hatte, nahm ich sein Angebot dankbar an. Er hatte ja auch ANNIE MARBLE vorher gesehen.

Es ar noch ein dritter Passagier an Bord der STURM-MÖWE, ein netter junger Mensch von zwanzig Jahren, der seine Woche Urlaub ganz allein in Hamburg verleben wollte. Im Laufe unserer Unterhaltung stellte sich heraus, daß er gerade soviel Deutsch verstand wie ich, was ihm sicher nicht viel nützen würde; dafür aber wußte er gut mit Verbrennungsmotoren Bescheid. Kaum hatte er uns diese Kenntnisse eingestanden, als auch schon Kathleen und ich blitzartig auf eine Idee kamen. Wir teilten ihm kurzerhand mit, er werde seine Urlaubswoche bei uns in der ANNIE MARBLE verbringen, was er mit außerordentlicher Bescheidenheit hinnahm. Nennen wir ihn zunächst einmal Brown. In Wirklichkeit hieß er wohl Smith oder Jones oder Robinson oder so ähnlich.

Kathleen, Brown, der Superkargo und ich kletterten in die ANNIE MARBLE hinunter, die noch immer ihre grüne Schutzhülle gegen die Wasserspritzer trug. Indes sie auf den Wellen umherhüpfte, drängten wir uns im Heck zusammen. Ich hob den Motor heraus und brachte ihn in die richtige Lage. Die Besatzung der STURMMÖWE und alle Packleute, die das Schiff entladen hatten, kamen staunend zusammengelaufen. Ich hantierte ganz vorsichtig und versuchte, den Motor anzuwerfen. Als mir nach fünf Minuten endlich eingefallen war, daß ich erst den Benzinhahn aufdrehen mußte, lief die Maschine wie geschmiert. Die versammelte Menge brach in ohrenbetäubende Freudenschreie aus. Ich überließ dem Superkargo das Steuer. Unsere Fahrt durch die Stadt hatte begonnen.

Ich hatte mich an Klugheit entschieden selbst übertroffen, als ich seinerzeit die STURMMÖWE für die Überfahrt wählte, weil sie weiter flußaufwärts anlegte. Desto weiter mußten wir nun zurückfahren, um zu dem verdammten Zollamt zu gelangen. In Hamburg gibt es viel mehr Wasser als in Venedig. Die Elbe teilt sich in verschiedene Arme, und außerdem münden auch noch zwei Flüsse in sie ein. Wo es aber noch kein Wasser gab, da hatten es sich die Menschen in den Kopf gesetzt, Kanäle anzulegen. Meilenweit waren all diese Wasserläufe mit schnell dahinfließenden Verkehrsfahrzeugen bedeckt. Man sah vor allem einen für Hamburg charakteristischen Typ: ein schutenartiges Boot, etwa zehn Meter lang, mit einer winzigen Kajüte im Bug. Es konnte mindestens 15 Knoten leisten und wurde von Steuerleuten, die eiserne Nerven haben mußten, tatsächlich mit dieser Geschwindigkeit durch die schmalsten Durchfahrten hindurchgesteuert. Marktboote und Frachtschiffe waren unterwegs, so dicht aneinandergedrängt, daß ich an den belebten Frühverkehr über London Bridge denken mußte. Und mitten in diesem Tumult wagte sich nun ANNIE MARBLE hinein, fünf Meter lang, mit steilen Bordwänden, einem flachen Boden und einem funkelnagelneuen Außenbordmotor. Sie schlingerte scheußlich, Spritzwasser, und manchmal noch mehr als das, flog über Bord. Aber der Superkargo steuerte großartig, und die Maschine setzte nicht einmal aus, obwohl sie häufig Nässe abbekam. So bewegten wir uns durch den Wogengang vorwärts und wurden dabei immer nasser und nasser. Immer wieder ging es um die Ecke, – ich will mich hier nicht als Führer auf den Hamburger Wasserstraßen aufspielen! – bis schließlich der Superkargo die Pinne scharf anzog und unter dem Vordersteven eines Überseedampfers hindurch auf einen unscheinbaren Kai zusteuerte, wo es von grünen Uniformen nur so wimmelte.

Ich überließ ANNIE der Obhut von Kathleen und Smith und eilte mit dem Superkargo ins Hauptzollamt oben auf dem Hafendamm. Hier war alles eitel Höflichkeit. Man bot uns gleich Stühle an, verbeugte sich und stellte freundliche Fragen. Aber als wir zur Sache kamen, saßen wir bald in der Klemme. Die Zollbeamten und selbst ihr ehrfurchtgebietender Chef, zu dem man uns schließlich führte, hatten von Triptyks für Motorboote keine Ahnung. Für Autos ja! Aber nicht für Boote! Zahlreiche Telefongespräche bestätigten diese Annahme. Aber es bestand der aufrichtige Wunsch, mich gut zu behandeln, und so wollte man sich schließlich mit dem bescheidenen Betrag von sechzig Reichsmark begnügen. Ein wahrer Segen, daß der Superkargo mitgekommen war; denn ich verstand kaum ein Wort Deutsch, und die andern sprachen überhaupt nicht Englisch. Er übersetzte mir also die Forderung.

Ich bin der feigste Mensch von der Welt und, wo es sich um Geld handelt, bestimmt auch der gleichgültigste. Als Junggeselle hätte ich die sechzig Reichsmark sofort auf den Tisch des Hauses gezahlt und wäre noch froh gewesen, daß ich so billig aus dieser Ansammlung hübscher grüner Uniformen davonkam. Aber draußen erwartete mich meine Frau, und nie hätte ich gewagt, ihr einzugestehen, daß ich eine so phantastische Summe ausgegeben hatte, da uns doch nach der Versicherung des »Royal Automobile Club« das Triptyk Zollfreiheit garantierte. Die Angst vor meiner Frau war stärker als jede andere Furcht. Obwohl ich mich in Gedanken schon in einem deutschen Gefängnis sitzen sah, und obwohl der Chef der Zollbehörde eine immer steifere Haltung annahm und zusehends die Geduld verlor, hielt ich meine Brieftasche mit wilder Entschlossenheit umklammert. Meine mühsam erworbene Kenntnis des Deutschen verließ mich in meiner Nervosität völlig. Es ist schon verzwickt genug, ein Triptyk in einer Sprache zu erklären, die man beherrscht. In einer fremden ist es schlechterdings unmöglich. Alles, was ich tun konnte, war, die Fäuste in den Taschen zu ballen und zu blöken: »Nein! Nein!! Nein!!!« Der entsetzte Superkargo traute sich nicht mehr, mir zu helfen und meinem schrecklichen Widerstand gegen die Staatsgewalt durch Dolmetschen Vorschuß zu leisten. Volle zwanzig Minuten lang setzte ich den jupiterhaften Zornesblitzen des obersten Zollbeamten und seinen Rechtsausführungen, die sicherlich eines Bacon würdig waren, von denen ich aber nicht das Geringste begriff, immer nur die eine Silbe nein! mit stammelnder Stimme entgegen. Zwanzig Minuten – genau nach der Uhr! Es ist die reine Wahrheit.

Wie durch ein Wunder bekam ich schließlich meinen Willen und brauchte weder mit einem Kerker noch mit Fesseln oder Folterkammern Bekanntschaft zu machen. Der Chef der Zollbehörde ließ sich allmählich erweichen. Er klopfte mich auf die Schulter. Vielleicht ist er nachher sogar in der Stille seines Dienstzimmers in Tränen ausgebrochen. Jedenfalls stockte ihm die Stimme, als er mich laufen ließ … ohne einen Makel auf meinem Charakter und mit den geretteten sechzig Reichsmark in der Brieftasche! Unter den staunenden Blicken seiner verdutzten Untergebenen hielt er mir die Tür, als ich hinausschritt: ein freier Mann, der seiner Frau offen ins Gesicht schauen konnte.

Wir begaben uns alle miteinander – nur der Vorsteher war zurückgeblieben – zu der Stelle hinunter, wo Kathleen und Jones mit dem Boot am Kai hielten und verzweifelt gegen den Wellengang ankämpften. Motorboote flitzten auf diesem Hafenarm hin und her, und ANNIE wurde alle paar Augenblicke gegen die Landungsstelle geschleudert und von Spritzwasser übersprüht. Der zweithöchste Zollbeamte fragte mich, ob ich etwas zu verzollen hätte. Ich gab wahrheitsgemäß zwei Pfund Tee und fünfzig Zigaretten an, die er für zollfrei erklärte. Es sei aber seine Pflicht, so machte er mir durch Gesten klar, das ganze Boot auf Schmuggelware zu durchsuchen; denn ANNIE könne bequem Seitenstrümpfe, Aluminiumbarren oder anderes Zeug zentnerweise unter ihrer grünen Schutzhülle bergen. Als er uns gerade in plastischer Gebärdensprache seinen Wunsch nach Entfernung der Schutzhülle verständlich machen wollte, hastete ein Torpedoboot oder so etwas ähnliches vorüber und rief eine Welle hervor, die vom Bug bis zum Heck über ANNIE hinwegging und Robinson mit voller Wucht ins Genick traf. Nun gab ich dem Oberzollinspektor mit noch lebhafterer Gestikulation zu verstehen, wenn er auf seinem Verlangen beharre, würde die gesamte Bootseinrichtung durchweicht werden; Kathleen und ich müßten dann in nassen Eiderdaunendecken schlafen und würden in einem Armenspital am Rheumatismus elendiglich zugrunde gehen. Der letzte Teil meiner Pantomime muß besonders ergreifend gewirkt haben. Ob wir es nun meinem ehrlichen Gesicht oder der von Kathleen zur Schau getragenen Harmlosigkeit verdankten, – jedenfalls entschloß sich der Oberzollinspektor, von einer förmlichen Durchsuchung Abstand zu nehmen. Wir waren frei, und unserer Fahrt elbaufwärts stand nichts mehr im Wege.

Sämtliche Zollbeamten, vom zweithöchsten Vorgesetzten bis zum zweiundsiebzigsten Untergebenen, traten auf uns zu, schüttelten uns die Hand und wünschten gute Fahrt. Zum Schluß kam der Superkargo, den uns ein gütiger Gott zu Hilfe gesandt hatte. In seinen Augen malte ich staunende Hochachtung, als er uns die Hand reichte.

Die Elbe zeigt sich nicht von ihrer freundlichsten Seite

Der Superkargo hatte uns nicht bloß mit Blicken gehuldigt. Er hatte mir auch den Rückweg aus Hamburg hinaus kurz beschrieben. Aber es ist nicht viel mit solch einer kurzen Beschreibung anzufangen. Um den Wasserweg durch Hamburg zu erklären, muß man eine lange Denkschrift auf fünf bis sechs Bogen Papier mit Landkarten und Skizzen anfertigen. Der sicherste Weg für den Ortsunkundigen führt ja eigentlich flußaufwärts, der Strömung entgegen. Aber die Hamburger Wasserstraßen sind der Ebbe und Flut unterworfen, und wir wußten, daß gerade der Wechsel bevorstand. Eine Fahrt gegen die Strömung konnte uns also statt nach Sachsen ebensogut auf die Nordsee hinaus bringen. Gleichwohl beherzigte ich zunächst die mir zuteil gewordene Auskunft und warf den Motor an. Wir winkten zum Abschied den Zollbeamten zu uns verfolgten dann den uns bezeichneten Wasserarm stromaufwärts. An Werften vorüber, an Schleppern und Barkassen vorbei bahnten wir uns unsern Weg mitten durch einen Hexenkessel von spritzendem Wasser. Unseres Wissens war die nächste wichtige Stadt an der Elbe, etwa dreihundert Kilometer stromaufwärts, Magdeburg, und so verlangsamten wir immer, wenn wir an einem Scheideweg waren, den Gang unseres Motors und riefen die Schiffer in unserem mühsam zusammengestammelten Deutsch an, wo es nach Magdeburg ginge. Ebensogut hätte man einen Schutzmann in Piccadilly über den Weg nach Liverpool befragen können. Bei einigen Schiffern ernteten wir nur ein verwundertes Grinsen. Andere versuchten, uns mit Gebärden zu helfen. Aber schließlich fuhren wir unter einer riesigen Bahnbrücke durch, und hier begann unsere Elbkarte. Nun wußten wir, daß wir auf dem richten Wege waren.

Unsere fieberhafte Tätigkeit hatte heute etwa um sieben Uhr früh begonnen. Jetzt war schon die Mittagszeit vorüber, und der Hungerschrei ertönte. Der Umsichtigste von uns dreien hatte das schon kommen sehen und dem Steward der STURMMÖWE noch im letzten Augenblick ein Futterpaket abgeschmeichelt. Er hatte um Vorrat für drei gebeten, in der Hoffnung es werde genug für sechs Menschen sein; aber was er bekommen hatte, reichte bequem für zehn Personen aus. Es wurde von uns dreien innerhalb von fünf Minuten verschlungen, während wir uns in einer trostlosen Gegend durch die trüben Fluten vorwärts arbeiteten. Die Umgebung Hamburgs ist nicht sehr erfreulich, besonders wenn bei Ebbe der Uferschlamm zutage tritt.

Eine der Hauptschwierigkeiten bestand für uns darin, daß wir nicht wußten, wie weit flußaufwärts der Einfluß von Flut und Ebbe reichte. Wir nahmen nach unseren Erfahrungen von London, Rouen, Nantes und andern Flußhäfen an, daß sich etwa zwanzig Meilen hinter dem Weichbild der Stadt Ebbe und Flut wahrscheinlich nicht mehr geltend machen würden. Und so mühten wir uns vorwärts gegen eine Strömung, die unsere Fahrtgeschwindigkeit auf dem Mindestmaß festhielt, obwohl die Flut schon wieder stieg. Wir wollten nicht gerne über Nacht an einer Flußstelle liegen, die dem Wechsel noch unterlag; denn das macht eine Unmenge von Vorsichtsmaßnahmen beim Anlegen nötig und verursacht sehr viele Umstände, wenn man ins Boot zurück will. Auf einer Yacht mit einem Boot an Bord machen sich die Schwierigkeiten nicht so geltend. Wenn man jedoch in einem Boot fährt und die Yacht mitzunehmen versäumt, dann muß man schon vorsichtiger sein.

Bald mußten wir haltmachen, um unsern ersten Einkauf auf deutschem Boden vorzunehmen. Wir brauchten Benzin. Bisher waren wir mit dem ausgekommen, was wir uns aus England in der ANNIE MARBLE mitgebracht hatten – gegen die Bestimmungen, aber mit stillschweigender Duldung des Maats. Es hatte uns gute Dienste geleistet und über den Hafen hinausgebracht. Wir hatten auch so schon genug zu tun gehabt, ohne erst noch herumsuchen und Benzin mit Öl mischen zu müssen. Als jetzt die dürftigen Grünflächen zu beiden Seiten einem Dorf wichen, steuerten wir ans Ufer. Robinson und ich machten uns mit den Kannen nach dem Ort auf und ließen Kathleen in ANNIE MARBLE zurück, wo sie alsbald von den Nachwirkungen ihrer achtundvierzigstündigen Seekrankheit und Schlaflosigkeit überwältigt wurde.

Es dauerte eine ganze Zeit, bis wir den verdatterten kleine Jungens, die wir unterwegs trafen, begreiflich gemacht hatten, was wir wollten. Erst später wurde uns klar, weswegen. Wenn der Deutsche »petrol« haben will, verlangt er »Benzin«. Das kennt jedermann. Aber im Wörterbuch findet sich als Übersetzung für »petrol« das Wort »Gasöl«. Und das versteht kein Mensch. Wir fragten nach Gasöl in allen Tonarten und mit den verschiedenen Phrasen, die uns nach einem zwölfstündigen deutschen Sprachunterricht zu Gebote standen. Doch erst als wir mit unseren Kannen vor ihren Gesichtern herumfuchtelten, begriffen die Kinder, was wir haben wollten, und führten uns zum

Dorfschmied, wo wir Benzin und Öl zu kaufen und ein paar Wörter zu hören bekamen, die Englisch sein sollten, was wir aber erst nach langem Hin- und Herwälzen von Wörterbüchern feststellen konnten.

Dann ging es ins Boot zurück, und die Fahrt nahm ihren Fortgang. Einmal vergeudeten wir eine halbe Stunde damit, hinter einem Lastkahn herzufahren, bis sich herausstellte, daß wir uns in einem Seitenwasser befanden, das so breit war wie die Elbe selbst. Gegen fünf Uhr waren wir alle todmüde und schläfrig. Ein nett aussehendes Hotel mit einer schwimmenden Anlegestelle gefiel uns. Wir landeten, machten fest und gingen hinein. Wir wollten nämlich die ersten paar Nächte noch nicht im Boot verbringen, teils weil in Norddeutschland das Wohnen im Boot gegen Ende April, wo es dann und wann noch schneit, nicht sehr verlockend ist, teils weil unser ganzer vielfältiger Kram noch fest verpackt unter der Schutzhülle schlummerte, was zwar für den Transport in Schiffsräumen, für das Herumbaumeln an Kränen und dergleichen sehr empfehlenswert ist, aber die Bewohnbarkeit und die Benutzung des Bootes nicht gerade fördert.

Die Ortschaft, bei der wir anlegten, hieß Warwisch. Den Namen des Hotels habe ich vergessen. Aber ich denke immer noch gern an den freundlichen Empfang durch eine alte Dame im grauen Haar, die uns Wort für Wort verstand, – viel wußten wir freilich nicht zu sagen! – während wir selbst nichts von alledem begriffen, was sie zu uns sprach. Das war unsere erste Begegnung mit dem Plattdeutsch, wo es statt »Ja« »Jo« und statt »Nein« »Nee« heißt, und wo viele andere Wörter, die ich mir niemals habe merken können, Bedeutungen hatten, vor denen meine Übersetzungskunst einfach versagte.

Die größte Schwierigkeit entstand, als die alte Dame hörte, daß wir unser Boot an der schwimmenden Landungsstelle festgemacht hatten. Sie verbreitete sich darüber mit einem großen Wortschwall, und wir pflichteten ihr höflich bei, ohne von dem, was sie sagte, auch nur eine Silbe zu verstehen. Sie redete sich immer mehr in Eifer, aber wir konnten sie trotzdem nicht verstehen. Da holte sie sich schließlich einen uralten Mann zu Hilfe, der ihre Erklärungen offenbar wiederholte. Aber er hatte nicht einen einzigen Zahn im Munde, und wir konnten ihm noch weniger folgen. Endlich faßte mich der Alte mit gemessener Würde bei der Hand und führte mich an den Fluß. Er griff nach der Fangleine unseres Bootes und rüttelte daran. Als er mich anschaute, nickte ich verständnisinnig. Das ermutigte ihn, und nun löste er die Schlingen, zog ANNIE in das Wasser neben den Landungssteg hinüber, sprang unerhört flink in ein kleines Boot, das dort lag, und machte sie seitlich daran fest. Nun ging mir endlich ein Licht auf! Man mußte hier immer noch auf Flut und Ebbe Rücksicht nehmen.

Wir begaben uns ins Hotel zurück und machten dort die Entdeckung, daß es wenigstens ein Wort gab, das auf Englisch, Deutsch und Plattdeutsch gleich lautete: Bier!

Wir aßen zu Abend, und gleich danach ging es schnurstracks ins Bett. Es gab hier Betten von jener biederen altdeutschen Art, wie man sie wohl zuweilen in Schweizer Hotels antrifft, die sich nicht nach englischen Gewohnheiten richten. Die Bettdecke besteht aus einem mit vielen Eiderdaunen vollgestopften Leinensack, den man über sich wälzt, während man in die mollige Umarmung des allerweichsten, allernachgiebigsten Federbetts versinkt, das sich denken läßt. Bei dem kalten Wetter, das einem durch und durch ging, konnte man sich nichts Besseres vorstellen, als in einem Federbett zu liegen und eine dicke Eiderdaunendecke über sich zu haben. Das war allen Ernstes unsere Meinung, als wir unsere müden Leiber hineinfallen ließen.

Der Morgen kam und bescherte uns Kaffee, Brot und Wurst: drei, vier von den etwa zwanzig verschiedenen deutschen Brotsorten und fünf bis sechs verschiedene deutsche Wurstarten. Wir aßen schnell und in freudiger Erregung. Bis jetzt hatte unsere Fahrt etwas Unwirkliches, Albdruckartiges an sich gehabt. Nun sollte sie erst richtig losgehen! Wir liefen zu ANNIE MARBLE hinunter, die bei steigernder Flut ganz für sich auf dem Wasser schaukelte. Mit unendlicher Mühe klommen wir an Bord. Voll banger Erwartung schnürten wir die Schutzhülle auf, um den Schaden zu besehen, der unserer Habe widerfahren war. Wir packten mit großer Mühe alles aus und forschten nach Bruch. Nicht die geringste Kleinigkeit hatte Schaden gelitten. Früher hatten wir einmal unsern ganzen Bootskram lumpige sieben Kilometer weit von der Themse aus mit der Fracht nach Hause geschickt, und alles Zerbrechliche, was sich in den Kisten befand, war dabei entzweigegangen. Es war nicht etwa nur angeknackt, sondern in tausend kleine Scherben zersplittert. Und die Moral von der Geschichte? Will man zerbrechliches Gut mit der Fracht versenden, muß man zunächst ein fünf Meter langes Boot kaufen und es darin verpacken.

Die Sachen allmählich auszupacken und zu ordnen, nahm uns alle drei den ganzen Morgen über voll in Anspruch. Die schüchternen Vorstellungen von Smith, daß er sich doch eigentlich auf seiner Urlaubsreise befinde und uns überhaupt erst seit drei Tagen kenne, wurden einfach ad acta gelegt. Die Benzinkannen fanden ihren passende Platz in der Bootskammer hinter dem Lehnbrett nach Backbord zu; die Kocher den ihren auf der Steuerbordseite. Das Geschirr wurde abgewaschen und in seiner Kiste in Reih und Glied zurechtgestellt. Die Zeltreifen wurden aufgerichtet, die Verbindungsleisten darüber angeschraubt, die Zelthülle an ihr entlang aufgerollt und ordentlich festgemacht. Dann wurde für den Rettungsring, den wir von vielen Fahrten her in gutem Angedenken hatten, der geeignetste Platz vorn im Boot ausgesucht. Die Kissen breiteten wir auf dem Boden und dem hinteren Rückenbrett aus, um die hölzerne Härte ANNIEs zu mildern. Zum Schluß kaufte ich mit Jones unter reichlicher Zuhilfenahme von Wörterbüchern den halben Dorfladen leer. Wir suchten uns alles zusammen, was sich einigermaßen hielt, und was man in einem Wohnboot gerne an Bord hat: Kaffee, Sago, Zucker, Butter, Brot, Konserven, Paraffin und zwei Dutzend anderer Dinge, die einem jede erfahrene Hausfrau anraten würde. Damit war unsere Morgenarbeit ruhmreich vollbracht. Wenn wir auch noch ein paar Nächte in Hotels verbringen wollten, so waren wir doch jetzt für den Notfall vom Festlande unabhängig, und es konnte doch immerhin der Fall eintreten, daß wir uns durch eine Motorpanne oder durch stürmisches Wetter gezwungen sahen, in einer unbewohnten Gegend haltzumachen. Wenn es Regen gab, – das Wetter sah ganz danach aus! – ließen wir jetzt einfach die Zeltleinwand hinunter und legten uns gemütlich am Ufer fest, – und dann mochte Norddeutschland so viel Regen auf uns loslassen, wie es wollte: wir lachten darüber. Das große Ereignis wurde mit Omelettes gefeiert, die wir uns von Zeit zu Zeit buken und in Mengen vertilgten.

Nun war es an der Zeit, daß wir unsere Fahrt wieder aufnahmen. Wir riefen den versammelten Dorfbewohnern ein Lebewohl zu, machten das Boot los und fuhren ab. Und alsogleich wurde mir eine recht unerwartete Lektion in der Schiffahrtskunde zuteil. Seit Jahren hatte ich mich nun schon auf Flüssen herumgetrieben und war der festen Meinung, sie könnten mir nicht mehr viel zu raten aufgeben. Aber die Elbe belehrte mich eines anderen, und zwar sehr eindringlich. Schon den ganzen Morgen über hatte sich eine steife Brise aufgemacht, und was das in Norddeutschland heißen will, das muß man erst einmal miterlebt haben, um es ganz würdigen zu können.

Die Gegend ist das platteste, glatteste Flachland, das man sich vorstellen kann. Die großen Deiche, die bezeichnenderweise zum Teil drei Kilometer vom Fluß entfernt gegen das Hochwasser errichtet sind, stellen die höchsten Erhebungen dar, die man weit und breit zu sehen bekommt. Durch dieses flache Land wälzt die Elbe, selbst fast einen Kilometer breit, ihre grünen Fluten in vielen mächtigen Windungen dahin – mit einer Stromgeschwindigkeit von etwa vier Kilometern in der Stunde. Mir ist es unverständlich, weshalb ein Strom hier im Flachland sechsmal so schnell fließt wie unsere Themse. Bei hohem Wasserstand – Ende April ist er am höchsten! – läßt sich die Wasserfläche kaum noch vom Lande ringsum unterscheiden. Und damit hat der Wind freies Spiel auf ihr. Kein Berg, kein Wald hat auf dem ganzen Wege von Island hierher seine Wucht gebändigt. Deshalb macht er sich auf der Elbe viel heftiger bemerkbar als auf anderen Flüssen, die so verständig sind, durch abgelegene Täler zu fließen und sich von Abhängen, Steilufern und Waldungen schützen zu lassen. Überdies ist zu bedenken, daß seltsamerweise ein stromaufwärts blasender Wind viel höhere Wellen erzeugt als einer, der stromabwärts weht. Ich weiß, es gibt eine sehr einleuchtende Erklärung dafür. Sie ist mir aber entfallen. Nimmt man für den Wind eine Stundengeschwindigkeit von dreißig Meilen und dazu eine Stromgeschwindigkeit von drei Meilen in der Stunde an, so würde die relative Geschwindigkeit des Windes über dem Wasser, wenn er stromaufwärts weht, dreiunddreißig, und, wenn er stromabwärts weht, siebenundzwanzig Meilen betragen. Doch dieser Unterschied kann noch lange nicht die Tatsache erklären, daß die Wellen im ersten Fall einen halben Meter, dagegen im zweiten nur fünfzehn Zentimeter hoch sind. Aber das ist tatsächlich der Fall, genau wie auf dem Meer, wenn der Wind der Flut entgegenweht. Ich wünschte, ein besser unterrichteter, wohlmeinender Leser schriebe einmal an mich und erklärte mir das Phänomen.

Den ganzen Morgen über, wie gesagt, hatte der Wind an Stärke zugenommen. Wir hatten ihn hin und wieder zu spüren bekommen, wenn wir auf das Ufer hinaustraten, ihm jedoch nicht viel Beachtung geschenkt; denn ANNIE lag ja im Schutz des Landungssteges geborgen. Ich hatte wohl auch fern in der Mitte des Stromes ein paar weiße Sprenkel bemerkt, mir aber nichts weiter dabei gedacht. Ich war bisher nur an wohlgesittete Flüsse in Tälern gewöhnt und auch von unsern vergnüglichen Vorbereitungen für die Fahrt ganz in Anspruch genommen.

Wir ließen den Motor anlaufen, und – hinaus ging die Fahrt aus der sanften Obhut des Landungssteges. Sofort stürzte sich der Wind auf uns und schwenkte uns herum, bis ich die Pinne mit festem Griff zu packen bekam. Nun erst bemerkte ich, wie heftig das Boot stampfte und schaukelte. Halbe-Meter-Wellen! Eigentlich hört sich das gar nicht so schrecklich an. Aber man muß sich erst einmal in einem fünf Meter langen Boot mit einem Freibord von höchstens vierzig Zentimeter befinden, in einem Boot mit flachem Boden, dessen Bordwände gerade aufsteigen, und man muß dabei nicht bloß seine Frau und seinen Reisegefährten an Bord haben, sondern auch noch alles, was man auf dem europäischen Festland, durch vierhundert Seemeilen von England getrennt, sein eigen nennt, – dann können sich halbe Meter hohe Wellen wirklich sehr unangenehm bemerkbar machen! Vor allen Dingen, wenn es sich auch noch um kurz aufeinander folgende Sturzwellen mit weißen Schaumkronen handelt, die ein wahrer Sturmwind auf einem schnellfließenden Wasser erregt. Unsere arme kleine ANNIE stampfte ganz jämmerlich. Ein, zwei Wochen später, als wir erst wider Erwarten die Erfahrung gemacht hatten, was für ein tüchtiges wetterfestes Boot sie war, hätten wir unsere Fahrt mit größerer Zuversicht fortgesetzt. Aber jetzt brachte uns der erste Schreck mit allem Drum und Dran einfach aus der Fassung. Noch nie in unserm ganzen Leben waren wir auf einem schiffbaren Fluß bei heftigem, aber keineswegs außergewöhnlichen Wind einem derartigen Wellengang begegnet. Voll wilder Entschlossenheit hatte ich den Steuergriff umklammert und hielt schreckensbleich, so gut es ging, Kurs geradeaus. Unwillkürlich warf ich einen Blick über das Heck zurück und sah, wie uns die hohen weißen Schaumkronen stromabwärts verfolgten. Ich fürchtete keineswegs eine Gefahr für Leib und Leben. Was ich mir mit Schrecken ausmalte, war vielmehr die Vorstellung, solch eine große Welle könnte seitlich über Bord schlagen und uns samt dem Bootsinhalt völlig durchnässen, so daß uns nichts anderes übrig blieb, als in jämmerlichem Zustande am Ufer Zuflucht und eine

Gelegenheit zum Trocknen zu suchen. Das gab dann wieder endlose Auseinandersetzungen in einer Sprache, von der ich vorläufig nur ein paar wenige Brocken verstand.

Zehn Minuten lang verfolgten wir, von grünlichen Wellen mit weißen Schaumkronen umhüpft, unsern gefahrvollen Kurs ... zehn Minuten, in denen ANNIE unbeschreibliche Tänze vollführte. Denkt man sich das eine Ende eines fünf Meter langen Bootes um 60 Zentimeter gehoben und das andere um ebensoviel gesenkt, dann hat man etwa die Hälfte des Winkels, den ANNIE bisweilen beschrieb. Und wenn sie vollends bei einer leichten Richtungsänderung des Windes oder des Wellengangs trotz all meiner Mühe vom Kurse etwas abkam, und die Wellen dann gegen ihre Breitseite schlugen, geriet sie noch heftiger in Bewegung. Der Gipfel war erreicht, als mitten in dieser Zirkusvorstellung der Motor stillstand. Ich will lieber gleich sagen, daß gar nicht der Motor schuld war, sondern Robinson. Wir hatten ihn wahrlich nicht um seiner schönen Augen willen oder wegen seines persönlichen Charmes mitgenommen, sondern nur, weil er etwas von Verbrennungsmotoren verstand. Und nun hatte dieser Mensch es seelenruhig geschehen lassen, daß ich den Motor in Bewegung setzte und mitten auf den Fluß hinausschoß, ohne das Einlaßventil oben am Tank aufzuschrauben. Bei geschlossenem Ventil drang keine Luft anstelle des verbrauchten Benzins in den Tank nach. Infolgedessen floß das Benzin nicht mehr weiter ab, der Vergaser blieb leer, und die Maschine gab mit einem letzten ersterbenden Knall den Kampf auf. Warum sie überhaupt zehn Minuten lang hatte laufen können, das mögen die Ingenieure entscheiden.

Es dürfte kaum eine zehntel Sekunde nach dem letzten Knall vergangen sein, bis Kathleen und ich nach den Notrudern gelangt hatten. Wie verrückt mühten wir uns ab, ANNIEs Heck weiter gegen die großen Wellen zu halten, während der Wind die größten Anstrengungen machte, uns, Breitseite vorauf, herumzuschwenken. Dabei brachte Brown nicht das geringste Verständnis für unsere heikle Lage auf. Er lachte sich tot über den Spaß, daß ein Motor mitten im Lauf still stand. Als krasser Neuling im Umgang mit kleinen Booten setzte er – wie es sich ja auch gehörte – in Kathleens und meine Geschicklichkeit unbegrenztes Vertrauen und ahnte nichts vom Ernst der Situation. Ein kleines Boot, etwa vierhundert Meter vom Ufer entfernt in heftigem Wogengang auf reißender Strömung einem starken Winde preisgegeben, ohne Motor, mit zwei schwachen Rudern, die es in der Stunde höchstens zweihundert Meter vorwärtsbringen konnten, – das war eine böse Sache! Aber Smith schrie und kreischte und klatschte sich vor lauter Vergnügen auf die Knie. Erst als ich mich über mein Ruder beugte und ihn mit verzerrtem Mund gehörig anfauchte, begriff er, daß wir etwas von ihm erwarteten. Ich hatte dabei zu Gott gebetet, er möge mir hinten einen Pfauenschwanz mit Augen wachsen lassen, damit ich sehen könnte, was die nächste Welle im Schilde führte.

»Bringen Sie doch das Dings da ... das Dings da ... die Maschine wieder in Gang! Aber ein bißchen dalli!«, fuhr ich zwischen den einzelnen Ruderstößen auf Jones los. Und jetzt stellt er endlich sein Lachen ein, wandte sich dem Motor zu und drehte versuchsweise an dessen Steuerung herum. Nun war in der Zwischenzeit, die er mit Lachen verbracht hatte, durch das geschlossene Einlaßventil genügend Luft in den Tank gesickert, daß der Vergaser sich hatte auffüllen können. Schon bei der ersten Drehung erwachte der noch warme Motor wieder zum Leben. Frohen Herzens ließ ich mein Ruder zu Boden gleiten und griff schnell nach der hüpfenden Pinne. Ich hatte jetzt meine Erfahrungen ohne Motor hinter mir, und das Fahren mit Motor konnte mich nicht mehr so schrecken. In atemloser Spannung legten wir zehn Meter zurück. Da war der Vergaser wieder leer, und die Maschine versagte. Kathleen und ich griffen zu den Rudern. Robinson wälzte sich auf den Boden des Boots, streckte die Beine in die Luft und brach in hysterisches Kreischen aus.

»Hol Sie der Teufel!« , rief ich, ohne daran zu denken, daß Kathleen mit im Boot saß, was mir nachher leid tat. »Los, bringen Sie die Maschine wieder in Gang!«

Er stolperte zum Motor hinüber und drehte am Rad und – schon ging die Fahrt wieder los. Ich wollte jetzt an Land und begann, behutsam hinüber zu steuern, indem ich zwischen den einzelnen Wellen geschickt manövrierte. Natürlich streikte der Motor gerade in einem entscheidenden Augenblick. Kathleen und ich schleuderten dem harmlosen Brown wüste Flüche an den Kopf. Von unsern lauten Zurufen angestachelt, zerrte er wie ein Wilder an der Steuerung des Motors herum, bis der aufgefüllte Vergaser die mißhandelte Maschine weiter bewegte. Wir setzten unser fieberhaftes Manövrieren quer durch den Wellengang fort. Wir fuhren immer gerade zehn Sekunden; aber davon brachten uns nur vier Sekunden dem Ufer näher, während wir in den übrigen sechs Sekunden stromaufwärts abgetrieben wurden. Dann folgten zehn Sekunden, in denen wir wie wild rudern und den Motor in Ordnung bringen mußten. Und so ging es abwechselnd weiter. Der arme Schmith war von unserm gellenden Geschrei und dem unaufhörlichen Zwang, den Motor in Gang zu setzen, so verstört, daß er nicht darauf kam, was der Maschine eigentlich fehlte. Zwei Drehungen am Einlaßventil – und der Motor wäre glänzend gelaufen! Aber es fiel ihm einfach nicht ein. Zwar war er zu dem Schluß gekommen, daß mit der Zufuhr zum Vergaser etwas nicht stimmen müsse; aber er wollte sich – um seine eigenen Worte zu gebrauchen – nicht darauf einlassen, mitten in einem wildgewordenen Fluß mit zwei Verrückten, die alle paar Augenblicke auf ihn einschrieen, an Bord, eine Benzinzuleitungsröhre abzuschrauben. Er beschränkte sich darauf, wenn der Motor arbeitete, in trauriger Stimmung den sinkenden Flüssigkeitsmesser am Vergaser zu beobachten, mir eine halbe Sekunde, bevor der Tiefstand erreicht war und die Maschine stoppte, eine Warnung zuzuschreien und nachher am Rad zu drehen, wenn der Flüssigkeitsmesser mit Ach und Krach seinen früheren Stand wiedererlangt hatte.

Ganz langsam, unter unendlichen Mühen und Sorgen, bahnten wir uns den Weg ans Ufer. Hier erstreckten sich zahlreiche Buhnen in Abständen von je hundert Metern ins Wasser hinaus. Wir wandten uns einem Abschnitt zwischen zwei solchen Buhnen zu und fanden dort auch sofort Schutz vor dem Wellengang. Und fünf Sekunden später ging es uns noch viel besser: wir lagen wieder am Lande fest. Kathleen lachte schon seit einer Viertelstunde. Jetzt endlich kam auch mir das Lachen wieder.

Nun hatten wir wenigstens Zeit, in Ruhe über unsere Lage nachzudenken und zu beobachten, wie der eisige Nordost, der uns umpfiff, von Minute zu Minute an Heftigkeit zunahm. Wir befanden uns hier jedenfalls in Sicherheit, wenn es auch nicht sehr gemütlich war. Nachdem wir uns zehn Minuten lang hemmungslos unserer Freude hingegeben hatten, merkten wir plötzlich, daß es sogar sehr ungemütlich war. Inzwischen war nämlich das Wasser, vom Winde aufgestaut, merklich gestiegen. Es gab hier herum keine Stelle, wo wir ANNIE sicher liegen lassen konnten, während wir in einem Hotel übernachteten, vorausgesetzt, daß wir überhaupt so etwas fanden. Wenn man ein kleines Boot festmachen will, dann wird einem erst klar, was für ein Unfug der Hölle der Wechsel von Ebbe und Flut ist. Wir stiegen auf die Buhne, um uns umzuschauen. Etwa einen Kilometer stromaufwärts konnte man auf unserer Uferseite das nächste Dorf sehen. Und neben dem Dorf lag dicht am Ufer ein Lastkahn. In seinem Schutz war die schwimmende Liegestelle zu finden, auf die wir aus waren. Und im Dorf gab es hoffentlich auch ein Hotel für uns. Wie aber sollten wir an den Lastkahn herankommen? Kathleen und ich – Smith wurde erst gar nicht gefragt – fanden es nicht sehr verlockend, daß wir einen Kilometer flußaufwärts uns einen Weg durch den wilden Strom bahnen sollten, noch dazu mit einem Motor, der kaum zehn Sekunden hintereinander zuverlässig arbeitete. Aber plötzlich schwellte Hoffnung unsere Brust: etwa drei Buhnen, also dreihundert Meter flußaufwärts gewahrten wir eine Flutwasserrinne, die sich über das Wiesenland hinzog. Sie ging vom Anfangspunkt der dritten Buhne aus, hatte unmittelbare Verbindung mit dem Fluß, floß dann neben ihm und ... ja! ... nein! ... doch! ... mündete wieder in ihn ein, gerade an der Stelle, wo der Lastkahn lag. Sie war wohl höchstens fünf, zehn Zentimeter tief. Aber ANNIE schwamm ganz bequem auf fünf, zehn Zentimeter tiefem Wasser, wenn der Motor hochgekippt war. Wir waren sofort entschlossen, diesen Weg zu nehmen.

Zuerst galt es, den Flußabschnitt zu erreichen, mit dem die Flutwasserrinne in Verbindung stand. Man mußte allen Mut zusammennehmen. Es war, wie wenn man in ein kaltes Bad stieg. Wir fuhren an unserer Buhne entlang fast bis zu ihrer Spitze. Hier setzte Jones den Motor in Gang. Der kümmerliche Vergaser lief voll. Wir sausten hinaus in den Wogengang vor der Buhne, drehten vorsichtig und gelangten mit dem letzten Puff des Motors oberhalb der Buhne wieder in ihren Schutz zurück. Zwischen den Buhnen gab es weder Strömung noch Wellen, und so trieb uns der Wind schnell bis zur nächsten weiter, wo wir unser Manöver wiederholten. Es war aufregender, als es klingt; aber wir schafften es schließlich. Bald befanden wir uns an der Buhne, neben der die Flutwasserrinne ihren Anfang nahm. Der heulende Wind, den wir im Rücken hatten, drückte gegen den Zeltaufbau unseres Bootes und versorgte uns mit der nötigen Triebkraft. So ging es in den Flutwasserarm hinein. Es war eine höchst abenteuerliche Fahrt. Bald liefen wir auf einen Stacheldrahtzaun auf; bald zwängten wir uns durch überschwemmtes Ginstergesträuch wie durch Schilf; bald steuerten wir über eine Wassertiefe von sieben Zentimeter geschickt mitten zwischen einer verblüfften Kuhherde hindurch. Schließlich hatten wir den Strom wieder erreicht. Der Lastkahn lag bloß noch fünfzig Meter entfernt an einer Ausbuchtung des Flusses, wo es verhältnismäßig still war. Eine letzte Auffüllung des Vergasers brachte uns hin. Wir drehten und legten uns längsseits neben den Lastkahn in den Schutz seines glatt aufragenden Bords. Ein erstauntes Gesicht kam aus dem Innern des Schiffes zum Vorschein. Ich krabbelte hastig in meinen Taschen, und als ich mein Notizbuch entdeckt hatte, durchflog ich es nach der Redewendung, die jetzt am Platze war. Mit den landläufigen Phrasensammlungen ist auf einer Bootsfahrt nichts anzufangen. Ich hatte mir daher vorsichtshalber zwei, drei Dutzend der gebräuchlichsten Redensarten von einem wirklichen Kenner der deutschen Sprache übersetzen lassen. Nach einem tödlichen Schweigen hatte ich das Gesuchte endlich gefunden.

»Können wir hier die Nacht über liegen bleiben?«

»Jo!«

»Würden Sie auf unser Boot aufpassen?«

»Jo!«

Soweit war also alles in Ordnung. In aller Ruhe ließen wir ANNIEs Zeltkaputze hinunter und knüpften sie fest, – für den Fall, daß es nachts regnete. Während sie die Schutzhülle über den Motor zog, machte Kathleen die – große Entdeckung. Im freundlichen Schutz des Lastkahns bekam man das Windgebraus nicht mehr so zu spüren und konnte daher wieder vernünftig nachdenken.

»Ihr blöden Esel habt ja das Einlaßventil nicht aufgeschraubt!« sagte Kathleen.

Robinson und ich, wir starrten uns beschämt an. Und dabei hatte ich gerade eben das sonderbare Verhalten der Maschine in tiefer Erkenntnis auf das Stampfen des Bootes zurückgeführt, das das Schwergewicht gestört und damit den Abfluß des Benzins in den Vergaser gehemmt hatte. Doch, wie gesagt, an der ganzen Geschichte war einzig und allein Robinson schuld. Und das habe ich ihm damals auch zu verstehen gegeben. Aber dann ließen wir die Sache auf sich beruhen, kletterten an Deck des Lastkahns und ließen uns von dem großen Motorfährboot, das in der Nähe fleißig hin und her fuhr, ans Ufer bringen.

Drei ungemütliche Tage
in Zollenspieker

Der erste Gasthof, in dem wir übernachtet hatten, war auf Fremde eingerichtet gewesen. Der Ort wurde viel von Hamburger Ausflüglern angesegelt. Diesmal war der Gasthof kleiner und nicht an neue Gesichter gewöhnt. Doch der Besitzer besann sich löblicherweise nicht lange, uns übel zugerichtete Flußfahrer aufzunehmen, die wir zusammen höchstens fünfzig Worte Deutsch sprachen. Er lächelte sogar voller Nachsicht, als wir in der Gaststube hysterische Lachkrämpfe bekamen. Freundlich bot er uns Eier und Wurst zum Abendessen an. Nun hatten wir zwar Wurst zum Frühstück gehabt und Eier in Gestalt von Omelettes zum Mittagessen; aber wir gingen doch begierig auf seinen Vorschlag ein, als und klar wurde, daß wir keine Wahl hatten.

Während wir aßen, kamen verschiedene Leute, – es war allmählich spät geworden, – und die Luft in der Gaststube wurde durch den vielen Zigarrenrauch und die Ofenhitze unerträglich stickig. Das war zu Anfang nach dem heulenden Nordostwind ganz wohltuend gewesen; aber nach einiger Zeit konnten wir es nicht mehr aushalten. Wir baten, daß ein Fenster geöffnet werde, und die ganze Gesellschaft, mit der wir eine mühsame Unterhaltung gepflogen hatten, warf sich Blicke zu. Es war wohl niemand darunter, der je zuvor einen leibhaftigen Engländer zu Gesicht bekommen hatte, – höchstens vielleicht im Kriege durch das Visier eines Maschinengewehrs. Die meisten hatten sicherlich von Englands Lage nur eine ganz unbestimmte Vorstellung. Aber alle hatten schon einmal von der charakteristischen Eigenart des englischen Volkes gehört: seiner Vorliebe für Zugluft. Beflissen öffnete der Wirt nicht nur die Fenstern, sondern auch die Tür und ließ einen eiskalten Luftstrom ins Zimmer, der einem die Zähne stumpf machte. Nun saßen sie alle andächtig um uns herum, tranken und gaben sich dem seltsamen Anblick von Engländern hin, die in frischer Luft schwelgten, – genau so wie wir uns einen Schinto-Gläubigen ansehen, der über Feuer geht. Fünf Minuten lang ließen wir uns das gefallen; dann aber gaben wir unsern guten Ruf preis, indem wir baten, die Tür möchte wieder zugemacht werden. Nun war es klar: wir konnten keine richtigen Engländer sein. Vor die Wahl gestellt, den Erstickungstod zu erleiden, zu erfrieren oder zu Bett zu gehen, entschieden wir uns einstimmig für das Bett.

Kathleen und mir wurde ein etwa vier Meter langer, ein Meter dreißig breiter Raum zugewiesen, dessen eine Längswand ein Meter achtzig hoch war, während es die andere nur zu einer Höhe von einem Meter brachte. Das Zimmer lag unter dem Dach. Es fanden gerade unsere beiden Betten, die mit den Fußenden aneinander stießen, Platz darin. Außerdem hatte es ein Fenster, das sich nicht öffnen ließ. Browns Zimmer auf der anderen Seite war ähnlich, aber noch kleiner. Der Treppenabsatz hatte einen Marmorwaschtisch mit einem Becken und einem Wasserkrug aufzuweisen. Nirgends konnte man jedoch da Waschbecken entleeren. Nicht einmal aus dem Fenster konnte man das Wasser gießen wie vor zweihundert Jahren. Kathleen durfte – als Vorrecht ihres Geschlechts – das Waschwasser zuerst benutzen. Jones und ich knobelten die weitere Reihenfolge aus. Der Verlierer war übel dran ... Und am nächsten Morgen – ja, da gab es wieder Brot und Wurst zum Frühstück.

Wir schauten auf den Fluß hinaus. Er hatte immer noch weiße Schaumkämme, und der Wind blies wie toll. Er war seit gestern sogar noch steifer geworden. Ich kann mir wirklich nicht erklären, weshalb wir eigentlich die zwar rauhe, aber freundliche Atmosphäre unseres Gasthauses mit dem unwirtlichen Fluß vertauscht haben. Aber wir taten's nun mal ... Das Fährboot brachte uns zu ANNIE MARBLE, wir kletterten an Bord, dankten den Schiffern auf den Lastkahn, rollten den Zeltbezug hoch und fuhren ab. ANNIE gefällt sich auf stürmischem Wasser in linkischen und unbeholfenen Bewegungen, und wir kannten damals ihre Zuverlässigkeit noch nicht zur Genüge. Sie schlingerte nicht; aber sie klatschte hilflos gegen die Wellen. Ein Boot mit gewölbtem Boden gleitet elegant und mit Leichtigkeit über sie hin. ANNIE hingegen, mit ihrem flachen Boden und ihrer Höchstbreite von ein Meter fünfzig kam ins Rutschen, so oft eine große Welle ihr Gleichgewicht störte. Jedesmal ging es mit ihr kurz und heftig in die Höhe, die Welle kam auf der anderen Seite schäumend zum Vorschein, und die Sache war vorbei. Es ließ sich kein Sinn oder Rhythmus darin erkennen. Höchstens konnte man die Wellen beobachten und sich rechtzeitig auf jeden Stoß gefaßt machen. So verfolgten wir langsam stromaufwärts unsern Weg.

Einmal landeten wir und machten Einkäufe in einem weltvergessenen Dorf. Wir froren immer heftiger, und der heulende Wind wehte uns Regentropfen ins Gesicht. Da hielten wir es denn doch für das beste, so schnell wie möglich eine schwimmende Liegestelle und einen gemütlichen Gasthof ausfindig zu machen. An einem Ufer zeigte sich ein Seitenwasser, in dem ein Lastkahn lag. Ohne lange Erörterung steuerten wir eiligst hinüber und befestigten unsere Fangleine so, daß wir in Lee des Lastkahns lagen. Dieser war allerdings sehr klein und bot leider nur wenig Schutz, zumal da er auch noch vor dem Wind lag. Noch während wir festmachten, drang der Regen in Strömen zu uns hinein. In verzweifelter Hast ließen wir den Zeltbezug herab und banden ihn nieder.

Heute muß Robinson noch nach Hamburg zurück. Wenn man bedenkt, daß sein Schiff schon morgen fuhr, und daß er England eigentlich nur verlassen hatte, um sich Hamburg anzusehen, wird man ihm recht geben, daß er abreisen wollte; denn von Hamburg hatte er bisher noch nicht mehr zu Gesicht bekommen als wir. Aber vielleicht hatte er sich auch entschlossen, die Flucht zu ergreifen, ehe er durch unsere Schuld ertrunken, erfroren oder an Rheumatismus zugrunde gegangen war. Der Lastkahn war unbewohnt. Er war in dem Seitenwasser mit Stangen gesichert, die von Bord ausgingen und auf Deck festgemacht waren. Durch sie sollte der Lastkahn vom Ufer abgehalten werden. Über diese Stangen kamen wir an Land. Es war ein Anblick für Götter, wie Jones in seinem Sonntagsanzug, das Köfferchen in der Hand, über einem sechs Meter tiefen trüben Gewässer auf einer drei Meter langen dünnen Holzstange steif wie ein Stock nach unten ging. Am Ufer fanden wir einen Weg, der zu einer Bahnstation führte. Auf der Station stand ein Zug, der eben nach Hamburg abging. Ein phantastisches Zusammentreffen! Wir hatten uns alle nicht viel Gedanken darüber gemacht, wie Brown nach Hamburg kommen sollte. Er schwang sich in den abfahrenden Zug, und das letzte, was wir von ihm sahen, war sein Kopf, den er zum Fenster hinausstreckte. Es tat uns leid, ihn zu verlieren. Er war eigentlich doch ein netter Kerl – oder wäre es wenigstens gewesen, hätte er nur der Versuchung widerstehen können, alle zwei Minuten einen anderen Namen zu haben.

Kathleen und mir war melancholisch zumute, als wir wieder in den stürmischen Regen hinaustraten, um uns ein Logis für die Nacht zu suchen. Der Wind heulte und pfiff. Der Regen klatschte uns ins Gesicht und verwandelte sich bisweilen in Hagel und Schnee. Aber wir befanden uns wenigstens in einer größeren Ortschaft mit mehreren Gasthöfen und Hotels und hatten keinen Zweifel, daß wir eine Unterkunft finden würden. Wie wir am nächsten Tag feststellten, hieß der Ort Zollenspieker. Ich hatte den Namen zwar schon auf einem Bahnhofschild gelesen. Aber das Schild befand sich neben einer Tür, und in meiner Unkenntnis der deutschen Sprache hatte ich angenommen, daß »Zollenspieker« öffentliche Fernsprechstelle oder so etwas ähnliches bedeute.

Fluch über dich, ungastliches Zollenspieker! Vom Graupelregen gepeitscht und vom Winde durch und durch geweht, sind Kathleen und ich die schmutzigen Straßen auf und ab gewandert. Zollenspieker ist offenbar eine Sommerfrische der glücklichen Hamburger. Ende April hatte sich kein Hotel auf Besucher eingestellt. Überall war das Frühjahrsreinemachen im vollen Gange. Alles wurde neu hergerichtet. Wir irrten von Gasthof zu Gasthof … und nun wurde uns das Wörtlein »Nee!« in seiner ganze Tragweite so recht zu Gemüte geführt. Immer wieder fragte ich in stockendem Deutsch nach einem Zimmer zum Übernachten. Immer und immer wieder wurden wir daraufhin in unserer abgerissenen pitschnassen Erscheinung mit kühlen Blicken von oben bis unten gemustert … Und dann kam von grausamen Lippen einsilbig das unbarmherzige Wörtlein »Nee!« Als wir zum vierten Mal einen Korb bekommen hatten, verlegten wir uns auf eine List. Wir traten ein, bestellten Kaffee und fingen mit dem Wirt oder der Wirtin ein Gespräch an. Bei dem Versuch, mit meinem elenden Deutsch recht liebenswürdig zu erscheinen und mir einen Anflug von Würde zu geben, habe ich mein Gehirn zermartert wie nie zuvor. Mit großem Takt brachten wir zum Schluß die Sprache auf das Logis. Aber auch diese Taktik half uns nichts. Vier Portionen Kaffee trugen uns nur vier weitere Absagen ein, und inzwischen war es glücklich sechs geworden. Wir hatten jetzt soviel Kaffee im Magen, wie wir gerade noch bei uns behalten konnten, waren vollkommen durchnäßt und hatten sämtliche Hotels am Ort abgeklappert. Auf unserer Wanderung waren wir wieder beim Bahnhof angelangt. Ich ließ Kathleen im Wartesaal sitzen und machte mich allein zum letzten Mal auf die Suche. Ich versuchte es mit Bäckerläden und etwas zweifelhaften kleinen Kneipen. Schließlich hätten wir ja auch in ANNIE MARBLE übernachten können; aber sie war noch nicht ganz wohnlich hergerichtet, und außerdem schreckte uns der Gedanke an die trostlose Liegestelle im heulenden Sturm. Etwa hundert Meter von dem Seitenwasser entfernt, wo wir angelegt hatten, stieß ich wieder auf eine kleine Schankwirtschaft. Es war, glaube ich, das einzige Haus, wo ich bisher noch nicht gewesen war. Ich riß mich mit aller Macht zusammen, gab mir, so gut es ging, eine würdige Haltung und setzte dazu eine verbindliche Miene auf. Ein altes Hutzelweiblein fragte nach meinem Begehr, und ich nannte ihr meinen Wunsch. »Nee!«, erwiderte sie und fing an, sämtliche Gasthöfe aufzuzählen, in denen ich schon vergeblich nachgefragt hatte. Ich erklärte ihr meine Lage, so gut ich konnte. »Nee!«, wiederholte sie kopfschüttelnd. Und da war es mit meiner allzulang auf die Probe gestellten Laune vorbei. Ich geriet in zornige Erregung und konnte plötzlich wie in Zungen reden, als ich mir ausmalte, wie Kathleen zitternd vor Kälte im Wartesaal saß. Ich sprach sozusagen mit dem ganzen Körper, und ein wahrer Redefluß ging von mir aus – alles auf Deutsch! Ich stampfte mit dem Fuß auf und schüttelte die Fäuste. Und zum Schluß ließ ich das Zauberwort »Polizei« fallen. Ich erklärte, ich würde schnurstracks zur Polizei gehen und alles zur Anzeige bringen, und die Polizei würde dann kommen und darauf bestehen, daß wir ein Logis bekämen. Die Erwähnung der Polizei rief in dem Benehmen der Alten eine Veränderung hervor. Jetzt war es an ihr, zu bitten und sich zu verteidigen. Ich aber hatte Oberwasser. Sie bat und flehte; aber ich verhielt mich abweisend. Das fiel mir um so leichter, als ich von dem, was sie sagte, nicht eine Silbe verstand. Schließlich sah sie ein, daß sie bei mir auf Granit biß, und gab nach. Sie führte mich in einen Raum im Kellergeschoß, in dem zwei Doppelbetten standen. Die zeigte sie mir. Sie waren mit Strohmatratzen belegt und boten einen trostlosen Anblick. Die Alte brachte Bettzeug zum Vorschein, das ich mir ansehen sollte: zwei Bettdecken und einen Eiderdaunensack. Dabei überschüttete sie mich mit einem plattdeutschen Wortschwall, wovon ich einiges begriff. Ich hatte richtig verstanden, daß sie mir die ganze Dürftigkeit des Nachtlagers vor Augen führen wollte. Dagegen deutete ich die Gebärden, mit denen sie auf das zweite Doppelbett zeigte, falsch. Ich glaubte zu verstehen, daß zur Nacht Kinder darin schlafen würden. Sie hatte aber nur sagen wollen, daß sie für diese Bett keine Bettwäsche besitze.

Schließlich hatte ich soviel begriffen, daß wir das eine Bett mit der Strohmatratze, den beiden dünnen Decken und dem mageren Eiderdaunensack haben könnten, wenn wir nur darauf verzichteten, die Polizei anzurufen. Großmütig ging ich auf diesen Vorschlag ein und suchte Kathleen auf. Ich kündigte ihr an, wir würden in einem Kellergeschoß auf einer Strohmatratze unter unzureichenden Bettdecken übernachten; wir müßten aber unser Zimmer mit einer – der Kopfzahl nach noch unbekannten – Schar Kinder teilen. Und Kathleen fand, ich hätte Wunder verrichtet.

Ehe ich zu Kathleen ging, hatte ich Essen bestellt. Als wir nun anlangten, erwartete uns ein Mahl: Kaffee, Brot und Wurst. In Anbetracht der besonderen Umstände gaben wir uns damit zufrieden und aßen mit Appetit. Wir staken in nassen Kleidern; die Gaststube war ungeheizt und wurde nur durch die animalische Wärme der paar Leute, die kamen, etwas temperiert. Jetzt ließen sich auch die Tochter der Alten und ihr Schwiegersohn, allen Anschein nach der Wirt, sehen. Die Tochter war eine vielversprechende dralle Person, hatte aber das ausdrucksloseste Gesicht, das mir zwischen Zollenspieker und Ägypten vorgekommen ist. Ihr Gesichtsausdruck wurde dadurch nicht gerade lebendiger, daß sie ständig die Lider niederschlug, so daß in beiden Augen die Iris halb im Schatten lag. Der Mann war dunkel und unrasiert und hatte etwas Verwegenes in seinem Ausdruck. Auf dieses Trio waren wir während unseres Aufenthaltes angewiesen. Mit allen unseren Anliegen mußten wir uns entweder an die alte oder an die junge Frau oder an den sizilianischen Räuberhauptmann wenden. Sie begriffen alles, was wir in unserm dürftigen Deutsch vorbrachten. Aber die Schwierigkeit bestand darin, daß wir niemals etwas von ihren Antworten verstanden. Daher war die Unterhaltung ebenso unergiebig wie das Sprechen in ein Telefon, das nicht funktionierte. Am ersten Abend wurde überhaupt noch kein Wort geredet, während wir unser Brot und unsere Wurst aßen. Uns wurde immer kälter und kälter. Bald zogen wir in dem vergeblichen Verlangen nach etwas Wärme unsere durchweichten Regenmäntel wieder an. Schließlich wankten wir, völlig erstarrt, zu Bett. Es war der einzige Lichtblick, daß das zweite Bett leer blieb, und keine Kinder in ihm schliefen …

Später machten wir noch eine weitere erfreuliche Entdeckung: Kathleen und ich waren die einzigen Lebewesen, die das Bett bevölkerten. Ich hatte mich schon auf das Schlimmste gefaßt gemacht und war sehr angenehm überrascht. Alles, was sich im Zimmer finden ließ, sogar die Gardinen, packten wir auf unsere erbärmlich dünnen Bettdecken hinauf. Darunter schliefen wir dann ganz leidlich.

Als wir am nächsten Morgen erwachten, hatten sich draußen die Geräusche des gestrigen Abends seltsam verändert. Einige waren stärker, andere dafür schwächer geworden. Die Ursache wurde mir klar, sobald ich die Schankwirtschaft verlassen hatte und am Flußufer entlang eilte, um nachzuschauen, wie es mit ANNIE stand. Der Sturm hatte sich in einen heulenden Orkan verwandelt. Alles, was nicht niet- und nagelfest war, knarrte, klapperte und schwankte im Winde. Der Fluß bot einen ungewöhnlichen Anblick dar: die ganze Wasserfläche war weiß. Die stromabwärts fahrenden Schleppschiffe und Lastkähne stampften und wurden hin und her geworfen wie auf hoher See. Sturzwellen spülten vom Bug bis zum Heck über die sechzig Meter langen Lastkähne dahin. An Land waren die geschützten Stellen, wie der Hof unserer Schankwirtschaft, dicht mit Schnee bedeckt. Die kleinen Anhöhen, die man am Ende des öden Flachlands, etwas zwanzig Meilen entfernt, sehen konnte, trugen weiße Kappe. Der eisige Wind ging einem durch und durch. Deutlich zeigte sich seine Einwirkung auf den Wasserstand des Flusses. Er hatte ihn aufgestaut. Die landwärts gerichteten Enden der Stangen, mit denen der Lastkahn festgehalten wurde, in dessen Schutz ANNIE lag, befanden sich jetzt einen Meter unter Wasser. Als wir gestern zur Flutzeit angekommen waren, staken sie noch einen Meter über Wasser im Boden. Es war nicht mehr möglich, dicht an AN-NIE heranzukommen. Aber vom Ufer aus konnte ich sie sehen, und sie nickte mir, im Sturmwind schaukelnd, von ihrer Liegestelle aus zu, gleich als wollte sie mir sagen, daß alles in bester Ordnung sei. Ich zitterte vor Kälte im Wind und war froh, was wir nicht in ANNIE MARBLE genächtigt hatten. Ich weiß nicht, ob meine Ratschläge für Motorbootfahrer etwas wert sind oder nicht; aber ich muß doch vor Fahrten auf der Elbe im April dringend warnen.

Als ich zu Kathleen zurückkam, saß sie bei Brot und Wurst! Während des Frühstücks überlegten wir, was wir anfangen sollten. Es war gar nicht daran zu denken, daß wir etwa den ganzen geschlagenen Tag in der kalten Gaststube herumsaßen. Wir hatten nur noch die Wahl, zu laufen. Der Vorschlag dazu ging mehr von Kathleen als von mir aus. Sie war mit dem Wind noch nicht in nähere Berührung gekommen. Wir einigten uns schließlich darauf. Vor den Augen des Wirts packten wir Brot und Wurst für unseren Lunch zusammen und bestellten langsam und deutlich das Essen auf sechs Uhr. Er hatte ja gesehen, daß wir abends und zum Frühstück Brot und Wurst gehabt hatten und, daß wir auch zum »Lunch« Brot und Wurst zu uns nehmen wollten. Er mußte also, so schlossen wir logisch, uns zum »Dinner« etwas anderes vorsetzen. Im letzten Augenblick, als wir schon im Weggehen waren, sahen wir, wie die alte Frau in dem riesigen Ofen der Gaststube ein paar Holzscheite in Brand setzte. Die Aussicht auf Feuer und Wärme hätte uns beinahe veranlaßt, unser Vorhaben zu ändern und dazubleiben. Aber ich fühlte mich den vertrackten Sprachkunststücken nicht gewachsen, die nötig gewesen wären, um den Leuten unsern neuen Entschluß zu erläutern. Und deshalb machten wir uns zum Spaziergang auf.

Dieser Spaziergang wird zu den entsetzlichsten Erinnerungen meines ganzen Lebens gehören. Der Wind war schauderhaft. Es blies durch unsere ganze Kleidung hindurch, und dabei hatten wir alles auf dem Leib, was wir überhaupt an Land mitgebracht hatten. Wir waren beinahe steif vor Frost, und es gab keinen Schutz gegen die Kälte. In dieser Gegend sind alle Wege oben auf den Flutdämmen angelegt, wo der Wind freies Spiel hat. Das Land zwischen den einzelnen Deichen ist, jedenfalls im April, zu sumpfig zum Gehen und viel zu sumpfig zum Sitzen. Wir mußten deshalb notgedrungen auf den Deichwegen wandern und bildeten eine ideale Zielscheibe für den Wind. Wird liefen und liefen ... Wenn wir so tüchtig liefen, wie es überhaupt nur möglich war, blieben wir gerade warm genug, um nicht vor Kälte zu beben. Wir liefen und liefen ... Vom Wind umheult und umkreischt, aßen wir unseren Lunch, und schließlich war uns ganz dumm im Kopf vor lauter Wind und Kälte. Nur etwas hielt uns noch am Leben: die Aussicht, daß wir bei unserer Rückkehr einen knallenden Ofen vorfanden – einen rotglühenden, so hofften wir – und eine reichliche, wenn auch nicht allzu schmackhafte Mahlzeit. Dieser Doppelköder lockte uns voll freudiger Erwartung schon um vier Uhr nachmittags heim.

Kein Fünkchen Feuer fanden wir im Ofen. Die Gaststube war kalt wie ein Eisschrank. Und als das »Dinner« aufgetragen wurde, bestand es aus – Brot und Wurst. Um sechs Uhr dreißig gingen wir mit roten Nasen und blaugefroreren Händen zu Bett. Als wir verschwanden, riß der Wirt mit seinen Kumpanen Witze über uns, die wir nicht verstehen konnten. Wahrscheinlich spielte er darauf an, daß wir ein Hochzeitspärchen seien. Aber wir waren viel zu sehr herunter, als daß wir uns darüber noch Gedanken gemacht hätten. So etwa gegen zehn Uhr war uns wieder warm.

Auch am nächsten Tage wehte noch immer der höllische Wind. Er schien steifer denn je, und sicherlich stand das Wasser im Fluß auch höher denn ja. Es war ganz offenbar unmöglich, mit ANNIE loszufahren und der infernalischen Schankwirtschaft hier zu entrinnen. ANNIE hätte wohl kaum die erste halbe Stunde in dem brodelnden Malstrom heil überstanden. An Spazierengehen war auch nicht zu denken. In unserm Seitenwasser lag ein kleines Ruderboot; ich stöberte den Besitzer auf und entlieh es mir. Es ist erstaunlich, was für Sprachkunststücke man in der Not zustande bringt. Wir ruderten zu ANNIE hinüber. Es waren nur zwanzig Meter; aber wir lernten dabei den Wind richtig kennen. Wir brachten das kleine Boot kaum gegen ihn vorwärts. Schließlich erreichten wir ANNIE doch. Drinnen war alles in Ordnung und unversehrt. Während wir das kleine Boot mit Decken und Bettzeug beluden, kamen wir uns wie Robinson Crusoe auf seinem Wrack vor. Als wir wieder in der Schankwirtschaft waren, ließen wir uns, buchstäblich unter Decken begraben, in der Gaststube nieder. Unsere beharrlichen Bitten um Feuer veranlaßten die alte Frau schließlich dazu, ein paar Scheite im Ofen in Brand zu setzen. Die Leute waren entweder das ärmlichste oder das knauserigste Volk, dem ich je begegnet bin. Mit unseren Büchern, die wir ebenfalls von der ANNIE MARBLE mitgebracht hatten, mit Kathleens Schokolade und meinen Zigaretten fühlten wir uns jetzt ganz wohl.

Nebenbei dämmerte auch eine große Erkenntnis in uns auf: in Deutschland wird die Hauptmahlzeit des Tages bald nach der Mittagsstunde eingenommen. Wir hatten bisher nach unseren englischen Begriffen gedacht, es geschehe abends. Aber ganz im Gegenteil: das »Mittagessen« ist das große Tagesereignis der Deutschen. In vielen Gegenden werden die Kinder schon um sieben Uhr früh zur Schule geschickt, damit sie Appetit fürs Mittagessen mitbringen, und nachmittags bleiben sie zuhause, um zu verdauen. Die Dockarbeiter und -angestellten haben zwei Stunden Mittagspause. Selbst in wohlhabenden Kreisen besteht dagegen die Abendmahlzeit gewöhnlich nur aus Brot und Wurst. Gestern hatte unser Wirt offenbar angenommen, das Brot und die Wurst, die wir uns nach dem Frühstück eingepackt hatten, sollten nur als eine Art Imbiß dienen. Er glaubte sicher, daß wir in einem anderen Gasthof zu Mittag gegessen hatten. Und das wäre auch geschehen, hätten wir nur einen gefunden.

Auf diese Entdeckung hin schöpften wir für heute frische Hoffnung. Ich nahm mir den Wirt vor und sprach mit ihm das Problem des Mittagessens genau durch. Die Sache schien auch seinem trägen Verstande einzuleuchten. Die Zusammenstellung im einzelnen überließ ich seiner Schwiegermutter. Es hing davon ab, was sie in den Läden des Ortes zu kaufen bekam. Über die Gänge einigten wir uns: Suppe, Fleisch mit Gemüse und Obst. Nachdem wir tagelang nur von Brot und Wurst gelebt hatten, harrten wir des Essens in freudiger Erwartung.

Um ein Uhr wurde es aufgetragen. Nachdem die Tochter den Tisch gedeckt hatte, erschien ihre Mutter, strahlend vor Stolz, mit einer riesigen Terrine, in der bequem sechs bis acht Teller Suppe Platz hatten. Sie duftete köstlich. Ich tat erst Kathleen auf und dann mir und langte begierig nach dem Löffel, um die Erinnerung an Brot und Wurst mit einer Unmenge Suppe fortzuschwemmen. Ich nahm einen Löffel voll in den Mund und – – hätte es beinahe wieder von mir gespien. Die Suppe war süß! – So etwas ist uns in Deutschland nie wieder vorgesetzt worden. Es muß wohl eine örtliche Spezialität gewesen sein. Die Suppe war zwar mit Fleisch zubereitet und duftete angenehm. Aber es war eine Masse geschmortes Obst darin, Birnen, Äpfel und Backpflaumen und unheimlich viel Zucker; die scheußlichste Mischung, die denkbar ist, viel schlimmer als Bückling mit Orangenmarmelade. Wir waren starr vor Entsetzen über das schreckliche süße Gebräu, und dabei hatten wir uns so auf eine schmackhafte Suppe gefreut! Vielleicht wäre es uns nicht ganz so schlimm vorgekommen, wenn wir darauf gefaßt gewesen wären. So aber war uns zu Mute, als seien wir im Dunkeln plötzlich gegen eine Türklinke gerannt. Den zweiten Löffel voll bekam ich nicht mehr hinunter; dafür machte ich aber meine ganze ehemännliche Autorität bis zum Äußersten geltend und zwang Kathleen, wenigstens einen halben Teller voll zu essen. Sie hat es mir nie verziehen. Doch wir mußten ja schließlich etwas Suppe zu uns nehmen, nach all dem Theater, das wir hier aufgestellt hatten. Ich kann nicht sagen, ob das undefinierbare Fleisch, das nachher kam – mit Kartoffeln als einzigem Gemüse, auf deutsche Art wie in den Kinderstuben der mittleren victorianischen Epoche serviert – gut war oder nicht. Ich war von der Suppe noch immer viel zu benommen, um darauf achtgeben zu können. Geschmortes Obst, wie es schon in der Suppe herumgeschwommen war, beschloß die Mahlzeit. Ich war völlig erledigt. Aufstöhnend ergriff ich die Flucht. Dieses Essen hatte mir allen Appetit verschlagen, selbst wenn ich noch hungrig gewesen wäre. Den Tag beschloß ein strömender Regen, der mit dem unablässigen Wind waagerecht dahinfegte. Der Fluß war eine einzige brodelnde Brandung …

Sonnabendmorgen! Auf meinem gewohnten Spaziergang zu ANNIEs Liegestelle hatte ich das Gefühl, daß der Wind etwas nachließ. Vielleicht konnte man im Laufe des Tages fahren. Auf dem Fluß wurden die Lastkähne auch nicht mehr ganz so heftig vn den Wellen geschaukelt. Aber davon durfte keine Rede sein, daß wir in Zollenspieker mit Lammsgeduld das Aufhören des Windes abwarteten. Wütender Hunger ließ einen andern Plan in uns reifen. Wir spielten mit unserm Brot-und-Wurst-Frühstück nur so ein bißchen herum. Eine Stunde später schon stiegen wir in Hamburg erwartungsvoll aus dem Zug. Was für ein schöner Tag. Zuerst verbrachten wir beide eine Stunde beim Friseur. Dann nahmen wir ein Bad. Die Badeanstalt steht noch auf demselben Fleck, wo sie nach unserem Baedecker, Ausgabe 1886, stehen mußte. Nachher schlenderten wir umher und versuchten, von außen festzustellen, in welchem der besseren Hotels wir auf die größten Portionen zum Mittagessen rechnen konnten. Ich weiß nicht, ob wir das Richtige ausfindig gemacht haben. Aber ich will ohne Übertreibung erzählen, wie es uns gegangen ist; danach wird sich der Leser selbst ein Bild machen können. Mit Austern fingen wir an. Danach ließen wir uns Suppe bringen, die wir erst ganz vorsichtig kosteten; aber es war nichts Süßes dran. Als nächsten Gang hatten wir Wiener Schnitzel gewählt. Unsere Suppenteller wurden abgeräumt, und nun stellte der Kellner eine riesige dampfende Schüssel mit Schnitzeln, gebackenen Kartoffeln und Blumenkohl vor mich hin. »Na, das reicht ja für uns!«, sagte ich und betrachtete die gewaltige Schüssel mit Wohlgefallen, »'s wird nicht ganz einfach sein, das alles zu schaffen!« Kaum hatte ich das gesagt, da war der Kellner auch schon wieder da und servierte Kathleen eine ebenso große Schüssel. Jede der Schüsseln enthielt eine einzige Portion! Es ist keine Übertreibung, wenn ich behaupte, daß eine englische Wirtin eine derartige Portion als einen von vier Gängen für vier Personen auftragen lassen würde, ohne sich dabei geizig vorzukommen. Wir langten nach den prachtvollen Schnitzeln, und alle bösen Erinnerungen an das ewige Brot und die ewige Wurst, an süße Suppe und undefinierbares Fleisch waren versunken. Ich müßte mich eigentlich schämen, die Geschichte zu Ende zu erzählen. Wir haben beide Schüsseln vollständig leer gegessen. Nicht ein Häppchen ist übrig geblieben. Und hinterher aßen wir noch Apfelklöße.

Noch merkwürdiger ist es, daß wir nach dieser Schlemmerei imstande waren, uns von unseren Stühlen zu erheben und zu gehen, obwohl wir bloß eine halbe Stunde faul dagesessen hatten. Aber ich spreche die reine Wahrheit. Jetzt schlenderten wir zum Hafen hinunter und sahen uns den Schauplatz unserer ersten Heldentaten in Deutschland an. Beobachtungen und Gespräche brachten uns da auf etwas, was vielleicht allen von Nutzen ist, die unseren Spuren folgen. Um vier Uhr nachmittags läßt der Hafenverkehr wesentlich nach, und gegen fünf Uhr kann man ganz bequem mit einem kleinen Boot auf den Hafenbecken herumfahren. Das hatten wir nicht geahnt, als wir uns vor einigen Tagen um zehn Uhr morgens in der verkehrsreichsten Zeit in den Trubel hineinstürzten. Schließlich wanderten wir zum Bahnhof zurück, vollgesättigt, und das Gesicht von gutem Rheinwein gerötet. (Das letztere freilich bezieht sich nur auf mich; denn Kathleen mußte sich mit Sodawasser begnügen.) Ein schwacher Sonnenschimmer beglückte uns tief. Eine ganze Stunden lang brach die Sonne blaß durch die Wolken. Der Wind flaute zusehends ab. Morgen konnten wir Zollenspieker verlassen!

Als wir in unsere Schankwirtschaft zurückkehrten, ging es auch in dieser trübseligen Bude lustiger zu. Die beiden Frauen hatten neue Kleider an und blendendweiße Schürzen vor. Der Wirt war frisch rasiert und trug einen Kragen. Alle drei waren richtig ausgelassen. Mehr als einmal packte der Wirt in übersprudelnder Lebensfreude vor unsern erstaunten Blicken seine Frau und klatschte sie laut auf ihre prallen Rundungen. Tänzelnd trug er unser Abendessen auf: Brot und Wurst, worauf wir seltsamerweise recht wenig Appetit verspürten. Vielleicht hatten wir ihn fragend angesehen; vielleicht konnte er es auch bloß nicht mehr für sich behalten. Jedenfalls kam er von selbst darauf zu sprechen, daß heute Abend der Gesangverein von Zollenspieker hier in der Schankwirtschaft tagte.

Wir saßen noch beim Kaffee, als schon die ersten Vereinsmitglieder erschienen. Stühle, Tische und Notenständer wurden zurückgerückt. Den Ehrenplatz über dem Büfet erhielt ein besticktes Banner. Allmählich kamen auch Gäste, Mitglieder anderer Gesangvereine, mit ihren Vereinsemblemen. Sie wurden feierlich begrüßt. Man schüttelte sich die Hände, verbeugte sich, und schließlich wurden Getränke angeboten. Wir saßen in unserer Ecke und machten große Augen. Das seltsame Zeremoniell, das diese aufgeputzten Landleute – die meisten, kannten wir vom Sehen – da vor uns aufführten, brachte uns ganz durcheinander. Jetzt wurden Trommeln, Zinken, Hörner und Geigen gebracht, und ein paar Leute, offenbar Vorstandsmitglieder des Vereins, sorgten dafür, daß alles auf seine Plätze ging. Nun trat Stille ein: man unterhielt sich nur noch im Flüsterton. Schließlich trat der Wirt an uns heran, entschuldigte sich und erklärte, wir hätten nun alles gesehen, was wir sehen dürften. Das übrige finde in geschlossener Sitzung statt. Wir möchten doch bitte so freundlich sein und uns ins hintere Gastzimmer begeben. Er war sehr besorgt, daß wir seiner Aufforderung auch ja Folge leisteten, und fügte deshalb hinzu, wir könnten von dort aus alles mitanhören, auch ohne die Zeremonie zu sehen.

Wir gingen also in das hintere Gastzimmer, zusammen mit der Schwiegermutter des Wirts und seiner drallen Frau, die ihre Augenlider auch in dieser festlichen Stunde herunterhängen ließ, sowie zwei jungen Burschen, die, soviel ich verstand, in den Verein eintreten wollten. Andächtig lauschten wir. Es kam uns vor, als würde eine Art Tagesordnung verlesen. Dann hörte man Stühlerücken. Alles erhob sich. Ein lauter Chor ertönte, ohne Begleitung und schrecklich unrein. Es tut mit leid, dies sagen zu müssen; denn ich hatte so viel von dem Musikverständnis der Deutschen gehört. Es folgten viele Duette und Sologesänge mit Chören, fast sämtlich ohne Instrumentalbegleitung. Ein paar hörten sich ganz gut an; aber die meisten waren nicht besser als der erste Chor. Zwischen den einzelnen Vortragsstücken erklangen Hochrufe in tiefen Brusttönen, offenbar als Einleitung zum Leeren der Gläser. Dann kam ein Zwischenspiel des Orchesters. Ein mechanisches Klavier, das uns in seiner Eintönigkeit an Brot und Wurst erinnerte, klang mit Hörnern, Zinken und Geigen zusammen, aber – so schien mir – in verschiedenen Tonarten. Es war ein mächtiger Lärm. Nachher wurde wieder gesungen. Schließlich hörte man Füßescharren, und dann war es still. Alle hatten hintereinander die Schankstube verlassen.

»Ist jetzt Schluß?«, fragte ich überrascht die Schwiegermutter und sah zur Uhr. Es war zehn Uhr dreißig.

»Ach, nein! Sie sind jetzt in den Ort hinaus, kommen aber bald wieder, und dann geht's weiter. Die machen nie vor vier Schluß!«

Und richtig! Schon konnte ich von der Straße her die Trommeln und Blasinstrumente wieder vernehmen. Singend ging es in feierlichem Zuge durch den Ort hin und her, in eifrigem Wettbewerb mit den anderen Gesangvereinen, die ebenfalls im Regen unterwegs waren. Nach einer halben Stunde waren sie wieder da, und die Schwiegermutter reichte schleunigst eine große Terrine voll Punsch durch die Tür hinaus, den sie eben über einem Spirituskocher zusammengebraut hatte. Er bestand aus Rum, Branntwein und starkem, heißen Tee und schmeckte fürchterlich, ähnlich wie die gestrige Suppe. Aber es war ein heißes Getränk und deshalb sicherlich nach dem halbstündigen Aufenthalt ohne Mantel im Regen und Wind willkommen.

Es ist schon möglich, daß die Tagung des Gesangvereins bis vier Uhr früh oder gar noch länger gedauert hat. Kathleen und ich wissen nichts davon. Wir waren trotz der enttäuschten Gesichter der anderen zu Bett gegangen, und in unserem frostigen Schlafzimmer im Keller konnten wir von dem gewaltigen Lärm oben nichts hören.

Elbaufwärts nach Lauenburg

Der Sonntagmorgen war angebrochen. Ich wälzte mich von der Strohmatratze unter unsern hochaufgetürmten Decken hervor und ließ alle schwelgerischen Gargantua-Träume von Wiener Schnitzeln fahren. Der gestrige Sonnenschein hatte mich mit Hoffnung erfüllt. Ich rasierte mich in aller Eile und stürzte dann nach außen. Mochte sich Kathleen inzwischen langsam ins Wachsein zurückfinden!

Es stimmte! Der Wind hatte sich gelegt. Wenigstens hatte er seine Richtung geändert; denn ganz hört ja der Wind in Norddeutschland niemals auf. Es wehte jetzt nur noch eine frische Brise flußabwärts. Die lustigen kleinen Wellen, die nun die Oberfläche des großen Stromes kräuselten, hatten mit den mächtigen weißen Schaumkämmen von gestern nichts mehr gemein. Die Sonne ließ sich zwar kurz, aber doch in regelmäßigen Abständen zwischen den fliegenden Wolken sehen. Mit dem Umschlagen des Windes war auch der Wasserspiegel gefallen, so daß die Anlegestangen des Lastkahns nur noch an ihren unteren Enden bespült wurden. Ich eilte mit meiner Neuigkeit heim. Kathleen beendete, von meiner Freude angesteckt, blitzschnell ihre Morgentoilette. Oben in der Gaststube brachte uns die Wirtsfrau mit den allzu schweren Augenlidern Kaffee, Brot und Wurst. Wir aßen diesmal sogar mit Appetit und packten uns noch etwas Brot und Wurst zum Lunch ein. Der Wirt wurde aus dem Bett geholt, um uns die Rechnung zu schreiben. Er erschien mit schwerem Kopf und konnte kaum aus den Augen sehen. Man merkte es ihm an, daß er sich schwerlich vor dem nächsten Sonnabendnachmittag ganz erholen würde. Ich bezahlte die Rechnung, ohne weiter nachzuprüfen. Die Summe war ungefähr so hoch wie das, was wir für die erste Übernachtung in dem guten Hotel hatten zahlen müssen. Wir waren fertig. Es konnte losgehen.

Wir verabschiedeten uns. Ich glaube, die Familie sah uns tatsächlich mit Bedauern scheiden. Wir hatten in den drei Tagen eine gewisse Popularität erlangt. Jetzt ging es zum Seitenwasser hinunter. Kathleen blancierte als geübte Turnerin auf der einen Haltestange des Lastkahns hoch, kletterte in die ANNIE MARBLE und lenkte sie ans Ufer. Wir verstauten unsere Sachen und rollten die Zeltbahn auf. Unsere Benzinkanne hatten wir bei der Tankstelle des Ortes füllen lassen. Wir machten los. Kathleen setzte den Motor in Gang. Lustig klang uns sein Knattern in den Ohren, als wir aus dem Seitenwasser hinausbrausten, um unseren zähen Kampf gegen die Strömung der Elbe wieder aufzunehmen. Lange noch winkte uns der Schankwirt mit Frau und Schwiegermutter über die Flußniederung nach. Sie waren das letzte, was wir von Zollenspieker sahen, und ich wäre wirklich nicht unglücklich, wenn ich wüßte, daß wir nie wieder etwas von Zollenspieker zu sehen bekommen. Von diesem Augenblick an datieren wir in Gedanken unsere Bootsfahrt in Deutschland. Alles, was vorher war, kommt uns wie aus einem anderen Leben vor.

Die Elbe ist ein sehr breiter Strom, der in zahlreichen Windungen dahinfließt. Die Strömung hatte damals etwa eine Stundengeschwindigkeit von vier Kilometern. Ich erwähnte schon, daß eine lebhafte Brise flußabwärts blies. Auch sie hemmte uns, und so schafften wir, statt der normalen Leistung von zwölf Kilometern, bloß sechs Kilometer in der Stunde. Wir konnten unsere Geschwindigkeit ziemlich genau schätzen; denn es gibt an der Elbe große, bezifferte Kilometersteine, die dem Fluß zugewandt sind. Sie beginnen wahrscheinlich an der sächsisch-böhmischen Grenze mit 0 und enden in Hamburg mit 630. Auf unserer ganzen mühsamen Fahrt elbaufwärts haben wir einen Kilometerstein nach dem anderen hinter uns gelassen und sind allmählich von den Sechshundertern in die Fünfhunderter und von den Fünfhundertern in die Vierhunderter gekommen. Das war sehr aufregend und erinnerte mich an die Romanschriftstellerei, wobei die Schreibmaschinenseiten auf ganz ähnliche Weise von den Zehnern in die Hunderter und Zweihunderter emporwachsen. Da gibt es Tage, wo sich diese Zahlen um Dutzende vermehren, und andere, an denen es bedauerlich langsam vorwärts geht. Ja, es kommen beim Romanschreiben ebenso wie beim Flußfahren Tage vor, an denen man überhaupt keinen Fortschritt spürt und auch tatsächlich nicht weiterkommt.

Wir hatten uns vorgenommen, heute dreißig Kilometer zurückzulegen, teils weil wir endlich einmal aus dem Einflußbereich von Ebbe und Flut hinausgelangen und die damit verbundenen Beschwerlichkeiten loswerden wollten, teils weil dreißig Kilometer von Zollenspieker entfernt Lauenburg liegt. Lauenburg war nach der Landkarte ein etwas größeres Städtchen, in dem es Hotels geben mußte, die auf unerwartet eintreffende Reisende vorbereitet waren und ihnen gerne Unterkunft gewährten. Als wir nach je zehn Minuten an zwei Kilometersteinen vorübergekommen waren, konnten wir uns mit einiger Bestimmtheit ausrechnen, daß wir in etwa fünf Stunden Lauenburg erreichten mußten, vorausgesetzt, daß wir ständig vorwärtskamen. Aber wenn man gegen eine schnelle Strömung anfährt, stellen sich doch alle möglichen unberechenbaren Verzögerungen ein. So mußten wir zum Beispiel immer nach einer Stunde und zehn Minuten Fahrt anhalten, um den Benzintank aufzufüllen. Dabei empfiehlt es sich, dem Motor zwei Minuten Ruhe zu gönnen, damit er vor der Auffüllung etwas abkühlt. Geht es flußabwärts, dann braucht man mitten auf dem Fluß lediglich den Motor abzustellen und kann sich während der Abkühlung und Auffüllung treiben lassen. Man braucht die Fahrt also nicht zu unterbrechen. Wenn es dagegen stromaufwärts geht, dann ist in dem Augenblick, wo der Motor wieder in Gang gesetzt wird, ein halber Kilometer verloren gegangen, den man eben mühsam zurückgelegt hatte. Ein Aufenthalt von fünf Minuten hat also in Wirklichkeit zehn Minuten an Zeit und für fünf Minuten Brennstoff gekostet. Will man etwas davon einsparen, kann man ans Ufer fahren, um dort aufzufüllen. Aber auf einem schnellfließenden Strom wie der Elbe nimmt auch das Ausfindigmachen einer geeigneten Uferstelle, das Hinüberkreuzen, das Anlegen und das Wiederlosmachen des Bootes Zeit in Anspruch. Es gibt zwar einen Benzintank für Außenbordmotore zu kaufen, bei dem man die Auffüllung ohne Fahrtunterbrechung mittels einer Pumpe vornehmen kann. Aber dieser Tank nimmt Raum in Anspruch, und die Kannen für die Zuführung des Benzins muß man trotzdem noch mitschleppen. Er ist auch aus einem anderen Grunde, von dem noch zu sprechen sein wird, unpraktisch. In ähnlicher Weise steigert sich flußaufwärts jede Verzögerung. Wenn man bei starkem Verkehr auf dem Wasser langsamer fährt, vermindert sich die Geschwindigkeit gleich unverhältnismäßig. Setzt man sie z.B. in einem Boot mit einer Stundenleistung von sieben Kilometer auf einer Drei-Kilometer-Strömung um einen Kilometer in der Stunde herunter, so beträgt sie statt vier nur drei Kilometer. Das bedeutet also den Verlust eines vollen Viertels bei einer Verminderung der Triebkraft um ein Siebentel! Sieht man sich durch den Verkehr gezwungen, von einer Seite zur andern hinüberzukreuzen, so hat die Strömung während der ganzen Zeit freies Spiel, das Boot abzutreiben; denn der Verkehr auf dem Fluß ist ja kein Straßenverkehr, hat vielmehr ständig mit der Strömung zu rechnen.

Stellte man dies alles mit in Rechnung, so hatten wir auch ohne die Lunchpause und etwaige Zwischenfälle bis Lauenburg mehr als fünf Stunden Fahrt vor uns. Und das ist in einem Boot mit Außenbordmotor für einen Tag entschieden zu viel. Das behaupte ich steif und fest, obwohl ich auf Widerspruch gefaßt bin. Das Geräusch des Motors, das Vibrieren des Bootskörpers und die Blendung durch das Wasser, dazu das Schwanken bei heftigem Wellengang: all das wirkt auf die Dauer lästig und ermüdend. Es gibt ja vielleicht Leute, denen es Spaß macht. Kathleen und ich und wohl die meisten Menschen sind aber nicht so veranlagt. Für einen Neuling, der zum ersten Mal mit Außenbordmotor fährt, ist im allgemeinen drei und eine halbe Stunde, mit dreimaligem Auffüllen des Benzintanks schon eine anständige Tagesleistung. Er wird auch Erfahrung machen, daß eine Stunde und zehn Minuten Fahrt hintereinander bis zur nächsten Auffüllung gerade anstrengend genug ist. Nach dieser Zeit wird er gewöhnlich froh sein, etwas auszuruhen, bevor es weitergeht. Und das spricht als Hauptgrund gegen den Reservetank mit Pumpe, den ich vor kurzem erwähnte. Vielleicht wird das alles mit den neuen Außenbordmotoren anders werden, die jetzt gerade auf den Markt kommen und die ganz geräuschlos sein und keine Erschütterung hervorrufen sollen. Zur Zeit ist der größte Feind des Außenbordmotors sein Lärm.

Aber all diese tiefen Gedanken waren ferne von uns, als die kleine Schraube unseres Motors das Wasser von Zollenspieker von ihren Flügeln abschüttelte. Die Elbe glitzerte in Wind und Sonnenschein, als wir die gräßliche Schankwirtschaft für immer hinter uns ließen. Die Hauptsache war: wir befanden uns wieder auf Fahrt. Die dreitägige unerwartete Gefangenschaft hatte uns so wild darauf gemacht, daß wir uns wohl auch dann nicht hätten abhalten lassen, wenn die Elbe noch immer in ihrer schlechtesten Laune gewesen wäre. Lachend und schwatzend fuhren wir lustig flußaufwärts. Unterwegs ist ANNIE MARBLE wirklich ein kuscheliges Boot. Man sitzt in ihr ein klein wenig unterhalb des Wasserspiegels, und die Augenhöhe ist nur einen halben Meter darüber; denn man kann sich beim Steuern bequem in die Kissen zurücklehnen. Hinter einem scheint das Wasser schneller rückwärts zu rauschen als das Kielwasser eines dahinjagenden Torpedobootszerstörers. Bei Höchstgeschwindigkeit hebt sich der Bug sogar aus dem Wasser wie bei einem Schnellboot, das dreißig Knoten in der Stunde fährt. Die Täuschung wird durch die Bugwelle vollständig, die an den Bordwänden entlangstreift, wenn das Boot etwas heftig über das Wasser dahingleitet; denn es setzt dem Druck des Motors seitlich keinen Widerstand entgegen. Auf ihrer ersten Fahrt in ANNIE MARBLE haben Leute, die etwas davon verstehen, unsere Geschwindigkeit auf dreißig Kilometer in der Stunde geschätzt, während wir uns in Wirklichkeit ganz bescheiden mit zwölf Kilometer begnügen müssen. Selbst wenn man hinter das Geheimnis gekommen ist, erliegt man zu Beginn einer Fahrt der optischen Täuschung doch immer wieder.

Und so erging es uns an diesem strahlend schönen Aprilmorgen. Unsere Fahrtfreude wurde durch das erregende Schnelligkeitsgefühl belohnt. Wir sausten über das Wasser dahin, und die Wellen machten Kluck-kluck-kluck gegen ANNIE MARBLEs Boden. Die Angler am Ufer starrten erstaunt hinter uns her. Schiffer winkten uns fröhlich zu. Optische Täuschung oder nicht – auf jeden Fall waren wir die schnellsten auf dem Fluß. Die Fahrzeuge auf der Elbe sind riesenhaft. Es gibt Lastkähne bis zu dreihundert Tonnen, und oft bilden sechs bis sieben zusammen einen Schleppzug. Dazu kommen noch die zahlreichen großen Frachtschiffe von vierhundert Tonnen und mehr, sowie Raddampfer mit zwei Schloten. Aber ANNIE MARBLE war schneller als alle Schleppzüge und immer noch etwas schneller als selbst die meisten Frachtdampfer.

Bei der Schleppschiffahrt auf der Elbe ist die Trosse zwischen dem Schlepper und dem ersten Lastkahn etwa hundert Meter lang. Dagegen sind die folgenden Lastkähne sehr dicht am Heck ihres Vorderkahns festgetäut; sie stoßen beinahe aneinander. Das erspart offenbar Arbeit. Auf der Seine zum Beispiel, auf der die Trossen zwischen sämtlichen Lastkähnen eine Länge von fünfzig Meter haben, muß jeder einzelne Lastkahn von einem Rudergänger gesteuert werden, dessen ganze Aufmerksamkeit dadurch in Anspruch genommen ist. Auf der Elbe dagegen sind die Steuerruder gewöhnlich festgelegt, und gesteuert wird eigentlich nur auf dem letzten Lastkahn. Wir haben den Grund der Verschiedenheit niemals entdecken können. Die Seine ist wohl etwas schmaler als die Elbe; ihre Windungen sind etwas spitzer, und die Lastkähne etwas kleiner. Aber das alles gibt zusammen noch keine ausreichende Erklärung. Wir haben in Magdeburg versucht, uns mit einem Schiffer darüber zu unterhalten. Aber ich konnte nicht genug Deutsch, um die technischen Ausdrücke zu verstehen, und der Schiffer konnte sich einen Schleppzug nicht recht vorstellen, bei dem die Lastkähne weit voneinander entfernt waren und auf jedem einzelnen schwer gearbeitet werden mußte. Kathleen und ich kamen schließlich zu der Annahme, daß die Franzosen mit ihrem System Unfällen vorbeugen wollten.

Für uns als Motorbootfahrer wirkte sich das deutsche System hauptsächlich dahin aus, daß jeder Schleppzug eine Schiffseinheit von einem halben Kilometer Länge darstellte. Manchmal brauchten wir bei der geringen Überlegenheit unseres Tempos eine halbe Stunde, um mit ANNIE MARBLE an einem Schleppzug vorüberzukommen, und ihn zu überholen. Die ganze Zeit über hatten wir natürlich nur eine Hälfte des Flusses zu unserer Verfügung, und das jenseitige Ufer war unseren Blicken vollständig entzogen. Kritisch wurde die Situation, wenn wir einen Schleppzug zur Hälfte passiert hatten, und uns dann ein anderer flußabwärts entgegenkam. Der Raum zwischen den beiden Schleppzügen betrug dann etwa zwanzig Meter. Das ist an sich reichlich. Und doch hat das Ganze immer etwas Abenteuerliches, wenn man die Strömung und das Gegeneinander des Wellenschlags berücksichtigt. Auch muß man bei der Durchfahrt dauernd die hohen, sich vorwärts bewegenden Schiffskörper im Auge behalten, zumal da die beiden Schleppzüge leicht um ein, zwei Meter vom geraden Kurse abweichen. Besonders ungemütlich wird es, wenn – was uns gelegentlich passiert ist – das Benzin im Tank sich allmählich erschöpft und man fürchten muß, daß der Motor aussetzt, das Boot, seiner Triebkraft beraubt, keine Fahrt mehr hat und nun hilflos zwischen zwei Reihen riesiger Schiffskörper herumschlingert. Dann kann man nachfühlen, wie sich ein Hühnerei unter Elefanten vorkommen muß.

Auf der Elbe herrscht ein reger Schiffsverkehr. Nur auf einer Flußfahrt, wie wir sie unternommen haben, bekommt man einen Begriff von der großen Bedeutung der Wasserwege für die deutsche Volkswirtschaft. An manchen Tagen kamen bei jeder Flußbiegung neue Schleppzüge und Frachtdampfer in Sicht. So war es auch an dem Sonntag, als wir von Zollenspieker nach Lauenburg fuhren. Kaum hatten wir das Seitenwasser verlassen, da begegneten wir schon dem FÜRST BÜLOW, der mit seinem Schwanz von Lastkähnen stromaufwärts fuhr. Wir hatten ihn gerade hinter uns gelassen, als wir uns auch schon wieder anschicken mußten, die DRESDEN zu überholen. Dann kam der FRITZ REUTER, und so ging es unausgesetzt weiter. Wir verfolgten beharrlich unseren Weg an all den Schiffen vorüber. Alle paar Augenblicke machten wir neue Erfahrungen auf der Elbe. Es ist zum Beispiel seit unvordenklichen Zeiten ein Vorrecht der kleinen Boote, daß sie flußaufwärts an Biegungen den inneren Bogen nehmen und sich dicht am Ufer halten dürfen. Dabei kann man die Hauptströmung vermeiden und Nebenströmungen benutzen. Aber auf der Elbe gibt es das nicht. Ihre Ufer sind durch Buhnen gesichert: alle hundert Meter erstrecken sich feste Steinwälle als Schutz gegen Abspülungen vom Ufer aus weit in den Strom hinaus. Wo sie mit dem oberen Rand den Wasserspiegel erreichen, sind sie, zumindest bei hohem Wasserstand, noch keineswegs zu Ende, laufen vielmehr eine erhebliche Strecke unter Wasser weiter. Boote, die zu dicht an ihnen vorüberfahren, rennen daher leicht mit einem Krach gegen solch ein künstliches Riff, und zwar um so eher, als man die vom Boote hervorragenden Wirbel mit den Strudeln rings um den sichtbaren Teil der Buhen verwechseln kann. Glücklicherweise ist ANNIE niemals mit ihrem Bootskörper auf solch ein gefährliches Ding geraten; denn sie hat ja nur einen Tiefgang von zehn Zentimeter. Aber mehr als einmal ist es der Schraubenwelle passiert. Besonderer Schaden ist dabei nicht entstanden. Es ist der Hauptvorzug eines Außenbordmotors, daß er in die Höhe schnellt, wenn er auf einen Widerstand stößt, und dadurch selbst einen Aufprall vermeidet. Und doch ist man zunächst wie vom Schreck gelähmt, wenn man den Krach hört, den plötzlichen Ruck verspürt und sich fragen muß, ob nicht womöglich der Scherstift gebrochen ist. Kathleen und ich fanden schließlich, es sei das beste, kleinbeizugeben und volle hundert Meter vom Ufer entfernt dahinzufahren.

Während der ersten zwei Stunden konnte uns das Landschaftsbild nicht recht begeistern. Es bestand in der Hauptsache aus Flachland, durch das sich der mächtige Strom dahinschlängelte. Es war eigentlich gar kein Grund für seine Krümmungen ersichtlich. Keine seiner Biegungen bespülte mit ihrem äußeren Bogen den Fuß einer Anhöhe, und das Land, das er in Schleifen umfloß, war um nichts flacher als die sonstige Gegend. Mir war das übrigens einerlei; denn ich bin so veranlagt, daß ich am Fluß selbst Genüge finde. Ich hatte meine Freude an seiner gewaltigen grünen Wasserflut. Ein Sonnenkringel und ein Lichtfleck auf der riesigen Stromfläche bereiteten mir, wenn ich so in der ANNIE MARBLE durch die schäumenden Wellen dahinfuhr, mehr Vergnügen als jede Bergbesteigung. Kathleen, glaube ich, dachte anders darüber. Aber Gottseidank war ihr bloßer Wunsch nicht imstande, die Elbe in die Schweizer Berge zu verwandeln. Als wir so ungefähr zweieinhalb Stunden gefahren waren und sich das Benzin im Tank zum zweiten Male zu Ende neigte, bogen wir ans Ufer, wo uns der Landungssteg eines Fährboots eine bequeme Liegestelle für einen Imbiß darbot.

Es muß wohl vom Schicksal so bestimmt gewesen sein, daß im selben Augenblick unserer Schraube gegen einen Stein stieß und der Scherstift ungefähr bei der letzten Umdrehung zerbrach. Wir trugen es mit Fassung, machten am Landungsplatz fest und aßen erst einmal in aller Ruhe, ohne uns um die erstaunten Blicke des Publikums zu kümmern, das die Fähre benutzte. Dann zogen wir ANNIE mit dem Heck ans Ufer. Geringer Tiefgang hat doch seine Vorzüge! Ich kauerte mich, die Schraubenwelle zwischen den Knien, hin und wechselte den Scherstift aus. Ein Scherstift, um es gleich zu sagen, ist der Stift aus weichem Metall, der die Triebkraft des Motors der Schraube mitteilt. Wenn die Schraubenflügel auf einen Widerstand stoßen, bricht dieser Stift, da er aus brüchigerem Metall ist als die Schraube, die sich dann nicht mehr weiterdreht und deshalb auch keinen Schaden leiden kann. Ein Scherstift läßt sich viel leichter auswechseln als ein Autoreifen.

Die Leute, die vorbeikamen und keine Ahnung von einem Scherstift hatten, warfen uns mitleidige Blicke zu und ließen teilnahmsvolle Bemerkungen fallen. Sie hielten den Schaden bestimmt für viel größer, als er war. Der Fährmann kam und nahm uns in Augenschein. So etwas wie ANNIE MARBLE war ihm wohl in seinem ganzen Leben noch nicht vorgekommen. Und schließlich fragte er – ich hatte schon darauf gewartet! – wieviel PS unsere Maschine habe.

Der Imbiß und die Auswechselung des Scherstifts hatten zusammen eine Stunde in Anspruch genommen. Ehe wir weiterfuhren, hatte die DRESDEN ihre Lastkähne an uns vorübergeschleppt, und der FÜRST BÜLOW holte uns gerade ein, als wir wieder in der Mitte des Stromes anlangten. Die Schiffer winkten freundlich zu uns hinüber, als wir von neuem an ihrem langen Schleppzug vorbei unseren Weg durch das grüne Wasser suchten. Den Rest des Nachmittags brachten wir damit zu, wieder und wieder an der DRESDEN und ihrer Kette von Lastkähnen entlang zu fahren. Sobald wir uns mühsam nach vorne durchgekämpft hatten, war es jedesmal so weit, daß wir anhalten und den Tank neu auffüllen mußten. Und da wurden wir prompt wieder überholt. Ungefähr bei unserer dritten Vorbeifahrt hatte die Schiffsbesatzung vom Winken genug bekommen.

Etwa fünfzehn Kilometer unterhalb Lauenburgs ändert die Elbe ihr Aussehen. Sie strömt fast in gerader Linie dahin, und auf dem einen Ufer erhebt sich unmittelbar vom Wasser aus ein mit Kiefern bewachsener Höhenzug. Hier ist die Flußlandschaft wirklich herrlich, und man kann ihre Schönheit von einem kleinen Boot aus am besten genießen. Die ganze Fünfzehn-Kilometer-Strecke des breiten, geraden Stromes läßt sich mit einem Blick überschauen, und ich glaube sogar, er weitet sich hier auch noch. In einem kleinen Boot mitten auf dem Fluß hat man die Vorstellung, sich in der Mitte eines großen Sees zu befinden. Flußauf- und abwärts erscheint der Horizont unendlich fern. Es ist, als erstrecke sich die Wasserfläche nach beiden Richtungen hin bis ans Ende der Welt. Aber auch zu beiden Seiten dehnt sie sich sehr weit. Die Unscheinbarkeit es kleinen Boots, in dem man sitzt, dazu die Vorstellung, schnell dahinzujagen, vermitteln ein wunderbares, sieghaftes Lebensgefühl.

Die bewaldeten Höhen waren das erste, was wir von den großartigen Forsten zu sehen bekamen, die noch immer einen beträchtlichen Teil deutschen Landes bedecken. Am Unterlauf der Elbe gibt es nur sehr wenige Waldgebiete, und gerade diese Gegend hier wird von Publikum sehr bevorzugt. Picknick-Gesellschaften saßen längs des Ufers, und schon von ihrem bloßen Anblick hätten wir fast auf der Stelle eine Lungenentzündung davongetragen, da wir immer noch an den Wind vor zwei Tagen denken mußten. Alle Menschen, Männer, Frauen und Kinder waren im Badeaufzug: die Kinder gewöhnlich nackt, die Männer bloß bis zur Taille, und die Frauen in Badekostümen. Dieser Zeitvertreib nimmt in Deutschland die Stelle von Tennis und Golf ein. Hat der Deutsche zwei Stunden frei, so eilt er gleich an das nächste Gewässer, reißt sich die Kleider vom Leib, schwimmt mit Maß und nimmt für den Rest der Zeit ein Luftbad. Es muß eine sehr gesunde Liebhaberei sein. Ich habe den schweren Verdacht, daß sich die Deutschen auf ihre braune Hautfarbe ebensoviel zu gute tun wie die Engländer auf ihre Golfregeln. Wenn man eine Zeit auf dem Wasser verbringt, ist fast jeder Deutsche, den man zu sehen bekommt, nackt und sonnenverbrannt. Vom Kopf bis hinunter zu den Fußsohlen hat er eine solide Bronzefarbe, die in der Tönung an ein glattes Pennystück erinnert. Dieser Zeitvertreib hat auch das Gute für sich, daß man seine braune Farbe noch verstärkt, während man sie der bewundernden Menge zur Schau stellt.

Uns war an jedem Apriltag von der Mitte des Flusses aus der Anblick der halbnackten Menschenschwärme einfach entsetzlich. Die lebhafte Brise, die uns in Gesicht blies, war so kalt und eisig, daß wir froh waren, unsere dicken Trenchcoats anzuhaben. Wir hätten wirklich gerne gewußt, wie in aller Welt die Menschen so etwas aushalten konnten, und erklärten uns gegenseitig, daß man nun begreifen könne, wieso jeder einzelne Deutsche es vier Jahre lang an der Westfront mit einem und einem Drittel Engländer, Franzosen oder Belgier hatte aufnehmen können. Wir hatten damals freilich noch nicht gemerkt, daß in Norddeutschland selbst bei kaltem Winde – es geht fast immer Wind, und er ist auch fast immer kalt! – der Sonnenschein doch etwas wohltuend Mildes hat. Später haben wir diese Erfahrung gemacht: wir fuhren etwa, eingemummt in unsere Mäntel, im Boot dahin und fanden dann wie durch ein Wunder eine ganz geschützte See- oder Flußstelle zum Anlegen, wo die Sonne voll zur Wirkung kam. Im Augenblick war uns warm, ja fast zu warm, und wir rissen uns die Kleider ebenso schnell vom Leibe wie die Deutschen. Die kahle Niederung am Unterlauf der Elbe macht es sehr schwer, solch einen Winkel zu finden, wo einen der Wind nicht aufspüren kann, und darum waren die sonnigen, geschützten Waldhöhen hier so von Menschen bevölkert.

Damals war uns diese Erklärung allerdings noch nicht aufgegangen, und die Erinnerung an die Tage von Zollenspieker war noch zu frisch, wo selbst der abgehärteste Deutsche schwerlich auch nur seine Weste ausgezogen hätte. Wir hatten also reichlich Stoff zu Betrachtungen, während wir einsam die windige Elbe aufwärts fuhren. Tiefer und tiefer sank an Steuerbord achtern die Sonne. Das eintönige Knattern des Motors lullte uns ein. In der Ferne tauchte vor unseren Blicken die gewaltige Eisenkonstruktion der Bahnbrücke auf, die oberhalb von Lauenburg über die Elbe führt. Das machte uns wieder munter. Wir mußten indes noch zweimal auffüllen, ehe wir den Ort erreichten. Offenbar hatten wir die Eisenbahnbrücke schon aus zehn Kilometer Entfernung gesichtet: der deutlichste Beweis dafür, wie gerade hier der Strom dahinfließt. Wir fuhren nun auf den Ort los. Es war fünf Uhr geworden, als wir die ersten Häuser von Lauenburg zu sehen bekamen. Wir drehten und steuerten eine einladend ausschauende Uferstelle in der Nähe der Stadtmitte an. Als wir anlegten, kamen ein paar Köpfe über eine Gartenmauer zum Vorschein. Schnell schlug ich meine Sammlung fix und fertig übersetzter Redensarten auf, um mich nach den Gezeiten zu erkundigen.

»Gibt es hier Ebbe und Flut?« fragte ich einen der Köpfe. Das einheimische plattdeutsche »Nee!«, das ich zur Antwort erhielt, war eine Erlösung für mich, und ich sagte unwillkürlich »Gottseidank!« Es war ehrlich gemeint.

Nun brauchten wir also nicht mehr nach einer schwimmenden Liegestelle Ausschau zu halten. Allmählich merkte ich, daß jetzt auch der schneidende Wind draußen in der Mitte des Flusses hier nicht mehr zu spüren war. Ich ließ daher Kathleen im Boot zurück und eilte in die Stadt, um ein Hotel zu suchen. Ich hatte in Zollenspieker etwas zugelernt und wollte mich deshalb nicht mehr mit einer Frau in den Hotels blicken lassen, die für eine Respektsperson viel zu jung aussah. Ich wollte auch nicht nach Unterkunft fragen, ehe ich nicht eine Erklärung für mein Hiersein und mein Aussehen abgegeben hatte. Gerade vor mir tauchte das Hotelschild »Zum Löwen« auf – »mit Zentralheizung«. Man denke: Zentralheizung! und das nach der Schankwirtschaft von Zollenspieker! Außerdem: »Essen zu jeder Tageszeit!« Ich ging hinein zu dem bärtigen Wirt, der hinter seinem Büffet stand. »Ich habe ein kleines Motorboot auf dem Fluß«, sagte ich. Es war auch eine der Redensarten, die ich parat hatte. »Kann ich mit meiner Frau hier übernachten?«

»Jo!«, sagte der Wirt. Hätte er »Nee« gesagt, wäre ich weinend wieder abgezogen.

Ich holte Kathleen und den Handkoffer. Wir atmeten die Zentralheizungsluft ein wie das düftereiche Klima der Gewürzinseln. Dann nahmen wir eine ausgiebige Mahlzeit zu uns. Als wir aber nach unserem Zimmer fragten, gab es Schwierigkeiten. Die scharfzüngige Wirtsfrau fragte uns brüsk, wo denn eigentlich unser Motorboot sei, das Motorboot, von dem ich soviel hergemacht hätte, als ich mit ihrem Manne sprach. Ich muß zugeben, daß wir alte Sachen anhatten. Aber ich kann mir nicht helfen, ich finde die Hotelwirte in Norddeutschland übertrieben mißtrauisch. Wir haben doch wohl leidlich achtbar ausgesehen! Trotzdem mußte ich zu unserer Landungsbrücke zurück, mußte ANNIE MARBLE wieder losmachen, mit ihr in der Dämmerung bis zum »Löwen« fahren und dort an der Hotelveranda anlagen. Erst dann wurde uns ein Schlafzimmer anvertraut. Und nun schwankte und schaukelte ANNIE und bumste gegen die harte Ziegelmauer, indessen ihre Herrin und ich in weichen Federbetten schlummerten, die, verglichen mit den breiten Strohmatratzen von Zollenspieker, beinahe gemütlich waren.

Zwei frühere Residenzstädte

Aus verschiedenen Gründen blieben wir zwei Tage in Lauenburg. Wir erwarteten aus England eine Reserveschraube, die bei unserer Abfahrt noch nicht fertig gewesen war, und die uns postlagernd nach Lauenburg nachgesandt werden sollte. Sie kam nicht, obwohl ich ihretwegen einen ganzen Tag zugab. Sie folgte uns auf unserer Fahrt durch Deutschland überallhin und erreichte uns erst in Brandenburg. Zweitens waren wir auch knapp bei Kasse. Ich hatte mein Geld in Reiseschecks mit. In Frankreich und Italien ist das die bequemste Art, Geld bei sich zu führen. Aber nicht nördlich von Bayern! In anderen Ländern hatte ich die Erfahrung gemacht, daß meine Londoner Bank gewöhnlich schon in Städten mit dreitausend Einwohnern ein Geschäftsverbindung besaß, wo Reiseschecks eingelöst wurden. Ich rechnete so selbstverständlich damit, daß ich die gedruckte Liste der Geschäftsverbindungen, die meinen Schecks beigefügt war, bisher noch keines Blickes gewürdigt hatte. Nun zeigte es sich bei der Durchsicht, daß die Geschäftsverbindungen sehr spärlich gesät waren, und daß wir für die ganzen folgenden Wochen unsere Reiseschecks nur in Lüneburg – fünfzehn Kilometer von Lauenburg entfernt, aber glücklicherweise mit der Bahn zu erreichen! – einlösen konnten. Da unser deutsches Bargeld nur noch ein paar Mark ausmachte, entschlossen wir uns, sofort nach Lüneburg zu fahren und mehr zu besorgen. Die Fahrzeiten zwangen uns zu einem sechsstündigen Aufenthalt in Lüneburg, und deshalb mußten wir in Lauenburg noch einmal übernachten.

Es war durchaus kein verlorener Tag. Lüneburg ist ein bezauberndes altes Städtchen mit schönen Häusern. Die herzogliche Residenz – irgendwann ist jede deutsche Stadt einmal Hauptstadt eines Herzogtums gewesen – lohnt die Besichtigung, und das kleine Museum hat einen ganz besonderen Reiz; denn obwohl einem die geschwätzige Pförtnerin auf Schritt und Tritt durch das ganze Museum folgt, ist es doch nicht verboten die Ausstellungsgegenstände zu berühren, und nichts ist in Glaskästen verschlossen. Man kann die Schneide des Richtschwertes befühlen, kann ausprobieren, ob die Daumschrauben passen, und ob sich mit den langen Sattelpistolen gut hantieren läßt. So, finde ich, muß es in einem richtigen Museum zugehen. Aber natürlich ist dieses System, wie ich vermute, nur ein Beweis für die geringe Besucherzahl.

In einem Lüneburger Hotel erhielten wir dann auch noch einen Beweis für den gewaltigen Mittagshunger der Deutschen. Bei dem üblichen Mittagsmahl in deutschen Hotels gibt es fast ohne Ausnahme so viel zu essen, daß sich drei Menschen mit einem durchschnittlichen Appetit wie Kathleen und ich sättigen könnten. Zwar bekommt man Suppe, Süßspeise und andere Beigerichte nur in bescheidenen Portionen vorgesetzt. Aber der Hauptgang besteht aus vier bis fünf großen, diecken Scheiben Rindfleisch mit einem ganzen Berg Kartoffeln oder aus Schweinekoteletts, doppelt so groß wie in sämtlichen Speisehäusern der City, oder aus Schmorfleisch in einer Terrine vom Umfang eines Waschbeckens, oder aus einem ganzen, großen Fisch samt Kopf und Flossen, die man nicht mitessen kann. Nach solchen Mahlzeiten haben Kathleen und ich, wenn unsere innere Fülle überhaupt noch das Denken gestattete, uns immer wieder verwundert zwei Fragen vorgelegt: wie das deutsche Volk jemals die Blockade hat überstehen können, und was wohl ein Deutscher für Augen machen würde, wenn er unvorsichtigerweise den Versuch unternähme, sein Mittagessen in einem der Londoner City- oder Vorstadtrestaurants einzunehmen, die von würdigen alten Damen betrieben werden.

Auch Lauenburg ist eine sehr hübsche Stadt mit zwei, drei langen Uferstraßen. Es ist ebenfalls vor Zeiten einmal eine Hauptstadt gewesen, ehe Preußen seinen langen Arm nach ihm ausstreckte, und es hat sich noch die besondere Atmosphäre zurückhaltender Gastlichkeit bewahrt, die ehemalige Residenzen auszeichnet. Sie ähneln darin den kleinen englischen Städten mit großen Kathedralen, sind aber viel freundlicher. Über der Stadt erhebt sich parallel zum Fluß eine bewaldete Höhenkette, die Fortsetzung jener Anhöhen, wo wir die Deutschen beim Sonnenbad beobachtet hatten. In den Wäldern gibt es viele schöne Spazierwege. Nun hatte Kathleen, wie man wissen muß, für dieses Jahr viel Bewegung im Freien verordnet bekommen. Wo wir uns auch aufhielten, überall gingen wir spazieren. Man beachte das »Wir«! Der Vorrat an Bewegung, den Kathleen im Winter während des Hockeyspieles aufgespeichert hatte, reichte für die ganze Zeit unserer Flußfahrt nicht aus. Ich dagegen hatte, obwohl ich nicht Hockey spiele, genügend Bewegung gehabt. Dafür wurde mir aber das Spazierengehen von einer viel mächtigeren Autorität als der ärztlichen vorordnet. Übrigens hat es mir, wie ich glaube, ganz gut getan.

Am Abend im »Löwen« steckte Kathleen ihre Nase in ein Buch, das den vierten Teil unserer Bootsbibliothek darstellte. Ich unterhielt mich radebrechend mit einem Handlungsreisenden. Vor unserer Abfahrt aus England hatte ich versucht, Kathleen ein wenig in die Geheimnisse der deutschen Sprache einzuweihen. Aber kaum waren wir bei »der, die, das« angelangt, da wandte sie sich höhnisch und voll Abscheu von einer Sprache ab, die nicht einmal zwei Minuten hintereinander wußte, was sie wollte, und überließ mir das Studium des Deutschen ganz allein. Kathleens Unfähigkeit, fremde Sprachen zu lernen, ist mir stets ein Rätsel geblieben; denn sie kann andere Leute schon nach einer Bekanntschaft von zwei Minuten so vollendet kopieren, daß ich sie immer dazu reize, wenn ich mal einen Spaß haben will. Ich dagegen, der ich keinen Menschen nachzuahmen vermag, eigne mir Sprachen mit Leichtigkeit an und bekomme den Tonfall bald so gut heraus, daß man mich nach ein, zwei Wochen für einen Inländer hält, und zwar wirklich, nicht bloß, um mir zu schmeicheln.

Dieses Talent ist mir im Laufe unserer Fahrt in Deutschland sehr zustatten gekommen. Ich konnte mich mit den Menschen verständigen, auf deren Unterhaltung es mir vor allem ankam. So traf ich zum Beispiel einmal einen Mann, der in der deutschen Marine-Infanterie gedient und beim Angriff der VINDICTIVE auf Ostende verwundet worden war. Ein anderer hatte während des ganzen Krieges der berühmten 28. Infanteriedivision angehört, die 1917 den Gegenangriff bei Cambrai gemacht und bei Ludendorffs Frühjahrsoffensive 1918 die Spitze gebildet hatte. Ich bin mit Leuten zusammengekommen, die auf Schlachtkreuzern gekämpft hatten; andere wieder hatten das Kommando über türkische Kriegsschiffe geführt oder auf dem Balkan, in der Ukraine und bei Caporetto mitgekämpft. Über die Blockade habe ich mit Frauen gesprochen, die damals ihre Kinder hatten aufziehen müssen. Mit Leuten aus dem schlesischen Abstimmungsgebiet setzte ich mich über den

Versailler Vertrag auseinander. Ich will gleich bemerken, daß ich bei solchen Gesprächen niemals auf eine feindliche Stimmung gegen mich wegen meiner Nationalität gestoßen bin. Meine Bemerkung, daß ich Engländer sei, wurde von den Leuten, zu denen ich sprach, gewöhnlich mit einem forschenden Blick beantwortet. Unsere Augen trafen sich, und wir betrachteten uns mit höflicher Neugierde, wie zwei tapfere Gegner, die sich gegenseitig achten und bessere Beziehungen von der Zukunft erhoffen.

Als Engländer ist man in Deutschland überall gern gesehen. Sobald ein Ladenbesitzer hörte, daß ich mich mit Kathleen in einer fremden Sprache unterhielt, pflegte er zu fragen: »Sind Sie Schweden oder Dänen?« – »Nein. Engländer!« – »Ach so, Engländer!« Und sogleich wurden wir eifriger, aufmerksamer und mit größerer Geduld bedient. Selbst in den kleinsten Orten haben wir diese Erfahrung gemacht.

Nur einen flüchtigen Schimmer von alledem empfand ich freilich bei meiner Unterhaltung mit dem Handlungsreisenden in Lauenburg. Ich war damals viel zu sehr auf ein Gespräch über Flüsse und Kanäle erpicht und lauschte mit atemloser Spannung, als er mir von Elbe, Havel und Oder erzählte, von der heftigen Strömung unter der Magdeburger Brücke und von den Seen um Potsdam. Er war gerade der richtige Mann für mich. Er hatte in den Städten, die er besuchte, die Flüsse genau beobachtet und bildete daher eine Ausnahme von der Regel; denn Leute, die zu Land reisen, können über Flüsse und meist nur ganz dürftige Auskünfte geben, die außerdem noch äußerst unzuverlässig sind.

Vor unserer Abfahrt hatte ich in England ein paar unzulängliche Versuche unternommen, eine Route für uns auszuarbeiten. Den Rhein wollte ich jedenfalls nicht befahren. Auf diesem Strom wimmelte es von Wassersportlern; um hinzukommen, muß man über die deutsche und über die holländische Grenze; außerdem bietet der Rhein nur wenig Gelegenheit zu einer Rundtour. Der »Encyclopädia Britannica«, dem unschätzbaren Buch, verdankte ich die Auskunft, daß sechshundert Kilometer des Elblaufs ohne Schleusen schiffbar sind, daß es zwischen Elbe und Oder Verbindungskanäle gibt, und daß man auch eine fast ebenso lange Strecke der Oder befahren kann. Sechshundert Kilometer ohne Schleusen! Schon die bloßen Worte hätten mich beinahe auf der Stelle mit Frau und Boot zur Abfahrt veranlaßt. Aber ich hatte meine Ungeduld vorerst doch noch bezähmt; denn damals war in den englischen Zeitungen alles mögliche über den Eisgang auf der Elbe zu lesen. So eingehend die Auskunft der Encyclopädia an sich auch war, sie enthielt nicht genug für Leute, die mit einem kleinen Boot fahren wollten. Ich hatte daher verschiedentlich versucht, noch mehr in Erfahrung zu bringen. Vergebens! Kein Mensch konnte mir etwas über deutsche Flüsse sagen. Kein Mensch war je auf ihnen gefahren. Jedenfalls hatte noch niemand ein Buch darüber geschrieben. Bei den britischen Konsulaten fand ich einige Unterstützung; aber sie war nicht weit her. Das deutsche Reichsbahn-Verkehrsbüro, an das ich mich in meiner Verzweiflung gewandt hatte, antwortete höflich und hilfsbereit. Dabei kam ich mir selbst mit dieser Anfrage wegen einer Flußfahrt bei der Eisenbahn ungefähr so töricht vor wie einer, der den Mann mit den Schaukeln fragt, wo es zu den Wurfbuden geht. Ich erhielt also vom Verkehrsbüro die Auskunft, daß die von mir angegebene Route wohl möglich sei. Aber der Brief enthielt außerdem noch Vorschläge, die ein paar größere Fahrten über das offene Meer im Gefolge hatten, und diese beklagenswerte Unkenntnis über die Leistungsfähigkeit eines fünf Meter langen offenen Boots trug nicht gerade zu meiner Beruhigung bei. Schließlich hatten wir alle Vorsicht zum Teufel geschickt und waren nur mit dem einen Plan in Deutschland angekommen, solange wir Lust hatten, elbaufwärts zu fahren, dann auf einem der verschiedenen Wege in die Oder zu gelangen und oderabwärts Stettin zu erreichen. Als ich aber in Deutschland bemerkte, wie sich die Gasthofbesitzer am Fluß über ANNIE MARBLE lustig machten, schwieg ich ganz bescheiden still und ließ von unserem Plan nichts verlauten. Einem der Wirte gegenüber verstieg ich mich allerdings einmal dazu, Magdeburg zu erwähnen, das dreihundert Kilometer flußaufwärts lag. Er zwang sich, höflich zu bleiben. Aber ich konnte ihm ansehen, daß er nicht daran glaubte, wir würden jemals nach Magdeburg kommen. Ich will nur hoffen, daß er jetzt dieses Buch hier liest.

Erste Bootsnacht auf der Elbe

Am letzten Apriltag verließen wir Lauenburg mit Pauken und Trompeten. Wir hatten unsere Vorräte ergänzt, uns mit Wasser, Benzin und Öl versorgt und, soweit möglich, darauf vorbereitet, daß die Fahrt jetzt durch weniger bewohnte Gegenden ging. Wir waren auch entschlossen, fortan im Boot zu übernachten. Hotels aufzusuchen, schien uns der Mühe nicht wert.

Unser Außenbordmotor war, wie schon erwähnt, ein »Elto Speedster«. Wir hatten ihn gewählt, weil er sich ohne jeden Kraftaufwand in Gang setzen ließ. Kathleen brachte es im Notfall ohne meine Hilfe zustande. Leute, die mit Außenbordmotoren älterer Systeme keine Erfahrungen haben, mögen sich folgendes gesagt sein lassen: das Ingangsetzen eines Außenbordmotors war früher ein Kunststück, auf das man stolz sein durfte. Wer es nie selber versucht hat, der weiß auch nicht, was es bedeutet, wenn man gelegentlich in Büchern liest: »Wir fuhren los ...« ... »Wir fuhren da und dort hin« ... »Wir drehten den Motor an und fuhren zehn Kilometer weiter ...«, der kann sich auch all die Ängste und Nöte nicht ausmalen, die einen vor der Abfahrt heimsuchten: die Furcht, daß der Motor womöglich nicht anlief. Er weiß nichts davon, mit welcher List und Tücke man die Maschine beobachten mußte, wie man die Temperatur und die Umstände, unter denen die letzte Ingangsetzung erfolgt war, berücksichtigen, und auf jede unberechenbare, kaum zu erratende Augenblickslaune des Motors achtgeben mußte. Jetzt ist das anders. Heute funktioniert so ein Außenbordmotor wirklich. Unserer wenigstens ist fast stets angelaufen, sobald wir ihn in Gang setzten. Und das will viel besagen, wenn man berücksichtig, daß ich der schlechteste Maschineningenieur der Welt sein werde, sobald erst Kathleen etwas vn dieser Kunst gelernt hat.

Der besondere Vorzug des Elto-Motors bestand für uns, wie gesagt, darin, daß auch Kathleen ihn in Gang setzen konnte. Sie brauchte nur ein Rad zu drehen. Unter diesen Umständen bin ich gegen jede weiter Verbesserung durch elektrische Startvorrichtungen. Sie verursachen mehr Umstände als sie ersparen.

Sobald die Firma Elto gehört hatte, daß ich einen ihrer Motoren nach Deutschland mitnehmen wollte, bestand sie – wohl in der Annahme, ich würde später ein Buch über meine Fahrt schreiben – darauf, mich in der Handhabung des Motors noch besonders zu unterweisen. Möglicherweise – ich halte es sogar für sehr wahrscheinlich war den Leuten etwas über mein »Talent« als Maschinentechniker zu Ohren gekommen, und sie waren nicht sehr erbaut davon, den Ruf ihrer Firma einem so ungeschickten Menschen anvertraut zu sehen. Jedenfalls schickten sie mir einen Ingenieur auf den Hals, der mich gründlich in die Geheimnisse ihres Motors einweihte. Ich war aber so in meine Bewunderung für diesen Mann versunken, als er die Zündkerzen im Nu herauszog und mit Sachkunde und Leichtigkeit über schwerverständliche Dinge wie Vergaser, Reduktionsgetriebe usw. sprach, daß ich kein Wort von dem, was er sagte, behielt. Schließlich gab mir die Firma noch einen ganzen Sack Ersatzteile mit und wünschte mir – sicherlich unter den schwersten Befürchtungen – glückliche Reise.

Heute am letzten Tag des April aber waren alle Befürchtungen, die Kathleen und ich selbst vielleicht noch im Geheimen hegen mochten, von dem leidenschaftlichen Verlangen verscheucht, endlich wieder unterwegs und an kein Hotel mehr gebunden zu sein. Der Wind war von neuem nach Norden umgeschlagen und wehte stromaufwärts. Das Wetter war infolgedessen jämmerlich kalt, die Elbe stürmisch bewegt und der Himmel grau in grau. Wir aber kümmerten uns nicht darum. Oberhalb von Lauenburg macht der Fluß eine große, sichelförmige Biegung durch flaches Wiesenland, das da und dort mit Flutwasser gesprenkelt war. Nicht ein Baum war zu sehen, kein Heckenzaun und keine Hütte. Bei einem Blick über diese trostlose amphibische Fläche konnte ich beinahe Kathleens seltsame Vorliebe für die Berge verstehen. Aber heute sollte uns das alles nicht anfechten. Unter den neugierigen Blicken der Leute, die auf dem Balkon des »Löwen« saßen, packten wir unsere Einkäufe ins Boot, kletterten hinterher, hüllten uns in unsre Trenchcoats und fuhren ab. Und nun begann wieder der lange, mühsame Kampf gegen die Strömung der Elbe. Wir arbeiteten uns durch das bleifarbene Wasser vorwärts, fuhren unter der riesigen Eisenbahnbrücke durch und hinaus in das trostlose Flachland. Der Wind hatte völlig freies Spiel auf dem Wasser und peitschte es zu hohen, zähen Wellen auf, über die ANNIE dahinwankte und schlingerte wie ein Betrunkener im letzten Stadium. Es war sehr aufregend: sie machte Bewegungen wie ein Boot, das abzusacken beginnt. Ich habe so etwas einmal mitgemacht und werde es nie vergessen. Ich schäme mich nicht einzugestehen, daß ich einfach Angst hatte. Aber heute kehrte ich mich nicht daran. Die Freude am Fahren überwog meine Angst. Ich hielt die Pinne fest umklammert, versuchte, ANNIEs Schlingern nicht zu beachten und gab mir die größte Mühe, die unruhige, bleifarbene Wasserwüste schön zu finden, deren Wellenkämme zu beiden Seiten unseres Bootes dahinstürmten. Langsam bahnten wir uns unsern Weg, und dabei kam mir allmählich zum Bewußtsein, daß unsere liebe kleine ANNIE viel besser arbeitete, als wir ihr zugetraut hatten. Sie bewährte sich als treffliches, sturmfestes Boot; denn trotz der ungeschickten Bewegungen, die sie vollführte, brachte sie uns durch den hohen Wogengang Stunde um Stunde vorwärts, ohne daß ein einziger Tropfen Wasser über Bord gekommen wäre. Meine gute Laune kehrte zurück, während wir uns mühsam stromaufwärts bewegten. Ich hielt die Pinne nicht mehr so krampfhaft fest, gab das Kettenrauchen auf und hätte am liebsten gesungen.

Schließlich ging auch das eintönige Flachland zu Ende. Der Fluß hatte wieder richtige Ufer und bildete nicht mehr eine Fläche mit der Landschaft ringsum. Bäume standen an den Ufern. Es waren Nadelbäume, die die langweilige Gegend belebten. Die paar kahlen Bäume, die wir bisher gesehen hatten, trugen noch kein einziges Blatt. Ein Motorboot tauchte auf und fuhr hinter uns her. Es bildete sonderbarerweise heute den einzigen Schiffsverkehr flußaufwärts und beschwichtigte das Einsamkeitsgefühl, das schon in uns aufkommen wollte. Als wir gar noch merkten, daß wir ebenso schnell vorwärts kamen wie ein leeres Motorboot in voller Fahrt, war unser Glück vollkommen. Aber fast gleichzeitig verspürten wir eine Leere im Magen An einer besonders schönen Stelle der Elbe bogen wir in ein geschütztes Seitenwasser ein, wo uns der verwünschte Wind nicht belästigen konnte, und nahmen einen Imbiß. Es war seit zehn Tagen die erste wirklich gemütliche Mahlzeit. Unsere bisherigen Lunchs in ANNIE MARBLE hatten etwas Hastiges, Unruhiges an sich gehabt. Wir konnten es ruhig »Lunch« nennen und nicht »Mittagessen«. Wir aßen, was wir wollten, ohne uns der Diktatur einer Speisekarte zu unterwerfen. Und was am schönsten war: wir brauchten uns nicht bis zum Stumpfsinn vollzustopfen wie eine Boa Constrictor, bloß weil wir nicht wußten, wann wir wieder etwas Gutes zu essen bekamen. Warum nicht alle Menschen immer nur in einem Boot mit Außenbordmotor reisen, das zu begreifen, ging einfach über meinen Verstand.

Nach dem Lunch genossen wir unsern windgeschützten Platz voller Behagen und sahen uns glückstrahlend an. Aber – – schon die zweite Zigarette entfiel, halbgeraucht, meinen Fingern und verzischte im Wasser. Kathleens Beine kamen unter ihrem Sitz zum Vorschein. Sie hatte keine Ruhe mehr. Die Freude am Fahren war noch allzu mächtig in uns. Hätten wir schon eine weitere Woche auf der Elbe mit ihren Erfahrungen hinter uns gehabt, wäre es wohl anders gekommen. Da hätten wir kaum eine schöne Liegestelle, fern von Wind und Wellen, verlassen, um nachmittags bei zweifelhaftem Wetter noch weiter zu fahren. Aber diesmal geschah es. Wir machten die Fangleine los, stießen vom Ufer ab und fuhren mit knatterndem Motor wieder hinaus auf die schaumgesprenkelte Elbe.

Fast sofort änderte sich das Landschaftsbild. Es ging wieder durch das gewohnte Flachland dahin. Kein Blatt war an den Bäumen zu sehen, und auf den Feldern zeigte sich kein Leben. Der Wind bekam uns zu fassen und peitschte mit List und Tücke auf uns ein. ANNIE MARBLE nahm ihre Tänze über das bleifarbene Wasser wieder auf. So tosten wir eine ganze Stunde dahin. Dann hielten wir an, füllten auf und fuhren noch eine Stunde weiter. Ringsum war kein Anzeichen einer Milderung zu spüren. Stehend konnten wir nichts erblicken, was auf baldige Besserung schließen ließ.

Bei der Auswahl einer Liegestelle zum Übernachten muß man verschiedene Umstände berücksichtigen. An einem stürmischen Tag in Norddeutschland kommt es vor allen Dingen auf Windschutz an. Auf einem verkehrsreichen Fluß wie der Elbe ist es fast ebenso wichtig, aus dem Bereich der Wellen hinauszukommen, also einem Seitenwasser oder hinter einer Insel anzulegen. Läßt man diese Vorsichtsmaßnahmen außer acht, dann kann man im Winde steif frieren und wird schnell zum Herablassen des Zeltes veranlaßt; außerdem behindert der Wind die Primuskocher, und man kann sich beim Kochen nicht Zeit genug lassen, was bei der wahren Kochkunst die Hauptsache ist. Und dann kommen die Wellen und schütteln einen herum, schleudern das Boot gegen das Ufer, rütteln am Motor und stoßen die Pfannen von den Kochern, wenn sie nicht gar auch noch über Bord schlagen und alles durchnässen. Nach dem Schutz vor Wind und Wellen kommen die weniger wichtigen Dinge in Betracht: ein hübscher Ausblick, bequeme Landung, Abgeschiedenheit und die Nähe von Läden. Aber so wünschenswert das alles sein mag, mit der geschützten Lage verglichen, bleibt es nebensächlich. Auf den meisten Flüssen kann man dem Wellengang sehr leicht entgehen, weil sie Inseln haben und der Verkehr sich gewöhnlich auf einen der beiden Wasserarme beschränkt. Die Elbe indessen hat auf der ganzen 450-Kilometer-Strecke von Hamburg über Dresden nicht das kleinste Inselchen aufzuweisen. Auch Windschutz bieten die meisten Flüsse, weil man mit Bäumen am Ufer rechnen kann. Aber die Elbe ist ein Fluß, bei dem man sich bald daran gewöhnt, nicht mehr auf Bäume zu rechnen.

Das wurde uns heute Nachmittag klar. Weit und breit keine Insel, kein Baum! Nichts als ein riesiger Strom, der durch ein weites Flachland dahinfloß ... Ein leichter Regen fiel nieder und zwang uns zu einer Entscheidung. Wir legten zur Nacht in einem großen, flachen Seitenwasser an, das früher wohl den Hauptlauf der Elbe gebildet hatte, ehe es abgeschnürt worden war. Vor den Wellen waren wir hier sicher. Aber vom Winde trennte uns nur eine meterhohe Uferböschung, und zwischen dieser Uferböschung und dem Wind lag nichts. Das einzige Hindernis, das wir sichteten, war eine Gruppe kahler, verkrüppelter Bäume, die etwa drei Kilometer windwärts auf den öden Feldern standen. Auf diesen Anblick hin ließen wir schleunigst das Zelt hinunter und zündeten beide Kocher an. Der Nordost in Norddeutschland geht einem durch Mark und Bein wie kein anderer Wind. Er dringt unter das Zelt und durch Risse in einer Fensterscheibe; er stiehlt sich zwischen die Kleidung und kältet einen vollständig durch, ehe man sichs versieht. Wenn er noch heftiger wird, bringt er die Zelthülle zum Flattern wie ein Gewittersturm, bläst Streichhölzer aus und weht einem schneidend in den Nacken, wenn man sich nicht vorsieht. An diesem Abend waren Kathleen und ich einstimmig der Meinung, daß schon ein ganz besonderer Geschmack dazu gehörte, um Ende April auf der Elbe am Übernachten im Boot Gefallen zu finden. Aber wir waren uns ebenso einig darüber, daß es uns gefiel.

Wir aßen Schweinekoteletts mit gebackenen Kartoffeln und Spinat und hinterher Milchpudding, mein Leibgericht. Dabei rümpften wir die Nase über das Land da draußen, wo man keine Milchpuddings kannte. Schließlich tranken wir vorzüglichen Kaffee. Unsern Filtrierapparat hatten wir vor zwei Jahren für achtzehn Pence bei Woolworth gekauft. Er hat schon zwei Reisen und einen Winter in der Küche meiner Frau glücklich überstanden und stellt immer noch den besten Kaffee her, den ich kenne. Vielleicht schickt mir Herr Woolworth, wenn er dieses ganz aus freien Stücken abgegebene Urteil liest, einen Freischein für seine sämtlichen Läden. Unser Appetit litt nicht im mindesten darunter, daß wir beim Essen in Trenchcoats und Eiderdaunendecken eingemummt waren.

Nun brauche ich nur noch zu berichten, daß wir in ANNIE MARBLE genug Bettzeug für drei Menschen hatten, die darin bei anständigem Wetter jeder für sich schlafen konnten. In dieser Nacht schliefen Kathleen und ich zusammen, nachdem wir uns unter sämtlichen Decken und Eiderdaunen vergraben hatten.

Aufschnitt, Brennspiritus und mißglückte Aufnahmen

Es gehört zu den seltsamen Widersprüchen in meinem Charakter, daß ich, der allerfaulste Europäer nördlich von Neapel, nach dem Aufwachen in ANNIE MARBLE einfach nicht mehr liegen bleiben kann. Wenn ich um sechs aufzuwachen beginne, dann verlangt spätestens um sechs Uhr fünfzehn jedes Glied und jedes Gelenk meines Körper gebieterisch nach Tätigkeit. Nicht einmal eine Zigarette auf leerem Magen ist imstande, mich an mein Lager zu fesseln. Aber es wäre ein Tollkühnheit, Kathleen aufzuwecken, wenn man ihr nur mitteilen kann, daß es ein Viertel nach sechs ist, und ihr weiter nichts zur Entschädigung zu bieten hat. Was ich an jenem Morgen tat, geschah aus Erfahrung. Zunächst stahl ich mich von Kathleens Seite fort. Kathleen selbst blieb dabei natürlich völlig unsichtbar. Das ist so ihre Gewohnheit: sie zieht sich die Decke über den Kopf, statt sie mit mir zu teilen. Behutsam legte ich nun die Tischplatte quer über die Bootsränder, gerade über Kathleens ruhenden Umrissen. Auf den Tisch stellte ich den Kocher, zündete ihn an und setzte den Kaffee auf. Wir hatten Kaffee mit Milch schon am Abend vorsorglich zubereitet. Er stand in seinem Topf in nächster Nähe der Benzinkanne. Während der Kaffee warm wurde, wagte ich mich weiter vor und tischte Teller und Messer, Brötchen, Marmelade und Butter auf. Das Klappern hatte den erwarteten Erfolg und lockte Kathleen zum Protest aus ihrer Höhle. Aber ehe sie noch ein Wort zusammenbringen konnte, drücke ich ihr eine Tasse Kaffee in die eine und ein Brötchen mit Marmelade in die andere Hand. Und alles, was sie über die lächerlich frühe Stunde hätte vorbringen können, war in Brot und Marmelade erstickt und vom Kaffee fortgeschwemmt und vergessen. Kathleen ist nachts jederzeit zum Frühstück bereit, wenn sie es nur im Bett serviert bekommt.

Dieses System stellt allerdings die ganze Ordnung unserer häuslichen Morgenarbeit auf den Kopf. Wenn Kathleen sich aus den Federn erhebt, wäscht sie zunächst einmal ab oder überredet ihren Mann dazu, es zu tun, was ihr ebenso viel Mühe macht. Dann packen wir das Bettzeug beiseite, und nun erst, keinesfalls früher, haben wir Zeit für die weniger wichtigen Verrichtungen: Waschen, Rasieren, Haarebürsten und Anziehen. Wenn das erledigt ist, geht Kathleen zu ihrer morgendlichen Hauptbeschäftigung über: Saubermachen, Fegen und Aufräumen. Diese Tätigkeit dauert knapp zehn Minuten. Sie wählt dafür die Zeit, in der ihr Mann, der ihr sonst sehr dabei im Wege sein würde, auf dem Dollbord herumklettert, um die Zelthülle hochzurollen und festzubinden. Damit ist dann alles getan, und wir sind so weit, daß wir wieder mit ANNIE ins Unbekannte hinausfahren oder zu Einkäufen fortgehen können. Ebensogut können wir aber auch vor Anstrengung zusammenklappen und uns mit Zigaretten und Büchern noch einmal in die Bootskissen fallen lassen. Für gewöhnlich allerdings sind wir von panischer Hast besessen, weiter zu kommen. Wir verlieren kein Wort, machen ganz mechanisch das Boot los und stoßen ab. Der Motor knattert, und wir fahren mit einem Seufzer der Erleichterung über das Wasser dahin. Es ist dann meist noch keine halbe Stunde vergangen, seit Kathleen all ihre Kräfte zusammengenommen hatte, um aus den Federn zu kriechen.

Heute ging es den ganzen Morgen über in wohltuendem Sonnenschein dahin. Dabei passierte es uns zum ersten – aber beileibe nicht zum letzten – Mal, daß wir nach kaum einer Stunde Fahrt an einer idealen Liegestelle vorüberkamen. Es war zufällig die einzige gute Liegestelle, die wir den ganzen Tag über zu sehen kriegten. Wir machten schließlich an einer schlammigen Stelle im Fluß selber halt, bei dem Dorfe Klinitz, wie sich später herausstellte. Sie hatte den großen Vorzug, gegen Wind und Wellen geschützt zu sein. Aber sonst sprach auch nicht das Geringste zu ihren Gunsten. Unsere Einsamkeit wurde durch einen geschwätzigen alten Herrn gestört, der durchaus bloße fünf Meter von uns entfernt mit seinem Boot anlegen und angeln mußte. Wir wünschten ihn buchstäblich zum Teufel. Aber Angler, das war uns schon seit langem klar, haben kein Gefühl dafür, daß man nichts mit ihnen zu tun haben will. Vielleicht nimmt ihnen auch die Leidenschaft für ihre abscheuliche Liebhaberei jedes Zartgefühl. So einem Angler macht es nicht das geringste aus, sich ganz dicht neben dem Liegeplatz eines Wohnbootes aufzupflanzen und zu angeln, während sich nach der Meinung des Laien nicht minder geeignete Stellen in angemessenerem Abstande bequem zu Dutzenden finden ließen.

Am nächsten Tage zeigte sich uns die Elbe von ihrer besten und allerschönsten Seite. Die Sonne strahle vom klaren Himmel hernieder. Der Wind hatte sich in eine sanfte Brise verwandelt, und das Wasser schimmerte blau. Ein warmer Dunstschleier nahm dem Flachland seinen unfreundlichen, eintönigen Charakter, und, als später die Ufer hügelig wurden, hüllte er die Landschaft in eine romantische Unwirklichkeit. Es war nur wenig Verkehr auf dem Wasser. Wahrscheinlich fuhren wir gerade in einer großen Verkehrslücke dahin und hielten uns immer ungefähr im gleichen Abstand zu den anderen Fahrzeugen. Nur große, leere Lastkähne kamen uns entgegen, die sich nach Hamburg zurücktreiben ließen. Sie hatten riesige Gaffelgroßsegel gesetzt, deren Weiße das strahlende Blau, Gold und Grün ringsum dämpfte. Das Wasser war so ruhig, daß wir zurückblickend mehrere hundert Meter rechts und links von uns und fast einen Kilometer achtern verfolgen konnten, wie unsere kleine Bootswelle sich schräg aus unserm Kielwasser entfernte und uferwärts in immer schwächeren Wellen verging. Es war heute einfach herrlich auf der Elbe. Die Sonne strahle in makelloser Schönheit, und der Sonnenschein schien uns begehrenswerter als das Paradies. Bei Hitzacker hatte man ein kleines Flüßchen, das dort in die Elbe fließt, ausgebaggert, um einen geschützten Winterhafen zu schaffen, wo die Schiffe ohne Gefahr liegen konnten, wenn die Elbe zugefroren war. Wir fuhren in den Hafen hinein und machten fest. Dabei schaute uns nicht nur die Bevölkerung mit erstaunten Blicken zu, sondern auch eine Zirkusgesellschaft, die am Ufer neben unserem Halteplatz ihre Zelt aufgeschlagen hatte. Unweit der Liegestelle machten wir bequem unsere Einkäufe und ließen uns beim Essen ausgiebig von der Sonne bescheinen. Dann ging es wieder hinaus auf den großen blauen Strom, dessen Ufer jetzt golden schimmerten, da mit sinkendem Wasserstand der blanke Sand zwischen den Buhnen zum Vorschein kam.

Ich habe in diesem Buche vielleicht harte Worte gegen die Elbe gebraucht. Ich tat es auch während der Fahrt. Aber vom Standpunkt des Motorbootfahrers aus läßt sich auch sehr viel für diesen Fluß sagen. Einen seiner Hauptvorzüge sehe ich darin, daß es auf ihm weder Beschränkungen noch Hindernisse gibt. Jedermann kann mit jedem Motorboot auf ihm herumfahren, ohne sich mit Registrierungen, Prüfungsbesichtigungen, Geschwindigkeitsbeschränkungen und all dem andern langweiligen, lästigen Kram herumschlagen zu müssen wie auf gesitteteren Flüssen. Auf der ganzen 630 Kilometer langen Strecke von Böhmen bis nach Hamburg gibt es keine einzige Schleuse. Bei schlechtem Wetter ist die Elbe gräßlich unwirtlich; aber bei gutem liegt die Sache ganz anders. Man muß bedenken, daß wir im April und Anfang Mai die Elbe befahren haben, wo das Land noch völlig kahl ist, und man auch mit gutem Wetter durchaus nicht rechnen darf. Heute nachmittag gewann ich den Fluß aufrichtig lieb, während wir friedlich über seine tiefblaue Fläche dahinglitten. Wer hätte wohl vor drei Tagen an eine solche Wandlung gedacht?

Aber auch auf die neue Wandlung am nächsten Tage wäre wohl niemand gefaßt gewesen! Wiederum blies der Wind. Der Himmel war trübe. Der Fluß hatte seine altgewohnte bleifarbene Tönung angenommen. Langsam und stetig verfolgten wir stromaufwärts unseren Weg, indessen der Wind immer heftiger wurde. Wir legten im Uferschlick bei Dömitz an – der Name des Ortes hatte uns vorläufig nichts zu sagen – und gingen zu Einkäufen an Land. Bei dieser Gelegenheit faßte ich den Mut zu einem Experiment, das man uns vor unserer Abfahrt in England empfohlen hatte.

In Deutschland verkaufen die Schlächter außer Fleisch noch eine Menge anderer Sachen: aberdutzend verschiedene Sorten von Würsten, sowie Speck, Schinken, Sülze und Braten. Die Schaufenster sind hauptsächlich mit Würsten dekoriert, während das Fleisch in Kühlräumen lagert. In so einem Schaufenster erblickt man Schinkenwürste, Blut- und

Leberwürste, Braunschweiger Würste usw. kein Engländer brächte eine vollständige Liste aller Wurstarten zusammen. Bei dem Wort »Aufschnitt« aber lacht einem deutschen Schlächter das Herz im Leibe. Bittet man ihn um ein halbes Pfund Aufschnitt, dann ändert sich wie durch ein Wunder sein ganzes Wesen. Nun weiß er, daß man mehr ist als bloß so ein unwissender Ausländer, ein roher Engländer, der unter französischen Einfluß steht. Man ist zum Kameraden geworden! Man hat ihm eine Aufgabe gestellt, die ihm Freude macht. Mit einem wahren Feldherrnblick mustert er seien Laden und entwirft einen Schlachtplan. Dann bekommt er Wurst um Wurst zu fassen und schneidet von jeder ein, zwei Scheiben ab. Ist er zu Dreivierteln fertig, hält er erst einmal inne und prüft das bisher Vollbrachte mit besorgtem Künstlerblick. Planmäßig vollendet er sodann sein Werk. Er geht hin und her, macht immer neue Würste ausfindig, damit auch die Mischung ganz vollkommen sei. Wenn nötig, läßt er aus den hinteren Räumen weiter Würste holen und besinnt sich nicht einen Augenblick, eine ganz neue, meterlange Wurst um zweier kleiner Scheiben willen anzuschneiden. Zum Schluß wickelt er alles zusammen und strahlt einen dankbar an. Es sieht beinahe so aus, als tue es ihm leid, Geld dafür zu nehmen. Ich habe während meines Aufenthaltes in Deutschland immer davon geträumt, einmal zehn Pfund Aufschnitt zu verlangen (leider habe ich es nie getan!). Ich war neugierig, wie viel verschiedene Sorten wir dann bekommen würden. Bei unseren Einkäufen von je einem halben Pfund haben wir einen Rekord von beinahe dreißig Sorten erreicht. Ich bin der festen Meinung, bei zehn Pfund wären wir auf sechshundert gekommen, und auf jeden Fall wäre der Schlächter fürs ganze Leben mein Freund gewesen.

Aufschnitt eignet sich hervorragend zum Lunch. Aber für den englischen Geschmack hat er einen gewissen Nachteil. Er enthält in der Regel ein paar hauchdünne Scheiben von rohem Speck oder Schinken, – genau habe ich es nie unterscheiden können – die ungebratenen, wie man sie in Deutschland zu essen pflegt, nicht gut schmecken und auch vom Braten nicht besser werden. An Bord der ANNIE MARBLE war »Schinken im Aufschnitt« gleichbedeutend mit »Fliege in der Suppe«. Aber nachdem wir es einmal versucht hatten, bekamen wir es nie wieder übers Herz, den Schlächter mitten im Aufschnitt-Schneiden zu unterbrechen. Tat man es, so schien er verletzt über die Zerstörung seines Meisterwerks uns warf einem kläglich flehende Blicke zu, man möge seinen Entschluß ändern. Es war, als hätte man einen Vortizisten veranlassen wollen, beim Malen auf gelbe Wasserfarben zu verzichten.

Wir kauften uns also in Dömitz Aufschnitt und verzehrten ihn gleich an Ort und Stelle in dem verschlickten kleinen Hafen. Nach dem Lunch ging es wieder hinaus in den kalten Wind. Wir waren entschlossen, an dem ersten günstigen Liegeplatz, den wir sahen, anzulegen. Zweieinhalb Stunden lang auf einer Strecke von fünfzehn Kilometern konnten wir keine Stelle entdecken, die in Frage kam. Auf dem ganzen Weg gab es nicht ein einziges Seitenwasser. Wo wir auch angelegt hätten, überall wären die Wellen zu uns herangekommen, und auf der ganzen Strecke war keine Stelle am Ufer, die auch nur den leisesten Schutz gegen den Wind gewährt hätte, der immer kälter und eisiger wurde. Es drohte zu regnen. Und dabei hatte ich etwas ganz Dringendes vor. Am Ende der fünfzehn Kilometer legten wir schließlich verzweifelt an der ersten Stelle an, die nicht völlig unmöglich war. Eine etwas längere Buhne bot mangelhaften Schutz gegen den Wellengang, und der Wind wurde von einem einsamen Ginsterbusch auf dem sechzig Zentimeter hohen Ufer wenigstens etwas abgehalten. Instinkt und Wagemut veranlaßten uns, das hier von einer Biegung der Elbe umflossene Land zu Fuß zu durchqueren und einen Blick auf die nächste Flußstrecke zu werfen. Zunächst sahen wir nichts, was uns Hoffnung gemacht hätte. Aber dann erblickten wir ganz in der Ferne auf der anderen Seite des Flusses eine winzige grüne Unterbrechung im eintönigen Gelb des Ufers und landwärts dahinter ein kleines Gehölz. Dort konnte vielleicht etwas sein! Aber sicher waren wir unserer Sache nicht. Wir erörterten hin und her, ob wir unsere jetzige Anlegestelle, wo wir gerade mit Mühe und Not legen bleiben konnten, für etwas aufgeben sollten, was vielleicht noch schlimmer war, und entschieden uns schließlich doch für das Wagnis.

Wieder ging es hinaus auf den bewegten Strom. Wir umfuhren die Krümmung und kreuzten mit recht geringer Hoffnung im Herzen über den Fluß zu dem geheimnisvollen grünen Fleck hinüber. Wir kamen näher und manövrierten uns zwischen den beiden Buhnen hinein, die ihn flankierten. Da schöpften wir wieder etwas Hoffnung; denn wir sahen hier eine kleine Wasserrinne in den Fluß münden. Wir stellten den Motor ab, klappten ihn hoch, um Schaden zu verhüten, und ruderten weiter. War das Wasser nur etwa fünf Zentimeter tief, so konnten wir hindurch, wenn wir herauskletterten und neben dem Boot die Ruder führten. War es siebeneinhalb Zentimeter tief, so kamen wir unbedingt weiter. Es war gerade siebeneinhalb Zentimeter tief! Wir fuhren in das Rinnsal hinein, schwenkten um die Ecke und – erlebten ein wahres Weltwunder. Wir sahen einen entzückenden kleinen See, ganz in Grün gebettet, mit hohen Ufern, die noch von Bäumen überhöht waren. Über seine Wasserfläche konnte nur die mildeste, harmloseste Brise wehen. Voller Freude ruderten wir über den See, machten in seinem allergeschütztesten Winkel fest fest und sangen Tedeum.

Wer unseren Spuren folgt, sollte sich dieses Seekleinod nicht entgehen lassen. Es liegt am linken Ufer der Elbe, fünfzehn Kilometer oberhalb von Dömitz. Aber es geht auch nur noch im Mai, wie sich in einem späteren Kapitel zeigen wird.

Es gehört zu den Freuden des Wohnbootfahrers, daß er niemals weiß, was er im nächsten Augenblick erleben wird. Jede Biegung bringt ihn in neues Wasser, das er nie zuvor gesehen. Jede Landung mit seinem kleinen Boot führt ihn in einen unbekannten Hafen. Ein Motorboot von fünf Meter Länge in ein noch unerprobtes Seitenwasser zu lenken, auf dem abgebrochene Äste herumschwimmen, ist ein ebenso abenteuerliches Unternehmen wie die Entdeckung der Magellanstraße. Der Bruch einer Bodenplanke oder ein Motordefekt viele Kilometer vom nächsten Dorf entfernt, in einem fremden Lande, dessen Sprache man nicht versteht, ist für den Wohnbootfahrer ein ebenso großes Mißgeschick, wie wenn Cabot oder Drake auf ein Felsenriff aufgefahren wären. Der Reiz des Unbekannten, das schon hinter der nächsten Ecke lauert, ist ewige Lockung für ihn. Eine Nacht verbringt er in einem Nest wie Klinitz und schon die nächste in einem Paradies wie diesem kleinen See oberhalb von Dömitz, der auf der Landkarte gar nicht verzeichnet steht. Er ist erstaunlich unabhängig, selbst wenn man berücksichtigt, daß er sich unterwegs mit Trinkwasser und Vorräten versorgen muß. Er legt an, wo er mag, und niemand kann »Nee!« zu ihm sagen. Er fährt eine weite oder auch nur eine kurze Strecke, wie es ihm gerade gefällt. Die Abwechslung, die das Leben würzt, die Freiheit, die das Element des Lebens ist, und die ständige Ungewißheit über das Kommende, die seine Neugierde wachhält, all das wird dem Wohnbootfahrer geradezu aufgedrängt, selbst wenn er kein Verlangen danach haben sollte. Aber für die gewöhnliche Motorbootfahrerei auf bekannten Gewässern wird man freilich ganz verdorben. Das ist ein Zeitvertreib, dessen Popularität ich einfach nicht begreife.

An den Ufern unseres kleinen Sees habe ich uns Fahnenstangen geschnitten, das einzige, was wir aus England mitzunehmen vergessen hatten. Nun konnten wir endlich wieder achtern unsere rote Heckflagge mitführen und vorne unsere dreieckige Klubflagge keck im Winde flattern lassen. Jetzt waren wir kein gewöhnliches Fahrzeug mehr, das sich nur durch sein Bootszelt auszeichnete. Wir waren ein richtiges englisches Boot, als wir flußaufwärts weiterfuhren, und der Unterschied zeigte sich deutlich im Verhalten der Schiffsbesatzungen, an denen wir vorüberkamen. Wir erregten Aufsehen. Man zeigte auf uns. Man nahm uns durch Ferngläser aufs Korn. Manche Leute glaubten offenbar, wir seien in ANNIE MARBLE über die Nordsee gekommen.

Unsere Einfahrt in Schnakenburg am Sonntag ist wohl das dramatischste Ereignis unserer ganzen Fahrt gewesen. Das Dorf, oder besser die kleine Stadt, liegt am oberen Ende einer langen Elbstrecke, die wir am Sonntag Nachmittag flußaufwärts kamen. Flußabwärts wehte ein frischer Wind, und das Spritzwasser flog nur so von unserm Bug. Es sah schön aus. Als gerade die Einzelheiten des Städtchens in Sicht kamen, und die auf die Fähre wartende

Menge, wie ich glaube, uns auf der weiten Fläche der Elbe kommen sah, bemerkte ich, wie einer auf uns zeigte,
und alle ihre Hälse nach uns reckten. Man nahm bald solches Interesse an uns, daß das vollbesetzte Fährboot am
Ufer liegen blieb, wo es war. Daneben stand eine Menschenmenge, die sich ihr Sonntagsvergnügen daraus
machte, die Fähre hin und her fahren zu sehen. Im richtigen Augenblick stellten wir den Motor ab und landeten
kunstgerecht, ohne aufzustoßen oder die Ruder gebrauchen zu müssen. Und während ANNIE MARBLE sanft auf
den Ufersand lief, wandte ich mich um und sagte zwang-
los »Guten Tag!« zu der versammelten schaulustigen Menge. »Guten Tag!«, antwortender Chor in demselben Ton,
in dem einst die erstaunten Azteken Cortez bei seiner ersten Landung an ihrer Küste begrüßt haben mögen.

Die kleinen Elbstädte sind ganz entzückend. Schnakenburg, Werben, Arneburg – besonders Arneburg! – und ein
Dutzend andere sind noch unverfälschte Landstädtchen,
die ihr Aussehen in Jahrhunderten kaum verändert haben
können. Nur stehen heutzutage in ihrer nächsten Umgebung Elektrizitätsanlagen, die jedes einzelne baufällige
Holzhäuschen mit billiger elektrischer Kraft versorgen.
Orte, die lange nicht so mittelalterlich aussehen wie hier,
werden in England von den Zeitungen als Ziele für Sonn-
tagsausflügler angepriesen und von Autofahrern und Touristen mit Kameras besucht. Die Straßen sind mit Kopf-
steinen gepflastert. In manchen gibt es noch Gossen in der
Mitte. Die Häuser sind aus lockeren Ziegeln und alten
Backsteinen, und an den meisten steht nach dem reizenden deutschen Brauch das Jahr, in dem sie erbaut sind.
Sprüche in Knittelversen sind über den Türeingängen auf-
gemalt. Jahreszahlen wie 1660 sind nichts Ungewöhnli-

ches. Und doch kommen keine Touristen hierher. Die Wege dahin sind fürchterlich. Nichts als reine Sandstreifen, in denen die Wagenspuren sechzig Zentimeter tief gehen. Es gibt wohl auch nur wenige Sehenswürdigkeiten im Sinne der Reiseführer. Fremde kommen offenbar sehr selten her. Wenn sie plötzlich von der öden Wasserseite aus auftauchen, öffnen sich gewöhnlich die Fenster, und Köpfe gucken heraus. Die Ladeninhaber waren meist mürrisch und mißtrauisch, bis wir die Bemerkung fallen ließen, daß wir in einem Motorboot auf dem Fluß unterwegs seien. Diese Erklärung und die Mitteilung, daß wir Engländer seien, stimmten die Leute sofort freundlich, – in einem solchen Grad, daß Kathleen sich nicht, wie ich gehofft hatte, veranlaßt sah, Deutsch zu lernen. Sie hat es fertig gebracht, mit »Bitte!«, »Danke!«, »Ja!« und »Nein!«, mit den bloßen Zahlen, ein paar Gesten und sehr, sehr wenigen Wörtern überall in Deutschland durchzukommen. Bei ihren Wörtern gefiel sie sich in einem erstaunlichen Durcheinander von Genus, Numerus und Casus. Aber schließlich konnte sie sich im allgemeinen doch verständlich machen, wenn ich ihr dabei gelegentlich zu Hilfe kam.

Manchmal mißlang es freilich uns beiden. Einmal haben wir einen halben Vormittag im Laden eines Kolonialwarenhändlers versucht, eine Kräutermischung zu finden. Zentimeter um Zentimeter haben wir sein ganzes Warenlager durchstöbert und alle Schränke und Schubläden geöffnet, wobei uns der Kaufmann mit Frau und Familie immer wieder gut zuredete. Wir hatten versucht, ihnen auseinanderzusetzen, was wir haben wollten. Aber wir fanden die Kräutermischung nicht, weil es sie in Deutschand überhaupt nicht gibt. Und nun erst denaturierter Spiritus! Den ersten Versuch, diesen Spiritus zu kaufen, unternahmen wir in Hamburg an dem historischen Tage, an dem wir zum Mittagessen dorthin gefahren waren. In Frankreich wird er bei seinem richtigen Namen »Alkohol« genannt. Wir verlangten also Alkohol. Wir fingen in verschiedenen kleinen Kramläden an. Das war, so sollte man meinen, der richtige Ort, wo es so etwas gab. Überall musterte man uns mißtrauisch und schickte uns eine Straße weiter. Man hielt offenbar Wein- und Likörläden für die richtige Stelle. Aber als wir in den Wein- und Likörläden fragten, schüttelten die Ladenbesitzer bedauernd den Kopf. Sie hatten nur verdünnten Alkohol zu verkaufen. Wir machten ein paar kleine Einkäufe in anderen Geschäften und brachten das Gespräch auf Alkohol. Immer wieder machten wir die gleiche Erfahrung, daß das Wort Alkohol in Deutschland mit Rum in Verbindung gebracht wurde. Die Leute, die wir fragten, schienen zu glauben, wir wollten ein Schnapsgelage abhalten und behandelten uns dementsprechend. Ich glaube, in England wäre es genauso, wenn zwei Ausländer in den Wohnstraßen herumlaufen und Alkohol verlangen würden. Schließlich versuchten wir es mit Apotheken. Ich war entschlossen, Apothekerpreise zu zahlen, wenn uns das nur die Unannehmlichkeit ersparte, unsere Primuskocher mit Benzin zu brennen. Aber auch die Apotheker konnten uns nicht helfen. Sie schienen ebenfalls zu glauben, daß wir etwas haben wollten, was uns auf die bequemste Art und Weise völlig betrunken machte. In meiner Verzweiflung zückte ich einmal Feder und Papier, schrieb auf: »C_2H_5OH« und zeigte es dem Apotheker. Aber es nutzte nichts. Er schien geradezu beleidigt zu sein. Der letzte Apotheker aber fand unsere Bitte ganz selbstverständlich, brachte zwei eingewickelte, versiegelte Flaschen zum Vorschein, verlangte dafür eine Mark und ließ uns lustig unserer Wege gehen. Was dieser Apotheker wirklich von uns geglaubt hat, oder ob er uns nur verulken wollte, kann ich nicht sagen. Aber als wir in Zollenspieker die beiden Flaschen öffneten, war Ata-Seifenpulver darin.

Und doch haben wir noch an diesem Abend – es war der Abend des Gesangvereins von Zollenspieker – endlich danaturierten Spiritus entdeckt. Die alte Schwiegermutter tat etwas davon an den Spirituskocher, auf dem sie den Punsch zusammenbraute. Ich nahm sofort die Flasche an mich, und weder Bitten noch Proteste konnten mich veranlassen, sie wieder herzugeben. Auf dem Etikett stand »Brennspiritus«. Wir fanden später heraus, daß es das im kleinsten Materialwarenladen zu kaufen gab. Es war falsch gewesen, daß wir Alkohol verlangt hatten. Kein Kaufmann und offenbar auch kein Apotheker weiß, daß der im Handel befindliche Spiritus nichts anderes ist als ungereinigter Alkohol. Wir hegten uns pflegten unsere erste Flasche, bis wir entdeckt hatten, daß man Brennspiritus mit Leichtigkeit zu kaufen bekommt, wenn man nur den richtigen Namen kennt.

Wie schnell wir flußaufwärts an all den kleinen Städten vorbeikommen würden, von denen ich vor meiner Abschweifung über den Alkohol erzählt habe, das hing wesentlich von der Ankunft unserer Post ab. Da wir zunächst nicht gewußt hatten, ob wir elbaufwärts bis Magdeburg oder auf der Havel, dem Hauptnebenfluß der Elbe, weiterfahren würden, hatten wir unsere Briefe nach der Stadt bestellt, die dem Einfluß der Havel in die Elbe am nächsten lag, – nach Werben. Wir rechneten mit vierzehn Tagen bis dahin, viel länger, als wir brauchten. So kamen wir langsamer auf der Elbe vorwärts, als wir nötig gehabt hätten. Es ist sehr umständlich, sich Briefsachen auf eine Motorbootfahrt in ein fremdes Land nachsenden zu lassen. Aber es lohnt sich doch, wenn die Post ankommt. Englische Zeitungen, die ersten seit vierzehn Tagen! Neue Nachrichten aus dem fernen, seltsamen London, an das wir uns kaum noch erinnern konnten!

Es kamen aber auch Briefe, vor denen wir uns schon gefürchtet hatten. Zwar hatte ich die von mir übernommenen Artikel geschrieben und programmäßig abgeschickt. Aber ich hatte auch noch die Verpflichtung übernommen, Aufnahmen zur Illustrierung mitzusenden, und weder Kathleen noch ich wissen mit einer Kamera viel anzufangen. Außerdem sind Wasseraufnahmen besonders schwierig; jedenfalls ist es eine sehr heikle Aufgabe, von einem Boot aus, das schnell über stürmisches Wasser dahinfährt und durch den Motor erschüttert wird, Aufnahmen zu machen. Auf meiner ganzen Fahrt in Deutschland verfolgten mich die Verwünschungen der Magazinherausgeber. Entweder hatten sich die Filme, die ich ihnen sandte, als leer oder undeutlich erwiesen, oder die Aufnahmen waren ungeeignet, oder ich hatte nicht genug geschickt. Der vermaledeite Zwang, immer passende Aufnahmen zu machen, hat uns alle genußreichen Augenblicke unserer Fahrt verdüstert. Jede Post wurde mir, bis ich dagegen abgestumpft war, durch die wütenden Briefe, die ich von Herausgebern erhielt, und durch die Wehklagen meiner Londoner Sekretärin verleidet, an der die Herausgeber in meiner Abwesenheit ihren ganzen Zorn ausließen, den sie in den Briefen an mich noch nicht losgeworden waren. Wir versuchten, die Filme unentwickelt nach London zu schicken. Wir unternahmen den Versuch, sie in Deutschland entwickeln zu lassen und schwebten zwischen Furcht und Hoffnung, bis sie fertig waren. Aber nichts schien dem künstlerischen Geschmack der Herausgeber illustrierter Magazine zu genügen. Ich finde es eigentlich sehr schmeichelhaft für mich, daß sie schließlich meine Artikel trotz der scheußlichen Aufnahmen veröffentlicht haben, für die sie nur Verachtung übrig hatten. Sollte ich mich aber wieder einmal zu illustrierten Aufsätzen verpflichten, so werde ich einfach Ansichtspostkarten kaufen und, um den Urheberrechten ein Schnippchen zu schlagen, einen verschwiegenen Photographen ausfindig machen, der sie mir abphotographiert. Diese Kopien schicke ich dann an meine Zeitungen.

Froschkonzerte begleiten uns
bis Magdeburg

Landschaftlich ist die Elbe von Hamburg bis zur Havel nicht allzu interessant. Über die Städte weiß der Baedecker nicht viel zu sagen. Am tiefsten waren wir von Wittenberge enttäuscht. Wir hatten bestimmt erwartet, dort alle möglichen interessanten Luther-Erinnerungen sowie eine schöne Stadt vorzufinden. Aber wir fanden nur heraus, daß wir es mit Wittenberg verwechselt hatten, das dreihundert Kilometer weiter elbaufwärts liegt. Das Hauptwahrzeichen von Wittenberge ist eine große Fabrikanlage, in der die Singer-Nähmaschinen hergestellt werden. Der Bootsfahrer behält den Ort vor allem um seines bequemen Hafens und seiner Läden willen in Erinnerung. Die Elbkahnschiffer haben keine Gelegenheit, ihre Einkäufe an Schleusen vorzunehmen, da es keine Schleusen auf der Elbe gibt. Deshalb machen alle großen Schleppzüge außerhalb Wittenberges Station, und die Besatzungen kommen zu Einkäufen in die Stadt. Als wir den kleinen Hafen verließen, fanden wir den Strom von einem halben Dutzend Lastkahnketten versperrt, die alle dort vor Anker lagen. Und gleichzeitig bewegten sich verschiedene Schleppzüge langsam stromaufwärts, während andere schnell stromabwärts fuhren. Das machte unsere Lage noch verwickelter. Überdies hat Wittenberge eine Brücke, von der nur ein Bogen passierbar ist, und nun staute sich der Schiffsverkehr an dieser Stelle. Wir begaben uns in das Kielwasser eines Schleppzuges, paßten uns seiner Geschwindigkeit an und fuhren hinter ihm unter der Brücke durch. Dann machten wir uns daran, ihn zu überholen. Aber wir kamen neben ihm nur sehr wenig vorwärts. Gerade von vorn wehte ein heftiger Wind. (Es läßt sich in Norddeutschland leider nicht vermeiden, ewig den Wind zu erwähnen!) Solange wir im Schutz des Schleppzuges langsam hinter ihm hergefahren waren, konnten wir uns bei Mindestgeschwindigkeit bequem seinem Tempo anpassen. Als wir aber vorfuhren, um ihn zu überholen, vermochte selbst die Höchstgeschwindigkeit den Druck des Windes nicht auszugleichen. Wir mußten daher viele Kilometer elbaufwärts fahren, während das Steuerruder eines Lastkahnes ANNIEs Bug streifte, und der Motor nur ganz langsam lief. Ich glaube, wir haben dabei Benzin gespart. Aber es ist scheußlich, stundenlang den hinteren Teil eines Lastkahns vor Augen zu haben.

Als wir die Havel erreicht hatten, mußten wir uns entscheiden, ob wir havelaufwärts nach Berlin fahren oder lieber unsern Weg auf der Elbe bis Magdeburg weiter verfolgen wollten, von wo aus man über einen Kanal nach Berlin gelangte. Bei unserer Entschließung spielte der Umstand eine Rolle, daß am 1. Und 2. Juni in Potsdam das Internationale Motorboot-Treffen stattfinden sollte, dem ich als sachverständiger Berichterstatter für eine englische technische Zeitung beiwohnen mußte. Es gibt nämlich tatsächlich Leute, die mich hierzu allen Ernstes für fähig halten, und so zeigt sich, auf welch sonderbaren literarischen Seitenwegen man wandeln kann, wenn man nur die Dreistigkeit besitzt, jeden Auftrag, der einem über den Weg läuft zu übernehmen. An sich hatten wir genügend Zeit, auf der Havel nach Berlin und dann zum Treffen wieder bis Potsdam zurückzufahren. Wir konnten aber ebensogut erst nach Magdeburg. Nun machte der Beginn – oder wenn man genau sein will: das Ende – der Havel keinen sehr einladenden Eindruck. Sie fließt ganz gerade durch sandiges Flachland dahin. Außerdem hatten wir mit der Zeit so etwas wie eine Vorliebe für die Elbe gefaßt, und sicherlich war es unsere heimliche Freude an der großen, grünen Elbe, die schließlich die Entscheidung zugunsten Magdeburgs fallen ließ. Wir fuhren also wieder hinaus auf den majestätischen, reißenden Strom.

Wir sollten es nicht bereuen! Oberhalb der Havelmündung strömt die Elbe dreißig Kilometer weit durch eine märchenhafte Landschaft, wie man sie sich in der norddeutschen Tiefebene nicht hätte träumen lassen. Es ist eine ganz bezaubernde Flußpartie, und an ihrem oberen Ende liegt, hoch auf einer Anhöhe, das wunderschöne Städtchen Arneburg. Die Aussicht von da oben auf das breite Elbtal und den großen Strom erinnert stark an den Blick, den man von Winchelsea in Sussex aus hat. Und die Arneburger Mädchen sind eine wahre Augenweide: hübsche, große, nette Mädchen, mit den vollen Körperformen, deren Anblick uns schon vertraut war. Sie wirkten unerhört schön. Ich sah sie alle barfüßig und sonnverbrannt von den Feldern hereinkommen. Dazu trugen sie die reizenden großen Hüte der Gegend: Bänderkompositionen aus steifem weißen Linnen mit weißem Damast rundherum. Es erinnerte mich an die Kopfbedeckungen der Frauen, wie man sie auf den Miniaturen der Manuskripte aus der Zeit Eduards IV. dargestellt findet. Ich wäre gern tagelang in Arneburg geblieben, hätte ich nur die Erlaubnis dazu bekommen!

Fast auf der ganzen Strecke von Werben bis Magdeburg fanden wir günstige Liegestellen; vielleicht hatten sich auch unsere Blicke geschärft und wir entdeckten leichter die Einfahrten zu den kleinen Seen, die wir suchten. Ob man sie zu einer späteren Jahreszeit noch passieren kann, weiß ich nicht recht; ich möchte es bezweifeln. Auf den kleinen Seen machten wir mit einer der lästigsten Erscheinungen der Gegend Bekanntschaft: den Fröschen. Zum erstenmal sind wir ihnen unterhalb von Arneburg begegnet. Als wir eines abends spazieren gingen, um Kathleens ewige Wanderübungen fortzusetzen, drang plötzlich ein höchst seltsamer, trügerischer Laut an unser Ohr, gleich als klänge eine Äolsharfe wie ein Klavier. Klar und deutlich kamen musikalische Töne über das Land herangeweht, sonderbare Tonleiterfolgen, wie wenn jemand aufs Geratewohl über die Tastatur eines Schifferklaviers dahinklimperte: vom hohen A bis zum tiefen C. Die seltsamen wechselnden Laute waren uns einfach unheimlich, als wir an dem dunstigen Abend mutterseelenallein im grauen Tiefland lauschend dastanden. Es waren keine Telegraphendrähte in der Nähe und auch sonst nichts, worauf man diese Töne hätte zurückführen können. Ich mußte an das Geräusch siedender Wasserkessel denken. Nach einigem Stutzen entdeckten wir schließlich den Ursprung der Laute: es waren die Unken in einem der Sümpfe dicht neben uns …

Das sollte unsere einzige Begegnung mit den musikalischen Fröschen bleiben, die, wie ich glaube, in Deutschland zwar bekannt sind, aber selten vorkommen. Dafür hat uns jedoch seither eine andere Sorte von Fröschen Nacht für Nacht belästigt. Zu Hunderten, ja zu Tausenden saßen sie da, steckten ihre Nasen aus dem Wasser und quakten die ganze Nacht über. Es klingt vielleicht sehr übertrieben, und doch berichte ich nur die Wahrheit, wenn ich sage, daß sie ebensoviel Lärm machten wie heftige Brandung auf einem sturmgepeitschten Strande. Sie waren genau so laut, nur etwas höher im Ton natürlich. Diese teuflischen Amphibien haben uns mehrere Nächte nicht schlafen lassen, und wir mußten jetzt beim Aufsuchen idealer Liegestellen eine Zeit lang neue wesentliche Merkmale berücksichtigen: es durfte kein Schilf da sein, und das Wasser mußte bis zum Ufer hin tief bleiben. Dann konnten die verdammten Biester nämlich nicht halb im Wasser und halb draußen sitzen, wie sie es gerne hatten, und deshalb suchten sie andere Stellen mit ihrem Gequake heim. Die Leute in der Gegend erzählten uns, und wir fanden es durch eigene Beobachtung bestätigt, daß die nächtlichen Konzerte etwa vier Wochen lang dauern. Im Monat Mai mußten wir daher stets auf der Hut sein, daß die Frösche unsern Schlaf nicht störten. Später stellten sie ihr Quaken ein, und das Quorax eines Frosches war dann nur noch eines der gelegentlichen Nachtgeräusche.

Hinter Arneburg unterbrachen wir unsere Fahrt erst wieder in Tangermünde, einer netten kleinen Stadt, die nur durch die immer größer werdenden Marmeladenfabriken etwas entstellt ist. Hier überließen wir ANNIE MARBLE der Obhut des örtlichen Ruderklubs und fuhren nach Stendal. Es war eine der wenigen Städte in Norddeutschland, bei der sich der Baedecker zu mehr als einer halben Zeile herbeigelassen hatte. Wir dachten deshalb, wir müßten es uns ansehen. Aber offen gesagt: Stendal lohnt sich nicht! Es ist nicht halb so hübsch wie die kleinen Elbstädte, und sein gotischer Backsteindom war, wie fast jede Kirche in Norddeutschland, geschlossen, als wir hinkamen. Will man das Innere einer norddeutschen Kirche besichtigen, dann muß man sich fast immer zu einer bestimmten Stunde einfinden, die meist sehr ungünstig liegt. Und dann wird man von jemanden herumgeführt, der die Aufgabe hat, aufzupassen, daß man nicht etwa den Abendmahlsteller stiehlt.

Als wir abends erhitzt, übermüdet und völlig eingestaubt nach Tangermünde zurückkehrten, wurden wir mit einem kleinen Empfang bedacht. Es hatte sich wohl tagsüber im Ruderklub herumgesprochen, daß wunderliche Engländer aufgetaucht seien und um Gastfreundschaft gebeten hätten. Und nun stand am Abend eine ganze Anzahl von Mitgliedern auf dem Landungssteg über ANNIE MARBLE, als wir vom Bahnhof anlangten. Die Leute hatten durchaus keine schlechten Manieren. Sie hatten nur kein Verständnis dafür, daß wir gerne unter uns sind, wenn wir zuhause kochen und essen. Und so saßen denn die Klubmitglieder auf dem Landungssteg nebeneinander gerade über ANNIE MARBLE und schauten zu, wie wir im Boot umherkletterten, unsern Tisch deckten, die Kocher entzündeten, Kartoffeln schälten, uns schnell eine Tasse Tee machten und unsere Mahlzeit zubereiteten. Wie es meist zu gehen pflegt, hatten wir gerade an diesem Tag kein besonders üppiges Dinner: Irish Stew und Sagopudding … das war alles, was wir unter den Blicken von vierzig neugierigen Augen zubereiteten und verspeisten. Überdies sprach ich noch nicht fließend genug Deutsch, um so ohne weiteres eine höfliche Unterhaltung pflegen zu können. Infolgedessen ging alles drunter und drüber. Kaffee und Milch kochten über. Die Kocher benahmen sich schlecht, und der Fleischsaft spritzte überall umher. Die guten Tangermünder müssen den Eindruck bekommen haben, daß wir uns sehr kärglich ernährten und unser Essen denkbar schlecht servierten. Alle fünf Minuten gab es einen Zwischenfall zum Kochen.

Bei der Unterhaltung konnte ich feststellen, wieso unser Bootszelt kein besonderes Aufsehen erregte. In Deutschland bildet J. K. Jeromes »Three Men in a Boat« die Hauptlektüre im englischen Unterricht der höheren Schulen – übrigens eine ausgezeichnete Wahl! – und in diesem Buch fahren, wie man sich erinnern wird, George, Harris und J. in einem Skiff mit Bootszelt die Themse aufwärts. Deshalb verbinden viele Deutsche den Begriff eines Bootszeltes mit dem Leben in England. Aber in Deutschland sind Bootszelte wenig in Gebrauch, obwohl sehr viele Menschen ihre Ferien zu Fluß- und Seefahrten benutzen.

Ein Wohnboot muß breit sein und etwas schwerfällig und langsam. Deshalb genügt es den Deutschen nicht. Wenn sie ihren Wassersporttag haben, sind sie mit dem Ruderboot unterwegs. Sie benutzen meist erstklassige Boote: schmale Ruderboote mit Rollsitzen (und Auslegerboote), die am Tag ihre fünfzig bis sechzig Kilometer zurücklegen. Meist sitzen zwei Ruderer in einem Doppel-Skuller. Sie rudern ununterbrochen den ganzen Tag. Es würde zwei Deutschen bei einem Ferienaufenthalt von zwei Wochen auf der Themse gar nichts ausmachen, dreimal zwischen London und Oxford hin und her zu rudern. Vier Mann, die an einem freien Tag in einem Vierer mit Rollsitzen schneller als ANNIE MARBLE dahinflitzen, sind durchaus kein ungewöhnlicher Anblick. Die Zeltausrüstung für die Bootsinsassen wird unter wasserdichten Bezügen mitgeführt, die im Bug und im Heck befestigt sind und dort je ein, zwei Fuß der Bootslänge in Anspruch nehmen. Die Paddler, die man zu Hunderten trifft, machen es ebenso. Abend für Abend schlagen sie ihre Zelte am Ufer auf und ziehen die Paddelboote aus dem Wasser. In Deutschland geht das viel leichter als in England; denn soweit ich wenigstens feststellen konnte, sind nahezu alle Ufer der schiffbaren Gewässer öffentliches Eigentum, und das Zelten scheint fast unbeschränkt gestattet zu sein. Aber trotzdem bleibe ich allezeit ANNIE MARBLE treu. In ihr kann man, wenn es regnet, in einer Minute das Zelt herablassen. Man kann anlegen, wo es einem Spaß macht, ohne um Erlaubnis zu fragen. Man kann bequem wie zu Hause kochen, essen und schlafen. Und man muß sich nicht, wie in einem Paddelboot und in einem Rennboot, das Haar genau in der Mitte scheiteln, damit das Boot nicht kippt. Schließlich hat man einen geduldigen Außenbordmotor, der einem die Arbeit abnimmt.

Die Tangermünder fanden alle unsere Hantierungen sehr vernünftig. Und doch hatte ich das Gefühl, daß sie trotz ihrer höflichen Zustimmung sich etwas über uns lustig machten. Man betrachtete uns von oben herab wie Kinder, die auf Puppenfahrrädern nach Konstantinopel fahren wollten. Man konnte sich nicht vorstellen, daß wir an Bord unseres Bootes genügend Sachen mitzuführen vermochten, um ein zivilisiertes Leben aufrechtzuerhalten. Noch dazu hatten wir, wie gesagt, heute Abend keine sehr glückliche Hand gehabt. Es war eine von den drei Gelegenheiten, bei denn uns alles schief gegangen ist.

In Tangermünde zeigte sich wieder einmal, wie ausgezeichnet der Unterricht auf den höheren Schulen in Deutschland ist. Wir haben auf unserer Fahrt viele junge Menschen und eine ganze Reihe kleiner Kinder getroffen, die sich mit uns vernünftig und verständig auf Englisch unterhalten konnten, obwohl wir die ersten Engländer waren, denen sie begegnet sind. Das beweist in erster Linie, wie sorgfältig der Sprachunterricht ist. Ich bin sicher, daß, als ich zur Schule ging, keiner von denen, die in den Realklassen deutschen Unterricht hatten, sich mit einem herumreisenden deutschen Ehepaar auf der Stelle über das Wetter, das Leben auf dem Fluß oder die nächsten Läden hätte unterhalten können. Viel eher hätten die Schüler der Gymnasialklassen sich mit einem herumreisenden altrömischen Ehepaar verständigen können. Diese Behauptung ist vielleicht von persönlichem Vorurteil diktiert.

Wir fuhren weiter elbaufwärts. Die großen Kilometersteine am Ufer waren allmählich in die Dreihundertfünziger und Dreihundertvierziger gekommen. (Hamburg hatte die Zahl 630!) Jetzt zeigten sich Vergnügungsdampfer auf dem Fluß, das sicherste Anzeichen für die Nähe einer großen Stadt. Und in der Tat lag Magdeburg nur noch etwa zwölf Kilometer flußaufwärts. Wir waren schon an den Vereinigungspunkt der Elbe und des Ihlekanals vorüber, auf dem es nach Berlin ging. Am Elbufer tauchten kleine Vergnügungsorte auf, die hauptsächlich aus Gasthöfen bestanden, wo die Dampfer sonntags fröhliche Magdeburger hinbrachten. Es war an der Zeit, haltzumachen.

Ein Studium der Landkarte verriet uns, daß ein, zwei lange Seitenwasser des Flusses von Magdeburg herkamen und gerade oberhalb von Hohenwarte, einem der eben erwähnten Vergnügungsorte, wieder in die Elbe flossen. Da wir Hohenwarte gerade erreicht hatten, beschlossen wir, einen der stillen Seitenarme aufwärts zu fahren, bis wir eine ruhige Stelle gefunden hatten, wo wir ANNIE MARBLE unbewacht liegen lassen konnten, während wir uns Magdeburg ansahen. An einem ungewöhnlich heißen Tag verließen wir Hohenwarte, um unsern Plan in die Wirklichkeit umzusetzen. Wir fanden ganz leicht den Zugang zu einem Seitenwasser, fuhren vergnügte vierhundert Meter aufwärts, aber dann kehrten wir, nach Luft schnappend, wieder um und flüchteten uns in die reine Brise auf der

Elbe zurück. Wir versuchten es mit dem nächsten Seitenwasser und hatten den gleichen Erfolg. Es war Kloakenwasser! Zum erstenmal kamen wir in Deutschland in diese Verlegenheit. Wahrscheinlich war das Gebiet von den Magdeburger Behörden zum Rieselland bestimmt. Was diese Gräben enthielten, spottet jeder Beschreibung. Natürlich hatte es die Vorsehung auch noch so gefügt, daß wir die Durchfahrt ausgerechnet am heißesten Tage des Monats versuchten sollten. Um uns erst einmal zu erholen, blieben wir eine ganze Stunde an einer windigen Stelle des Flusses liegen, nach der wir nicht lange zu suchen brauchten. Dann gestanden wir uns die Niederlage ein, fuhren nach Hohenwarte zurück und entschlossen uns, auf den Rat des Fährmanns, unseren Besuch in Magdeburg auf den nächsten Tag zu verschieben. Wir konnten dann ANNIE der Aufsicht des Fährmanns überlassen und mit dem Dampfer nach Magdeburg hineinfahren.

Großstädte bedeuten für uns vor allen Dingen einmal Bad und Friseur. Für Dome und Museen haben wir erst Zeit, wenn wir von Kopf bis Fuß gesäubert sind. (Sich in ANNIE MARBLE Zoll um Zoll in kaltem Wasser mit einem Stück Flanell abwaschen, gewährt keine Befriedigung!) In dem Magdeburger Friseurladen wurde mir die schwerste Beleidigung zuteil, die ich bisher in Deutschland habe erdulden müssen. Der Mann, dessen Platz ich im Stuhl des Friseurs einnahm, war offensichtlich von jenem Haß gegen Haare erfüllt, der für manche seiner Landsleute charakteristisch ist. Er hatte sich die Haarschneidemaschine über den Kopf gehen lassen, bis die übrig gebliebenen Borsten keinen Anspruch mehr darauf machen konnten, seinen nackten Schädel zu verbergen. Er hatte sich die Augenbrauen wegschneiden lassen, bis überhaupt nichts mehr davon übrig war. Als er gerade den Stuhl verlassen wollte, verlangte er nach einem prüfenden Blick in den Handspiegel, mit einem Ausdruck des Abscheus, daß auch die Haare in seinen Ohren entfernt werden sollten. Man konnte an der Art, wie der Friseur ihn mit Bücklingen hinauskomplimentierte, genau erkennen, daß er ihn für einen Mann von Geschmack und für einen idealen Kunden hielt.

»Nicht zu kurz!«, sagte ich, als ich mich setzte.

»Nein,« sagte der Friseur und befühlte liebkosend seine kleine elektrische Haarschneidemaschine, die über meinen Kopf an ihrer Kontaktschnur hing. »Zwei Millimeter, denke ich!«

»Zwei Millimeter,« sagte ich, starr vor Entsetzen, als ich schnell nachgerechnet hatte, daß zwei Millimeter ein Zwölftel Zoll waren. »Nein! Nein! Nein! Länger!«

»Also drei Millimeter!«, meinte der Friseur ungnädig, stellte seine Maschine und setzte sie summend an mein Ohr.

Wie ein widerspenstiges Kind beim Zahnarzt mußte ich seine Hand packen und mit voller Kraft zurückhalten, ehe ich ihn veranlassen konnte, das gräßliche Instrument wegzulegen und sich wie ein zivilisierter Friseur mit Schere und Kamm an die Arbeit zu machen. Es geschah sehr widerwillig, und schließlich nahm er seine Rache an mir. Er suchte aus einem Schubfach einen Staubkamm hervor und fuhr mir damit nachdrücklich über den Kopf, wobei mir jede Bewegung zu verstehen gab, was er von Leuten hielt, die das Haar durchaus einen Zoll lang tragen wollen. Ich habe mich in meinem ganzen Leben noch nie so hilflos gedemütigt gefühlt.

Von außen ist der Magdeburger Dom ein schönes, imposantes, wenn auch etwas düsteres Bauwerk. Über sein Inneres kann ich leider nichts sagen; denn es war verschlossen und gesperrt bis zum nächsten Morgen, wo es zu einer bestimmten Stunde geöffnet wurde. Wir wandten daher dem

Magdeburger Dom unsern Rücken, schüttelten schnell den Staub seiner Eingangsschwelle von unsern Schuhen und machten schnell einen Rundgang zu den übrigen Sehenswürdigkeiten der Stadt. Erhitzt und müde davon, kehrten wir zur Dampferanlegestelle zurück. Zum Teufel mit einer Sprache, die »halb fünf« sagt, wenn sie vier Uhr dreißig meint! Der letzte Dampfer war fort, und wir saßen nun in Magdeburg, sechzehn Kilometer von ANNIE entfernt, ohne Bahnverbindung, mit ganz wenig Geld, ermüdet, staubig und wütend über unser lächerliches Mißverständnis. Entmutigt verließen wir die Anlegestelle und fragten uns, ob wir wohl ein Hotel finden würden, das heruntergekommen aussehende Ausländer ohne Geld und Gepäck auf Kredit beherbergte. Aber wie wir so dahingingen, sahen wir einen Autobus mit der Seitenaufschrift »Hohenwarte – Magdeburg« über die Brücke kommen. Wir rannten wie besessen durch die belebten Straßen und verfolgten den Autobus, bis er anhielt und sich leerte. Ja, meinte der Fahrer, er kehre noch heute Abend nach Hohenwarte zurück, in zwei Stunden. Wenn wir sicher sein wollten, einen Platz zu bekommen, sei es besser, lange vorher da zu sein. Und das waren wir dann auch.

Der Autobuslenker wird als einer der freundlichsten Deutschen in meinem Gedächtnis fortleben. Seine Höflichkeit gegen und sein Mitgefühl für die zwei keuchenden, schwitzenden armen Teufel, die ihn in stockendem Deutsch anredeten, war schlechthin bemerkenswert. Bemerkenswert war auch seine Leidenschaft für frische Luft. Außer uns zog jeder Passagier, der einstieg und in dem wartenden Autobus Platz nahm, sein Fenster hoch, schloß es ganz fest und sah sich dann forschend nach einer Ventilation um, die er auch noch abstellen könnte. Nach den offenen Fenstern neben uns wurden Stielaugen gemacht. Aber ich setzte meine streitlustigste

Miene auf, und es wagte sich niemand mit der Bitte, das Fenster zu schließen, an uns heran. Als alle Plätze besetzt waren, und etwa ein Dutzend Leute standen, war es in dem Autobus, der in der Sonne hielt, wie in einem Schmelzofen. Aber nun erschien der Fahrer. Er ließ sofort alle Fenster öffnen. Es erfolgte ein schwacher Protest; doch er duldete keinerlei Widerspruch. Wer die Fenster nicht offen haben wollte, konnte den Autobus verlassen, und da dies der letzte Wagen nach Hohenwarte zurück war, wagte es niemand, ihn bei Wort zu nehmen. Widerstrebend wurden sämtliche Fenster geöffnet. Der Fahrer stieg auf, und es ging los. Er fuhr in tollem Tempo durch die Straßen dahin. Sobald er über den Magdeburger Wagenverkehr hinaus war, flog die Eingangstür auf. Ob es Zufall war oder Absicht, weiß ich nicht. Sie blieb offen, und ein stürmischer Luftzug ging durch den Autobus dahin, der bei allen Fahrgästen außer uns entsetztes und verzweifeltes Stöhnen hervorrief. Die Leute beugten sich nach vorn, klopften dem Fahrer auf den Schulter und baten ihn, die Tür zu schließen. Aber er deutete nur auf das Schild: »Es ist verboten, während der Fahrt mit dem Fahrer zu sprechen!« und trat noch stärker auf das Gaspedal, so daß der Beschwerdeführer sich mit einem Ruck auf den hinter ihm sitzenden Fahrgast setzte. Das war meist eine ebenso würdige wie umfangreiche Dame. Die Rückfahrt nach Hohenwarte war ein wildes Hin und Her von Püffen, Hopsern und Wortwechseln, mit einem Sturmwind von frischer Luft gewürzt.

Und dann kam noch der Weg in der Dämmerung zur Fähre hinunter und die Kletterpartie an Bord der kleinen ANNIE MARBLE, die geduldig neben dem Landungssteg auf uns wartete. Schließlich fielen wir ins Bett und versanken noch im gleichen Augenblick in den traumlosen Schlaf aller restlos glücklichen Menschen.

Eine Wasserpantomime
und unser Freund Schmidt

Wir waren vor allem darüber glücklich, daß es nun gleich wieder weiter ging. Morgen wollten wir der Elbe Lebewohl sagen und uns ein Dutzend Kilometer faul flußabwärts treiben lassen, bis wir zum Einfluß des Ihlekanals in die Elbe kamen. Dort wollten wir dann nach Berlin seitwärts abbiegen. Wir liebten die Elbe sehr, wie eine Mutter das am wenigsten geratene Kind am meisten liebt. Aber unsere Liebe mußte jetzt vor dem Verlangen nach neuen Eindrücken zurücktreten. Wir wollten endlich auch deutsche Kanäle und Schleusen kennen lernen, ganz zu schweigen von Potsdam, Berlin und dem Internationalen Motorboot-Treffen. All diese Gedanken wiegten uns in einen gesunden Schlaf, und am Morgen waren wir schon ganz früh wach. Fröhlich erhoben wir uns vom Lager und gingen noch einmal an Land, um unsere Einkäufe zu erledigen. Schnell eilten wir zu ANNIE zurück. Wir waren gerade drauf und dran, loszumachen, als auch schon – der Regen niederging. Es wurde kalt und grau und trostlos. Wir beschlossen, den Regen abzuwarten; aber es regnete den ganzen geschlagenen Tag. Und wir saßen diesen Tag über unter ANNIEs grünem Zelt fest und warteten auf besseres Wetter, zügelten unsere Ungeduld und gaben uns Mühe, gar nicht an die schönen Pläne zu denken, die wir für heute gemacht hatten. Die einzige Unterbrechung bildeten kleine Spaziergänge im wasserdichten Regenmantel. Wir haben in Deutschland nur zwei vollkommen verregnete Tage verlebt, und dies war einer davon.

Am nächsten Morgen wachten wir wieder bei grauem Himmel auf. Es wehte ein schneidender Wind, und ein feiner Regen ging nieder. Sehr gegen unsern Willen fanden wir uns mit dem Gedanken ab, den gestrigen Tag noch einmal zu wiederholen. Aber wir klammerten uns doch an den Strohhalm einer vagen Hoffnung. In der Frühe machten wir wieder Einkäufe. Als wir zurückkamen, war ANNIE klar zur Abfahrt. Plötzlich sahen wir uns an: das Regengeplätscher auf dem Zelt hatte aufgehört! Sofort gingen wir an die Arbeit, rollten das Zelt hoch und machten es fest, breiteten die grüne Schutzhülle über unser Gepäck für den Fall, daß es doch wieder regnete, und machten die Vertäuung los. Wir hatten die ganze Zeit über neben dem Landungssteg des Fährboots in einem geschützten Winkel gelegen. Als wir jetzt hinausfuhren, bekam uns der Wind mit voller Gewalt zu fassen. Aber wir kümmerten uns nicht darum, setzten den Motor in Gang, winkten dem Fährmann Lebewohl, schossen mitten auf den Strom hinaus, und schon ging es um die nächste Biegung.

Der heftige Wind hatte den Fluß aufgewühlt, wie wir es schlimmer nie erlebt haben. Stromaufwärts wehend, verursachte er kurze, steile Wellen mit weißen Schaumkämmen. Sie waren erschreckend hoch. Wir hatten es uns so schön gedacht, daß wir uns ein Dutzend Kilometer faul flußabwärts treiben lassen wollten, und nun mußten wir statt dessen in wildem Kampf mit der aufsässigen Pinne vorwärts steuern, während ANNIE im hohen Wellengang krachend dahinstampfte. Am ungezogensten benimmt sich ANNIE, wenn die Wellen gerade von vorm kommen. Sie hebt sich hoch und stürzt dann mit ihrem flachen Boden krachend nieder, – ich glaube, »stampfen« ist der technische Ausdruck dafür – wobei alles im Boot auf den Bodenplanken herumhüpft, und das Spritzwasser eimerweise über Bord kommt. Während wir so krachend und stampfend elbabwärts fuhren, bekam der Wind das Spritzwasser zu fassen und schleuderte es der Länge nach über das Boot, uns gerade ins Gesicht. Es war, als würden wir aus Waschkübeln mit unerschöpflichen Wassermengen bombardiert. Kathleen verkroch sich unter der Schutzhülle. Aber ich mußte sehen, um steuern zu können, und konnte daher die Schutzhülle nur bis zur Taille über mich hochziehen. Die obere Hälfte meines Körpers blieb, in den wasserdichten Mantel gehüllt, den Wassermassen ausgesetzt, mit denen mich der Wind unaufhörlich überschüttete. Es dauerte auch gar nicht lange, bis ein scheußliches Gefühl an meinem Hosenboden mir klar machte, daß die Wasserfluten sich in meinem Schoß angesammelt hatten und dann dahin abgeflossen waren, wo sie sich am stärksten fühlbar machen konnten. Voller Unbehagen wand ich mich hin und her, während die klamme, klebrige Flüssigkeit ständig an mir auf und nieder ging. Die einzige trockene Stelle, die noch übrig war, befand sich zwischen meinen Schulterblättern und war mir immerhin ein kleiner Trost. Ich hielt die Pinne fest und gab mir Mühe, nicht zusammenzuzucken, wenn die großen Wellen sich tosend auf mich stürzten. Die Schutzhülle hatte sich schon ganz vollgesogen, und unter den Bodenplanken gluckste das Bordwasser.

Eigentlich hätte ich mein Unternehmen unverzüglich als hoffnungslos aufgeben und an einer Buhne Schutz suchen sollen. Aber der Wandertrieb war so mächtig in uns und die Strecke, die wir noch zurückzulegen hatten, so kurz, daß wir entschlossen waren, durchzuhalten. Wir beteten zu Gott, das Stampfen möge für ANNIEs Nähte nicht zu stark sein, es möge nicht zu viel Wasser den Weg ins Boot finden und der Motor möge nicht aussetzen. Und alle unsere Gebete wurden erhört. Der brave kleine Motor knatterte beständig weiter; nur fluchte er manchmal gotteslästerlich, wenn er zu viel Wasser zu schlucken bekam. Lustig setzten wir unsere tolle, übermütige Fahrt durch die bleifarbene, weißgefleckte Flut fort. Nach erstaunlich kurzer Zeit – die Strömung half uns jetzt wieder – kamen die Lastkähne in Sicht, die neben dem Einfluß des Ihlekanals vor Anker lagen. Fieberhaft steuerten wir darauf zu, schnitten die Wellen und schossen unter dem Heck eines Lastkahns in die friedliche Stille des Kanals hinein. Hohe Ufer hielten den Wind, der quer über sie hinwehte, fern. Nicht die kleinste Welle kräuselte die Oberfläche des Wassers. Es war, als sei man von einem Blechmusik-Wettbewerb zu einem Spiel um die Schachmeisterschaft gekommen. In geradezu unheimlicher Stille legten wir ungefähr einen Kilometer bis zur ersten Schleuse zurück.

Hier suchte ich vor allem nach einer Möglichkeit, mich zu trocknen. Wir verließen ANNIE an der Schleuse und wanderten auf die roten Dächer des Dorfes Niegripp zu, die sich zwischen den Bäumen zeigten. Dort fanden wir ein Gasthaus und bestellten Kaffee. Die Dorfbewohner und die Gäste in dem Lokal staunten uns befremdet an. Noch immer rann mir das Wasser aus den Kleidern, und der tolle, übermütige Kampf gegen den Wind hatte unsere Gesichter gerötet. Unsere Augen glänzten, und wir schwatzten unaufhörlich. Der Wirt sah mich fragend an. Ich erklärte ihm, ich sei auf der Elbe vom Wind und Wellen vollständig durchnäßt worden. Daraufhin schaute er verschmitzt aus dem Fenster, wo sich kein Blättchen regte. Wir haben oft die Erfahrung gemacht daß, wenn ein heulender Sturmwind die ganze, achthundert Meter breite Fläche der Elbe auf und nieder fegte, das Land dahinter vollkommen still und ruhig dalag. Davon schien der Wirt aber nichts zu wissen. Außerdem lag die Elbe einen Kilometer entfernt, und er hatte sie vielleicht noch niemals gesehen. Ich bekräftigte meine Worte, und Kathleen half mir dabei, indem sie »Ja! Ja!« sagte. Sie wußte eigentlich gar nicht, worum der Streit ging; aber sie ahnte, daß mein Bericht der Unterstützung bedurfte. Der Wirt schüttelte den Kopf. Kein Mensch konnte ihm einreden, daß es auf dem Fluß einen Meter hohe Wellen gab, während der Kanal spiegelglatt war. Aber er war doch ein guter Kerl. Er führte mich in die Küche, wo ich mich vor seinen Ofen langsam um mich selbst drehte. Ja, er tat noch ein Übriges und setzte den Ofen in der Gaststube in Brand, damit ich mich daneben setzen und bequem trocknen könnte. Dabei haben wir in seinem Gasthaus nicht mehr als siebzig Pfennig für zwei Tassen Kaffee ausgegeben.

Alles, was ich hier niedergeschrieben habe, ist Wort für Wort die reinste Wahrheit: die Elbe war genau so stürmisch, wie ich sie geschildert habe.

Als wir wieder ganz trocken waren, begaben wir uns zu ANNIE zurück, und ich suchte den Schleusenwärter auf. Es war der erste Mann seiner Art, dem ich in Deutschland begegnet bin. Die Mitgliedschaft in dem englischen Klub, dem ich angehöre, schließt die Zugehörigkeit zum Deutschen Seglerverband, einer mächtigen Körperschaft, ein. Ich hatte die Auskunft erhalten, daß diese Zugehörigkeit unentgeltlich Schleusenbenutzung gewähre. Aber nichts dergleichen ist der Fall. Wir mußten meist Schleusengeld zahlen. Leider kann ich über den deutschen Gebührentarif für Schleusen keine ausreichende Auskunft geben. Um die Wahrheit zu sagen, ich habe überhaupt kein System in der Sache gefunden. Wir mußten etwa für jede vierte Schleuse zahlen, und die Gebühren waren immer verschieden: sie schwankten zwischen fünfzig Pfennigen und einer Mark fünfzig. Einen Grund dafür habe ich nicht entdecken können. Manchmal dachte ich, es hinge davon ab, ob wir flußauf- oder flußabwärts fuhren, ob der Stand der Schleuse gerade für uns passend war oder nicht, ob wir allein oder mit anderen Fahrzeugen zusammen durchgeschleust wurden. Aber nichts von alledem schien wirklich ausschlaggebend zu sein, und schließlich kam ich zu der Meinung, die Höhe der Gebühr bestimme sich danach, ob dem Schleusenwärter mein Gesicht gefiel oder nicht.

In Niegripp wurde uns eine Mark fünfzig abgenommen, und man erklärte uns, wir hätten an etwa sechs weiteren Schleusen bis Berlin die gleiche Gebühr zu entrichten. Und wir mußten tatsächlich für diese Schleusen zahlen, aber meist viel weniger als eine Mark fünfzig. Später hörten wir auf unserer Fahrt etwas von Saisonkarten für sämtliche Schleusen, deren Benutzung einem viel Umstände und Weiterungen erspare. Einer sagte uns, sie kosteten zehn Mark; eine andere Auskunft lautete auf vierzig Mark. Ich weiß nicht, wohin der Antrag zu richten ist. Aber man sollte meinen, daß der Deutsche Seglerverband allen Interessenten gerne Auskunft erteilt. Jedenfalls gibt es auf den Hauptverbindungskanälen nur wenig Schleusen, da das Land glücklicherweise ziemlich flach ist.

Der Schleusenwärter nahm meinen Namen, den Namen und die Tonnage des Bootes auf und die eine Mark fünfzig in Empfang, und nun stand unserer Durchschleusung nichts mehr im Wege. Die schweren Schleusentore taten sich auf, und wir ruderten hinein. Der Ihlekanal ist nicht der Hauptweg von der Elbe zur Oder; das ist vielmehr der Plauer Kanal, in den der Ihlekanal hineinfließt. Die Schleusen an diesem sind daher verhältnismäßig klein, nur etwa 150 Meter lang und 30 Meter breit. Klein-ANNIE schwamm auf diesem ummauerten Ozean, indessen das Wasser abgelassen wurde. Als es um zwölf Meter gefallen war, öffneten sich die jenseitigen Schleusentore. Fröhlich schossen wir hinaus und winkten den Schleusengehilfen zum Abschied zu.

Schade, daß der ungläubige Gastwirt aus Niegripp nicht mit an Bord war, als wir die Schleuse auf der anderen Seite verließen. Dann hätte er nämlich keine Zweifel mehr in meine Erzählung von dem Wellengang auf der Elbe gesetzt. Der Kanal machte hier eine Biegung und lag nun direkt im Wind, der zwischen den Ufern wie in einem großen Rohr dahergebraust kam und nette kleine Wellen hervorrief, die auch alle weiße Schaumkrönchen trugen und wie die kleineren Brüder der Elbewellen aussahen. Tapfer spritzten wir dahin, nachdem wir uns die dicken Mäntel zum Schutz gegen den schneidenden Nordost übergezogen hatten, und begrüßten mit Freudengeschrei jede Biegung, die uns wieder auf eine windfreie Kanalstrecke führte.

Der Ihlekanal ist bloß ein unbedeutendes Verbindungsglied im großen Kanalsystem Deutschlands. Aber selbst hier ist die fürsorgliche deutsche Regierung zur Stelle und kümmert sich um das Wohlergehen ihrer wasserfahrenden Kinder. Genau so wie in Deutschland alle Briefkästen die Mahnung tragen »Aufschrift und Marke nicht vergessen!«, so ist auch am Ihlekanal alles sorgfältig mit Schildern versehen, damit auch ja niemand seinen Weg verliert. Jede Brücke, unter der wir durchfuhren, trug ein Namensschild. Am Treidelweg entlang war jeder Kilometer mit einem großen weißen Stein bezeichnet, ja, es standen sogar alle hundert Meter noch kleine weiße Steine. Diese Streckensteine kommen einem sehr zustatten, wenn an mit seinem Motorboot Versuche anstellen möchte. Zum erstenmal in unserem Leben benutzten wir einen Eltomotor auf ruhigem Wasser und konnten deshalb unsere Geschwindigkeit genau nachprüfen. Wir stellten uns für eine Reihe von Hundertmeterstrecken nacheinander ganz bestimmte Fristen und probierten alle Möglichkeiten von Nadel, Ventil und Zündung aus, um die beste Art zu fahren festzustellen. Das war ganz leicht. Kritisch wurde es erst, als wir im Kopf Sekundenmeter in Stundenkilometer umzurechnen versuchten. Wir waren sehr unzufrieden miteinander, als wir unsere Resultate verglichen.

Aber die Zeit ging sehr angenehm darüber hin. Der Ihlekanal eignet sich gut für kleine Boote. Er ist gar nicht verkrautet – warum, weiß ich übrigens nicht! – und schlängelt sich dahin, so daß sich alle paar Minuten ein neuer Blick öffnet. Er fließt fast immer durch schöne Wälder, die ihn – bis auf den schmalen Treidelweg – ganz umschließen und ihm etwas Geheimnisvoll-Romantisches geben. Zum Lunch suchten wir uns eine windgeschützte Stelle, und dann fuhren wir lustig weiter, bis wir nach etwa zehn Kilometern die Stadt Burg erreicht hatten. Hier machten wir halt.

In Burg glückte es uns endlich, den »Riesenzirkus« einzuholen, hinter dem wir auf dem ganzen Wege elbaufwärts hergewesen waren. Immer wenn wir in die Städte kamen, wo er gerade seine Vorstellung gegeben hatte, waren nur noch die veralteten Ankündigungszettel von ihm übrig geblieben. Diese Plakate zeigten eine Reihe üblicher Zirkusnummern an: Elefanten, Pferdedressuren, Jongleure aus Birma usw. Aber sie versprachen außerdem noch eine große Wasserpantomime, bei der »eine halbe Million Liter Wasser Verwendung fanden«. Auf den Bildern konnte man viele junge Mädchen in frivolen Badeanzügen sehen, die sich alle miteinander in einem riesigen Wasserbehälter tummelten. Eine Stadt nach der anderen hatte mir diesen bildlichen Anblick üppiger Körperformen beschert, der meinen Augen schmeichelte. Kathleen konnte mich nur gerade noch daran hindern, daß ich einen Zug nahm, um mir den Anblick in Wirklichkeit zu verschaffen. Aber in Burg hatten wir jetzt die Zirkusgesellschaft glücklich erwischt. Es war Samstag vor Pfingsten, und für den Nachmittag war eine Vorstellung angekündigt. Ich hatte schon so viel von der etwas derben deutschen Sittenfreiheit gehört und brannte darauf, sie mit der kosmopolitischen Buntheit der Darbietungen in Paris und Port Said zu vergleichen. Wir suchten den örtlichen Ruderklub auf uns vertrauten ANNIE seinem Schutz an. Dann eilten wir aufgekratzt zu den großen Zelten vor der Stadt und kamen auch gerade noch zur Zeit.

Die ersten Nummern hätten wir ebensogut auch in eine englischen Zirkus sehen können. Es waren dieselben Pferde, die im Paßschritt in der Manege unaufhörlich rundherum gingen, die gleiche Akrobatenfamilie mit mächtig entwickelten Muskeln, dieselben Lausbuben, die sich vom Stehplatz für fünfzig Pfennige auf die Zweimarksitze schmuggelten. Die Witze der Clowns konnten wir natürlich nicht verstehen; aber das kann man in einem englischen Zirkus für gewöhnlich auch nicht. Der einzige Unterschied bestand darin, daß hier unaufhörlich Kellner Tabletts, auf denen volle Biergläser standen, an den Zuschauerreihen entlang trugen: ein Anblick, von dem die englische Schankkonzessionsbehörde das Delirium tremens bekommen würde. Ich faßte mich in Geduld und hatte mein Vergnügen an den vortrefflichen Zirkusvorführungen, die alle ungefähr so gut waren wie die beste Nummer in einem englischen Kleinstadtzirkus. Ruhig wartete ich auf die »Große Wasserpantomine« mit den frivolen Badenixen.

Schließlich begann eine Vorführung, wie ich sie noch nie in einem englischen Zirkus gesehen habe. Es war wohl eine Art Revue, und sie kam mir noch viel blöder vor als sämtliche Varieté-Revuen in der englischen Provinz. Wir verzichteten auf den Versuch, der Handlung zu folgen. Ich glaube, Kathleen schlief ein, während ich mich mit dem Anblick der Chorgirls zufrieden gab und mir dabei ausmalte, daß ich sie nun bald halbnackt in den frivolen Badeanzügen des Zirkusplakates sehen würde. Darüber gingen vier, fünf Szenen hin. Jedesmal erschien eine Schar von Zirkuswärtern, die die Manege umständlich als Bierhaus, Restaurant, Wartezimmer beim Zahnarzt usw. herrichteten, wie es die Szene gerade erforderte. Sie brauchten dazu jedesmal zehn Minuten. Und nun trat der Zirkusdirektor in Erscheinung und hielt eine kurze Ansprache, die ich nicht verstehen konnte, über die aber das Publikum vor Aufregung zitterte. Wieder strömten die uniformierten Zirkusmänner in Scharen herein, schleppten eine riesige Persenning herbei und breiteten sie über den Boden der Manege. Ihre Kanten lagen auf dem Manegenrand auf und bildeten ein etwa fünfundsechzig Zentimeter tiefes Bassin. Das dauerte zehn Minuten. Dann legten die Zirkuswärter von draußen einen Schienenweg in die Manege. Das dauerte fünf Minuten. Nun beförderten sie über den Schienenweg einen riesigen, häßlichen Springbrunnen, wanden ihn hoch, setzten ihn nieder und entfernten darauf den Schienenweg. Das dauerte zehn Minuten. Dann führten sie einen Schlauch zu dem Springbrunnen und brachten elektrische Lichter an, was mit Probeversuchen vier Minuten in Anspruch nahm. Schließlich öffneten sie eine Luke oben im Zirkuszelt und ließen von dort eine Treppe mit weißgestrichenen Stufen in die Manege hinunter. Das dauerte fünf Minuten. Jetzt war alles fertig, und der große Augenblick war da. Die Musikkapelle spielte, der Springbrunnen zeigte seine Künste, und über die Stufen rauschte ein Wasserfall hernieder. Überraschende Lichteffekte wurden entfaltet, und das Bassin füllte sich allmählich. Das sah ganz nett aus und dauerte zwanzig Minuten. Und nun kamen die Chormädels – in den allerdezentesten Badekostümen, die ich je am Strande von Deauville gesehen habe. Vier Mädels, wahrscheinlich die einzigen, die schwimmen konnten, stürzten sich in das Wasser und plantschten darin herum. Keine konnte gut schwimmen, und keine konnte tauchen. Die andern standen, in Decken gehüllt, in Reih und Glied dabei. Ein komischer Schutzmann erschien und fiel ins Wasser. Ein Clown ließ sich in einem Paddelboot sehen. Und dann hielt der Mann, der immer das Nummernschild zeigte eine Tafel hoch, auf der »Schluß« stand. Meine Sprachkenntnis ließ mich in Stich. Ich mußte das Wort erst nachschlagen. Die Zuschauer griffen nach Hut und Mantel und verließen entzückt in einzelnen Trupps den Zirkus. Ein englisches Publikum, dem man nach einer einstündigen Vorbereitung so etwas geboten hätte, würde alles kurz und klein geschlagen haben. Es kommt mir vor, als fänden die Deutschen die ernsten Vorbereitungshandlungen ebenso unterhaltend wie die übrigen Darbietungen.

Draußen vor dem Zirkuszelt blies uns der scharfe Nordost wieder ins Gesicht, daß wir vor Kälte bebten. Auf dem ganzen Weg zum Ruderklubhaus fielt er über uns her, und an der Landungsstelle sah es in der Dämmerung äußerst trübe aus. Der Wind wehte schneidend über das Wasser, und wir konnten bei einem Kanal nicht auf einen schützenden Seitenarm rechnen. Eine schwache Hoffnung regte sich in meiner Brust, als ich über den Kanal blickte und sah, wie sich dort die Städtischen Gaswerke von Burg majestätisch vom Ufer abhoben. Innerhalb der Gaswerke lag das neue Verladedock mit einem Zugang vom Kanal aus. Es war funkelnagelneu, und seine senkrechten Seitenwände waren mit frischen weißen Steinen belegt, so daß es wie ein Schwimmbad wirkte. Dort fuhren wir hinüber und legten an der steilen, hohen Mauer an, wo wir vor dem Wind ebenso sicher waren wie in einem Unterseeboot auf dem Fuß des Kanals. Ich kletterte nach oben und machte den Nachtwächter ausfindig. Es lag ihm gar nicht sehr viel daran, uns hier nächtigen zu lassen. Als er aber zu ANNIE MARBLE hinübergekommen war und sah, wie ich harmlos Kartoffeln überm Bootsrand schälte, und wie Kathleen den Tisch deckte, war ihm klar, daß wir nicht danach aussahen, als wollten wir Kohlenwagen oder Gasometer stehlen. Er taute sichtlich auf und gab uns seinen Segen, worauf er mit seinem Altmännergang wieder zu der behaglichen Wärme seines Kesselraumes davonstapfte.

Am nächsten Morgen ging die Sonne mit lobenswerter, aber lästiger Pünktlichkeit glühend heiß auf, sandte ihre Strahlen über die Dockmauer und brannte auf unser Zeltdach, bis es darunter wie im Schmelzofen war. So pflegt es in Norddeutschland zuzugehen, wo sich das Klima nicht auf Halbheiten einläßt. Es kann vorkommen, daß man sich an einem kalten Abend mit reichlichem Bettzeug schlafen legt, und daß dann während des Schlafs das Wetter so warm wird, daß man träumt, man sei in der Hölle. Am Morgen wacht man mit einem Gefühl auf, als habe man die ganze letzte Woche in einem besonders gesundheitsschädlichen Nachtklub verbracht. Und wenn man umgekehrt an einem glühend heißen Abend nur im Pyjama zu Bett gegangen ist, erwacht man zitternd vor Kälte und muß erst zwischen Matratze und Bootsplanken kriechen, um wieder warm zu werden. Am Pfingstsonntag wurde es uns schon vor fünf Uhr morgens zu heiß, und nicht viel später befanden wir uns wieder draußen auf dem Kanal. Dort genossen wir den Sonnenschein und die leichte Brise, das einzige, was von dem heftigen Wind am Abend übrig geblieben war.

Obwohl es noch früh am Tage war, sahen wir draußen doch schon ein Boot. Es war ein kleines Segelboot mit Verdeck, das ein untersetzter, handfester, ziemlich junger Mann ganz allein treidelte. Es wurde ihm nicht ganz leicht, weil er die Pinne beim Festlegen überdreht hatte. Das war das erste, was wir von Herrn Schmidt – er hieß wirklich so! – zu sehen bekamen. Bald sollten wir ihn näher kennen lernen. Als wir nach einer faulen Vormittagsfahrt, auf der wir uns bei der Auffüllung unseres Benzintanks jedesmal ausgiebig gesonnt hatten, an eine Schleuse kamen, erhielten wir auf die Bitte um Durchschleusung mürrisch zur Antwort: »Heute ist Feiertag!« Es war ja Pfingstsonntag, einer der wenigen Tage, an dem die Schleusen überhaupt nicht geöffnet werden. Allerdings zwinkerte der Schleusenwärter mit den Augen und machte unruhige Handbewegungen, wahrscheinlich um uns zu bedeuten, daß ein, zwei Mark Wunder tun könnten. Ich wollte aber gar nicht den Wundertäter spielen, machte kehrt und ging zu ANNIE MARBLE zurück, die neben dem Wehr gemütlich im Schatten lag. Hier machten wir es uns für den Nachmittag bequem. Ich bin über solche Zwischenfälle auf einer Bootsfahrt meist ganz froh. Wenn mich unterwegs die Umstände am Weiterkommen hindern, habe ich es mir zur Regel gemacht, dafür andere Sachen zu erledigen. Und ich war mit meinen Arbeiten gerade sehr im Rückstande.

An der Schleuse erschien abends ganz erhitzt, völlig erschöpft und sehr hungrig Herr Schmidt mit dem Schlepptau über der Schulter und seinem Segelboot, das, beinahe Breitseite vorauf, hinter ihm herschleifte. Er war sehr ärgerlich, als er hörte, daß die Schleuse geschlossen war. Sein Ziel lag acht Kilometer weiter. Er hatte sein Boot aus dem Winterstandort in Burg geholt. Wenn er hier blieb, hatte er nichts zu essen an Bord. Lief er aber nach Hause, – und er mußte laufen, wenn er überhaupt hinkommen wollte – dann blieb ihm nichts anders übrig, als morgen noch einmal herzukommen und höchstwahrscheinlich wieder treidelnd heimzukehren. Wir boten ihm unsere Gastfreundschaft an, ließen ihn mit uns essen und bewirteten ihn mit Beefsteak und Eierkuchen. Seine Dankbarkeit kannte keine Grenzen. Es liegt mir nichts ferner, als mich hier über Herrn Schmidt lustig zu machen. Aber er war wirklich ein komischer Kauz. Ich mußte ihm versprechen, daß wir im Hause seiner Mutter, das am Kanal lag, einkehren würden. Er wollte eine Woche bei ihr bleiben, und beinahe hätte er uns überredet, es auch zu tun. Es sah fast so aus, als habe das eine kärgliche Mahl ihn für alle Zeiten zu unserm Schuldner gemacht. Im Laufe der Zeit faßte er zu Kathleen und mir eine tiefe Zuneigung. Wir waren für ihn Leute, die viel von der Welt gesehen hatten, was er auch so gerne getan hätte, und wir hatten das allerschönste Reiseboot, das ihm jemals vorgekommen war. Am nächsten

Morgen machte er sich frühzeitig auf und zog wacker an seinem Schlepptau. Er war fest entschlossen, uns nicht vorbeischlüpfen zu lassen. Wir holten ihn aber doch bald ein, obwohl wir uns noch mit Einkäufen aufgehalten hatten. Er tat uns von Herzen leid, und deshalb ließ ich ihn mit Kathleen in ANNIE MARBLE vorausfahren und schleppte selbst sein unglückliches Boot weiter.

Auf Herrn Schmidts begeisterte Einführung hin wurde Kathleen im Hause seiner Mutter sehr gastlich aufgenommen. Die nette alte Dame hatte nichts Eiligeres zu tun, als ihr zehn Eier – dabei hatten wir gerade welche gekauft! – sowie Spargel und Kartoffeln in solchen Mengen zu geben, daß ANNIE MARBLEs Fassungsvermögen hart auf die Probe gestellt wurde. Aber Kathleen konnte zu wenig Deutsch, um die freundlichen Gaben abzuwehren. Als ich etwas später, verärgert und reizbar, anlangte, bemühte sich Kathleen gerade, so gut sie es vermochte, auseinanderzusetzen, sie würde es auf keinen Fall dulden, daß Frau Schmidt Kathleen und mir ihr Bett zum Schlafen einräumte. Das hatte sie nämlich allen Ernstes vor. Ich mußte noch viele Worte machen, ehe man von der dringlichen Einladung Abstand nahm. Schließlich eisten wir uns los und konnten zwei Stunden später als gewöhnlich unseren Lunch einnehmen. Nachmittag und Abend verbrachten wir mit Herrn Schmidt in mühevoller deutscher Unterhaltung.

Wir hatten versprochen, noch zu bleiben, und am folgenden Tag unternahmen wir mit Herrn Schmidt den Ausflug, auf den er sich schon die ganze Zeit über seit Sonntag gespitzt hatte. Als wir die Einladung dazu annahmen, hatten wir bloß eine ganz unbestimmte Vorstellung von dem, was uns erwartete. Wir wußten nur, daß es etwas mit einem Waldspaziergang und mit Liedern zu tun hatte. Und wirklich: wir wanderten etwa einen halben Kilometer in den Wald hinein, setzten uns dann dort nieder, und nun sang uns Herr Schmidt zwei Stunden lang mit seiner komischen Fistelstimme Lieder zur Laute vor, von denen wir kein Wort verstanden. Dann ging es zurück, und nun revanchierten wir uns mit Schwimmen. Es war noch recht kalt, und Herr Schmidt hatte nicht die geringste Lust, zu baden. Aber da wir es taten, mußte er einfach mitmachen. Es wurde ihm nichts geschenkt. Abends nahm er uns zu Freunden mit. Wir saßen im Kreise, und die zahlreichen älteren Jungfern setzten Herrn Schmidt sehr zu, bis er schließlich alle seine Lieder zur Laute noch einmal sang.

Damit nahm unser Aufenthalt sein Ende. Wir mußten am nächsten Tage weiter; denn die Zeit wurde knapp, wenn wir zum Motorboot-Treffen in Potsdam noch zurechtkommen wollten. Herr Schmidt war darüber so betrübt, daß ich ihn in einem schwachen Augenblick einlud, uns heute noch bis zu einer Stelle zu begleiten, von wo er, wie die Karte zeigte, mit der Bahn heimfahren konnte. Hoch beglückt nahm er an und, während er voller Begeisterung nach der Pinne griff, winkten wir seiner lieben alten Mama, die am Ufer stand, Lebewohl.

Nicht weit von Frau Schmidts Haus fließt der Ihlekanal in den Plauer Kanal, den Hauptverkehrsweg. Auf dieser Wasserstraße stießen wir auf die ersten Spuren des großen deutschen Verkehrsprojektes, das die vier Hauptströme, Rhein, Weser, Elbe und Oder durch einen für die größten Lastkähne schiffbaren Kanal miteinander verbinden will. Der Plauer Kanal gehört mit in dieses große Verbindungsnetz. Er wird zwecks Anpassung an die neuen Verhältnisse beträchtlich ausgebaut. Ein ganzes Heer von Arbeitern und eine kleine Flotte von Schleppern, Lastkähnen und Baggern waren wie Biber damit beschäftigt, das Kanalbett zu verbreitern, zu vertiefen und gerade zu legen. Brücken wurden abgebrochen und mit größerer Spannweite wieder errichtet. Scharfe Krümmungen wurden beseitigt. Wo der Kanal früher abgebogen war, um Höhenkurven zu folgen, wurden jetzt Durchstiche durch das höher gelegene Gelände gemacht, um Schleusen zu vermeiden.

Die deutsche Planung, die voraussichtlich in wenigen Jahren durchgeführt sein wird, ist von großer wirtschaftlicher Bedeutung. Wenn erst der Rhein mit Elbe und Oder in Verbindung steht, kann man das ganze Reich billig mit den Erzeugnissen des Rheinlandes versorgen. Aber nicht nur das: da der Rhein eine Kanalverbindung mit Frankreich hat, kann man Waren von Paris, Marseille und dem Mittelmeer nach Berlin und Warschau schicken, ohne auch nur einmal umladen zu müssen. Für unverderbliche Güter von großem Umfang werden die Transportkosten niedriger sein als beim Versand mit der Bahn, möglicherweise sogar geringer als die Schiffsfracht zur See.

Die Arbeiten auf dem Plauer Kanal waren so weit vorgeschritten, daß unsere ziemlich neue Karte schon veraltet war. Überall hatte man Durchstiche gemacht. Manchmal fuhren wir auf ganz neuen Kanalpartien, die sich noch im Rohzustand befanden. Manchmal ging es aus verbreiterten Strecken des alten Kanals dahin, wo das eine Ufer freundlichen Baum- und Graswuchs aufwies, während das andere mit seiner nackten Steinverkleidung einen häßlichen Anblick bot. Durch einen großen Durchstich sparten wir sechs Kilometer bei einer Geschwindigkeit von fünf Kilometern. Wir hatten tatsächlich soviel Zeit gewonnen, daß wir schon zu früher Mittagstunde an der Stelle anlangten, wo Herr Schmidt uns verlassen mußte, wenn er mit dem Zuge nach Hause wollte. Aber er wollte sich nicht von uns trennen und bat flehentlich, noch bis Brandenburg mitkommen zu dürfen. Doch wir blieben hart; denn dann hätte er am Abend etwas zwanzig Kilometer nach Hause laufen müssen, und das wollten wir uns nicht aufs Gewissen laden. Wir schmissen ihn beinahe hinaus auf den Treidelweg, winkten ihm Lebewohl, – die Tränen waren ihm nahe – setzten den Motor in Gang und verließen ihn. Dabei tat es uns aufrichtig leid, ihn zu verlieren.

Von nun an fuhren wir in strahlendem Sonnenschein über eine Kanalstrecke, die von den Ausbauarbeiten noch frei war. Hier war es herrlich. Beide Ufer säumte eine Doppelallee von schönen Bäumen. An stillen Meierhöfen floß der Kanal vorüber die mit roten Ziegeln gedeckt waren, und an hübschen kleinen Dörfern, on wo uns Kinder ganz aufgeregt zuwinkten, als wir vorbeikamen.

An der Plauer Schleuse machten wir halt. Wie wir nach oben kletterten, überraschte uns der erquickende Anblick des Plaueschen Sees.

Brandenburg, Potsdam und die Schönheit der Havelseen

Beim Studium der Landkarten, die wir uns vor der Abreise in England kauften, hatten wir entdeckt, daß es in Norddeutschland Seen gab. Doch damit wußten wir freilich noch recht wenig. Wir konnten uns kaum ein Bild davon machen, wie so eine Kette von einigen zwanzig Seen aussah, über die es manchmal sieben Kilometer weit dahinging. Das ist wirklich schwer vorzustellen. Und noch schwerer kann man sich ausmalen, daß man selbst in seinem Wohnboot frei darauf herumfuhr. Es schien zu schön, um wahr zu sein. Vorsichtig und auf Enttäuschungen gefaßt, waren wir zu dem Schluß gekommen, daß die auf der Landkarte dargestellten stattlichen Wasserflächen wahrscheinlich in Wirklichkeit nichts anderes seien als flaches, ödes Sumpfgebiet. Wir hatten also eigentlich nichts Besonderes erwartet, als wir uns elbaufwärts und durch die Kanäle vorwärts mühten.

Es sei hier gleich mit allem Nachdruck festgestellt, daß die norddeutschen Seen wirklich ganz herrlich sind. Ein großer Teil des englischen Volkes, zu dem ich bis vor kurzem selber gehörte, hat keine blasse Ahnung davon, daß es etwas so Schönes und Leichterreichbares in Deutschland gibt. Havel und Spree sind auf ihrem ganzen Lauf mit diesen Seen geschmückt, die wohl eigentlich zu den Flüssen selbst gehören. An manchen Stellen sind die Seen dicht beieinander wie Trauben am Rebstock, und fast überall sorgen die deutschen Behörden dafür, daß die Verbindungskanäle zwischen ihnen offen bleiben. Ja, wenn irgendwo einmal ein, zwei Seen in der Eiszeit, die sie gebildet hat, für sich geblieben sind, ist ein

Kanal von einigen Kilometern Länge angelegt worden, um sie mit den Hauptseenketten in Verbindung zu bringen. Diese abgelegenen Seen sind häufig die allerschönsten und haben natürlich den geringsten Schiffsverkehr aufzuweisen. Die Seen der Mark Brandenburg haben Durchmesser von wenigen hundert Metern bis zu sieben, acht Kilometern. Sie sind mit baumbewachsenen Inseln übersät, weithin von herrlichen öffentlichen Wäldern umsäumt und sämtlich frei für die Allgemeinheit. Gerade das schien für unsere englischen Begriffe viel zu schön, um wahr zu sein.

Als wir heute neben den Schleusentoren standen und über den Plaueschen See schauten, vermochten wird unser Glück kaum zu fassen. Bei dem warmen Wetter schien der See sich infolge des leichten Dunstes so weit zu erstrecken, wie das Auge reichte. Der Wind war gerade stark genug, seine Oberfläche leicht zu kräuseln, die eher glasig als ölig wirkte. Himmel und Wasser waren von lebhaftem Blau, und an den Uferrändern sah man Baum an Baum in vollem Laubschmuck. Es waren nicht bloß die paar kahlen Gruppen der Elblandschaft, nicht bloß die steifen Bäume am Kanal, sondern große, prachtvolle Waldungen. Ich war aufgeregt wie ein Kind auf einem Schulausflug, als ich den Schleusenwärter aufsuchte, um mit ihm zu sprechen und kindliches Deutsch kam von meinen Lippen, wie ich ihm erzählte, dies sei der erste deutsche See, den ich je gesehen, und es sei so lustig nach der Fahrt auf dem Kanal. Er war ganz meiner Meinung. Er hatte der Kaiserlichen Marine angehört, am Skagerrak mitgekämpft und ein U-Boot gesteuert. Ein sonderbarer, etwas verzerrter Ausdruck trat in sein Gesicht, als er unserer rote Heckflagge sah, und dann tauschten wir achtungsvolle Blicke miteinander. Seltsam genug: Er, der U-Boote durch die Sperre bei Dover gebracht und von Norwegen herum bis Archangelsk geführt hatte, schien es für eine Leistung zu halten, daß wir mit ANNIE MARBLE von Hamburg bis hierher gekommen waren. Ich hätte mich so gerne im Ruhme seiner fachmännischen Anerkennung gesonnt, hätte ich sie nur selber für verdient gehalten. Aber das konnte ich nun einmal nicht.

Er sah zu, wie wir durchgeschleust wurden, und winkte zum Abschied, als wir den Motor anließen, der unter seinen kritischen Blicken Gottseidank schon bei der ersten Drehung in Gang kam. Als wir auf den See hinausfuhren, schaute er uns noch nach.

Das enge Kanalbett war zu Ende, und die Ufer, die uns eben noch umschlossen hatten, schwanden in die Ferne dahin. Eine angenehme kleine Brise zauste uns die Haare. Selbst die sonst so gesetzte ANNIE schien davon angesteckt. Sie hob ihren Bug in die Luft und rutschte, so gut sie konnte, um sich wieder gerade zu richten: ein Kunststück, an das sie sonst nicht einmal im Traume denkt, es sei denn, daß man zuvor alle Gepäckstücke aus ihr entfernt und hinten einen großen vierzylindrigen Motor anbringt. Ich konnte hier sogar Kompaßkurs nehmen und Kathleen ein wenig in die Grundzüge der Schiffahrtskunde einweihen bis zum »Segeln im größten Kreis«. Das letzter war allerdings nicht mit eingeschlossen; denn Kathleen konnte den Sinn dieses Kunststücks nicht einsehen.

Wir befanden uns noch in der Pfingstwoche, und es waren viele Ferienausflügler unterwegs. Ein Paddelboot und ein Segelboot auf der Elbe und etwa ein halbes Dutzend Paddelboote auf den Kanälen war alles, was wir bisher gesehen hatten. Hier aber gab es zahllose Segel- und Paddelboote, und wir kamen auch an einem Vergnügungsdampfer vorbei, der mit schwitzenden Brandenburgern vollgepfropft war. Sie starrten uns ganz verdutzt an, als wir an ihnen vorüberknatterten. Wir flitzten an einer Insel entlang und um eine Landzunge herum und feierten schließlich am andern Ende des Plaueschen Sees Wiedersehen mit der Havel, die wir zuletzt vor vierzehn Tagen unterhalb von Werben erblickt hatten. Hier war sie ein ulkiger kleiner Fluß, der sich zwischen schilfigen Ufern hinschlängelte. Wir fuhren ein, zwei Kilometer havelaufwärts, bis wir ein Seitenwasser fanden, das von den Wellen der vielen Motorboote, Personendampfer und Frachtschiffe verschont blieb. Und hier setzten wir uns fest. Wir wären restlos glücklich gewesen, hätten nicht die ganze Nacht über zweihundertfünfzigtausend Frösche um uns herum aus voller Kehle gequakt.

Die Stadt Brandenburg liegt an der Havel auf einer Halbinsel zwischen dem Fluß und dem Plaueschen See. Die Havel fließt in vier, fünf Armen mitten hindurch und treibt verschiedene Wassermühlen. Durch den nördlichen Teil der Stadt zieht sich ein Kanal für die Handelsschiffahrt, den Vergnügungsboote nicht benutzen dürfen. Er durchschneidet die Halbinsel an ihrer Wurzel und erspart den Lastkähnen etwa zwölf Kilometer auf dem Wege nach Berlin. Den südlichsten Teil von Brandenburg durchfließt der Städtische Kanal, der früher wahrscheinlich ein Festungsgraben war und jetzt oberhalb der Wassermühlen den Plaueschen See mit der Havel verbindet. Es gibt also reichlich Wasser in der Stadt und Brücken zu Dutzenden. Man stößt beim Durchwandern auf viele reizende kleine Winkel mit entzückenden Blicken auf Wasser, Trauerweiden und rotes Ziegelgemäuer. Der Baedeker nennt den Ort sehr unhöflich eine »düstere Stadt«. Bei aller Hochachtung vor seiner Autorität finde ich persönlich, daß Brandenburg heiter wirkt. Am Morgen fuhren wir hin und dann auf dem Städtischen Kanal weiter bis zu einer Motorwerft, wo wir zehn Liter Benzin tankten und dafür ANNIE MARBLE in sicherer Obhut lassen durften, während wir uns die Stadt ansahen. Wir fanden die Katharinenkirche und wie durch ein Wunder sogar einen Menschen, der die Tür aufschloß und uns einließ. Die Kirche der Heiligen Katharina in Brandenburg hat mich zum erstenmal mit der Backsteingotik versöhnt, gegen die ich zunächst eine tiefe Abneigung hegte. Aber Sankt Katharinen ist wirklich schön. Dann gingen wir weiter, um uns den Dom anzusehen. Unterwegs kamen wir an der Peterskirche vorbei, die laut Baedeker aus dem 14. Jahrhundert stammt. Es war eine kleine Backsteinkirche in reinem gotischen Stil. Wie fast immer fanden wir die Kirchentür verschlossen und den Eintritt unmöglich. Deshalb suchten wir weiter nach dem Dom, der sich auf einer Havelinsel befindet und nach dem der Stadtteil auf dieser nicht sehr großen Insel benannt ist. Wir wanderten immerzu auf der Insel herum, fanden die Domstraße, den Domplatz usw. Aber das einzige Kirchengebäude, das wir entdecken konnten, war die kleine gotische Backsteinkirche, die wir bereits gesehen hatten und für Sankt Peter hielten. Plötzlich bemerkte ich neben dieser Kirche ein noch viel kleineres Bauwerk, etwa von der Größe eines geräumigen Kuhstalls, das auch in dem aufstrebenden gotischen Stil gehalten war. Und nun ging mir ein Licht auf: die Backsteinkirche war der – Dom, und der kleine Kuhstall war Sankt Peter! Was Kirchen anbelangt, scheinen die Geschmäcker in Deutschland sehr verschieden zu sein. Unten an der Elbe haben kleine Städte riesige Backsteinkirchen, die frei inmitten winziger Häusergruppen dastehen wie große Kübel zwischen Walnußschalen. Aber hier in Brandenburg, der Wiege der Hohenzollernmacht, baut man eine Kirche von der Größe einer Methodisten-Dorfkapelle und nennt sie Dom. Ja, schlimmer noch: man baut Häuser gegen die Kirche, so daß überhaupt nur ein winziges Stück von ihr zu sehen ist. Ich hatte mir, in Erinnerung an die großen Kirchen der Elbstädte, vorgestellt, ein »Dom« müsse noch größer sein als die St. Pauls-Kathedrale in London.

Endlich hatten wir den Dom nun zwar. Aber es wollte uns noch immer nicht gelingen, einen Kirchendiener oder Küster ausfindig zu machen, der uns das Innere zeigte. Dabei hatte ich mich sogar schon auf die schreckliche deutsche Unsitte gefaßt gemacht, daß man Eintrittsgeld fordern würde. Unter diesen Umständen sind der Domverwaltung unsere Pfennige entgangen, und wir fuhren weiter – havelaufwärts.

Oberhalb von Brandenburg ist die Havel auf einige Kilometer als Fluß erkennbar, obwohl sie sich hie und da fast zu einem See ausweitet und an einigen Stellen durch Inseln in zahlreiche Arme geteilt wird. Wir bogen sehr bald seitlich ab und suchten über einen der kleinen künstlichen Wasserwege, von denen ich schon erzählt habe, zu einem schönen winzigen See hinüberzugelangen, der gerade die richtige Größe für ANNIE MARBLE besaß. Er war etwa viermal so groß wie der Runde Teich in Kensington Gardens. In der Mitte lag eine baumbewachsene Insel. Ein See von dieser Größe mit einer Insel ist für ein Wohnboot ideal. Bei Wind ist es die einfachste Sache von der Welt, zum windwärts gelegenen Ufer hinüberzusteuern und in dessen Schutz zu kochen. Dreht sich der Wind, so kann man seinen Standort ebenfalls wechseln. Wenn es sonnig ist, legt man an der Insel im Schatten der Bäume an, und da sie nur klein ist, macht es gar keine Umstände, je nach dem Stande der Sonne um die Insel herum seinen Liegeplatz zu verlegen. Schließlich kann man, da der See sechs Meter tief ist, mitten auf ihm ankern und sich an einem Bad erquicken. Es gibt keinen größeren Genuß, als in einem kleinen See von ANNIE MARBLE aus zu baden. Ist die Hitze auch im Schatten unerträglich, stößt man einfach vom Ufer ab, wirft den Anker über Bord und sich selbst hinterdrein. Man kann an der Oberfläche des Wassers liegen bleiben, am besten im Rettungsring, wenn ihn nicht gerade die Gattin braucht, bis man sich abgekühlt und erfrischt hat. Dann klettert man wieder aus dem Wasser, lichtet den Anker und fährt in den Schatten zurück. Da Kathleen es nicht fertig brachte, über ANNIEs Bord zu klettern, hatten wir uns noch eine besondere Vorrichtung ausgedacht: eine bequeme Strickleiter mit drei Sprossen aus Treibholz, die wir am mittleren Zeltreifen festmachten und über Bord legten. Sie hat sich vorzüglich bewährt und nimmt zusammengerollt kaum nennenswerten Raum in Anspruch.

In unserm kleinen See haben wir bei strahlendem Sonnenschein ungeniert zwei Tage vertrödelt. Wir hatten das Gefühl, diese Rast wirklich zu verdienen. Während des Aufenthalts auf dem Kanal hatten wir nicht allzuviel Ruhe gehabt, da wir uns immerzu mit Herrn Schmidt deutsch unterhalten mußten. Außerdem hatten wir in Brandenburg unsere Post bekommen. Ich hatte also genug zu lesen für zwei Tage – ich, der ich in London gewöhnlich ein, am liebsten zwei Bücher am Tag verschlinge. Kathleen erledigte die längst fällige Wäsche und das Bügeln und stopfte meine Socken, wie sich das für eine pflichttreue Hausfrau gehört. Zur Belohnung las ich ihr bei der Arbeit kleine interessante Abschnitte aus der Times vor. Es war ein nettes häusliches Zwischenspiel. Aber dann verlangte Potsdam dringender denn je nach uns, und wir machten uns schleunigst wieder auf den Weg.

Viele Deutsche genossen ihren Sonntag, als wir aus unserm Unterschlupf wieder auf der breiten Havel auftauchten. Zu Dutzenden waren Paddelboote unterwegs. Meist saß ein Mann darin, der nur eine Badehose trug und von der Sonne fast schwarz gebrannt war, zusammen mit einem weiblichen Wesen in Jacke und Shorts oder in einem Badeanzug, dessen Achselbänder nach innen heruntergezogen waren, und der wie ein Abendkleid mit großem Decolleté wirkte, das alle Frauen so gerne haben möchten, aber nur selten zu tragen wagen. Die übliche deutsche Ferientracht würde in fast allen englischen Städten entrüstete Proteste hervorrufen, und in den Vereinigten Staaten käme die Trägerin augenblicklich hinter Schloß und Riegel. Das ist eigentlich schade; denn Jacke und Shorts würden einer jungen Engländerin im Durchschnitt gerade so gut stehen wie einer jungen Deutschen. Viele deutsche Mädels sehen in knapp anliegender Kleidung gewiß sehr ansprechend aus. Aber … aber … es gibt auch manche, bei denen viel mehr Mädel als Kleidung vorhanden ist. Es ist Tatsache, daß, je kräftiger das Mädchen, desto knapper die Shorts ausfallen. Und das kann nicht nur daran liegen, daß ein kräftiges Mädchen mehr Platz in den Shorts in Anspruch nimmt. Ich bin vielmehr der Meinung, daß kräftige Mädchen eine besondere Vorliebe für knappe Shorts haben. An Schleusen und auch anderswo habe ich beim Anblick einer voll entwickelten Ruderin, die sich aus irgendeinem Grunde bücken mußte, immer in tausend Ängsten geschwebt, die Shorts könnten womöglich die Beanspruchung nicht aushalten.

Außer Paddel- und Ruderbooten waren auch viele Segel- und Kajütmotorboote unterwegs. An einigen besonders besuchten Stellen des Ufers, vor allem in der Nähe von Hotels mit Anlegestellen, sah man eine Menge Menschen im Sonnenbad und – ein, zwei Schwimmer. Wie an der Küste der Pikardie kommt auch in Deutschland auf eine Stunde Sonnenbad nur eine Minute im Wasser. Wir fuhren mitten durch den Sonntagstrubel, kreuzten dann über den schönen Trebelsee und legten schließlich in einer Ausbuchtung des Hauptflusses an, wo wir die Feiertagsmenge in aller Ruhe beobachten konnten.

Hier am Ufer wurde mir ein neuer Anschauungsunterricht über deutsche Gründlichkeit zuteil. Ein Liebespärchen kam dahergeschlendert und fand zwischen zwei Sträuchern ein bequemes Plätzchen am Ufer. Der Jüngling machte sich daran, die Decke, die er mitschleppte, sorgfältig hinzubreiten, und das Mädchen zog sich das Kleid aus. Im ersten Augenblick war ich entsetzt; ich dachte, ich sollte nun Zeuge der lockeren Sitten des Kontinents werden. Aber ich hatte mich getäuscht. Das Pärchen begnügte sich mit den allerbescheidensten Umarmungen, und das Mädchen hängte sein Klein an einen Strauch, wo es alle Welt sehen konnte. Später beobachtete ich auf einem Spaziergang solche Pärchen zu Dutzenden, und immer hing das Kleid des Mädchens an einem Baum. Das war vielleicht eine zarte Andeutung für die Allgemeinheit, daß ihre Nähe unerwünscht sei. Ich neige allerdings mehr zu der Ansicht, daß das Kleid nicht zerknautscht werden sollte. Die meisten jungen Leute hatten auch noch Radioapparate mit und machten vor Beginn der Zärtlichkeiten die Antennen an Zweigen fest. Die vollständige Ausrüstung eines Liebhabers bestand offensichtlich aus Decke und Radioapparat. Und so saß mehr als ein Pärchen, das Mädchen rundlich und im Unterkleid mit Achselbändern hübsch anzuschauen, und der Mann in Hemdsärmeln, in liebevoller Umarmung im Schatten des am Baume hängenden Frauenkleides, den Radiohörer fest über die Ohren gestülpt. Ich verriet Kathleen, daß wir es in meiner Jugend ganz anders gemacht hätten.

Es war eine vergnügliche Sonntagnachmittagsbeschäftigung, die Menschen ein wenig zu beobachten. Der Montagmorgen brachte uns Verdruß, wie es Montags öfter so geht. Unser Motor weigerte sich anzulaufen. Zum erstenmal in seinem Leben bockte er und führte sich schlecht auf. Als wir ihn schließlich doch noch in Gang gebracht hatten, stieß er gegen einen Unterwasserpfahl oder dergleichen, und der Scherstift brach. Man mußte noch einmal von vorne anfangen. Aber dieser eine schlechte Start besagt gar nichts gegen den Motor. Hunderte von Malen war er in den letzten fünf Wochen gut angelaufen. Wer seinen Motor lieb hat, wird sich vor Entsetzen schütteln, wenn er hört, daß wir die ganze Zeit über nichts für den unsern getan hatten, außer daß wir das Getriebe schmierten. Das aber geschah automatisch, da er ein Zweitaktmotor war. Wir brauchten nur morgens die Batterie einzuschalten und den Motor in Gang zu setzen; am Abend schaltete man dann wieder aus. Nie hatten wir eine Zündkerze gereinigt, nie den Vergaser angerührt, nie einen Kolbenring galvanisiert. (Ich weiß nicht, ob man Kolbenringe galvanisiert; aber es kommt mir so vor.) Wir hatten nichts von alledem getan, was ein tüchtiger Mechaniker gern und regelmäßig macht. Jetzt aber mußten wir uns dazu bequemen, mußten Zündkerzen säubern, die Zuleitungsröhre durchpusten und all das andere tun, was seit Wochen hätte geschehen müssen. Der einzige Trost war, daß uns das nicht mitten während des Motorboot-Treffens passiert war. Am Nachmittag hatten wir unsern Motor glücklich wieder so weit, daß er lief. In mörderischer Hitze fuhren wir über den Göttinsee, den Kleinen und den Großen Zernsee – eine ganze Kette schöner Seen – bis nach Werder. Um uns in dem Glauben an unsere geglückte Reparatur zu bestärken, stellten wir den

Motor zum Tankauffüllen ab, während wir mindestens ein Kilometer von jedem Ufer entfernt waren. Aber wir atmeten doch stets erleichtert auf, wenn er wieder anlief. Vom Hauptweg bogen wir nach dem Glindowsee ab.

Die Stadt Werder, ein beliebter Ausflugsort, liegt auf der Halbinsel zwischen dem Zernsee und dem Ende des Glindowsees. Diese Seite des Glindowsees ist von Häusern und Wochenendhäusern umsäumt und gar nicht schön. Die andere Seite aber – wie hatten es schon vermutet und waren froh, daß wir Recht behielten – ist einsam, herrlich und hat Bäume am Ufer. Wir legten nach einem erquickenden Bad im See im Schatten an.

Diesmal kam es uns sehr darauf an, ganz für uns zu sein und bequem an Land zu kommen; denn nach einer Fahrt von fünf Wochen war das Frühjahrsreinemachen überfällig, zumal da das Internationale Motorboot-Treffen vor der Tür stand. Am nächsten Morgen ging es an die Arbeit. Wir nahmen alles aus dem Boot heraus und legten es ans Ufer. Zum Schluß kamen auch die Bodenplanken dran. Und nun setzte sich Kathleen hin und reinigte unsere Bootsausrüstung, während ich mich wie eine Scheuerfrau in ANNIE MARBLEs kahlem Gehäuse hinkniete und es ausschrubbte. Unter den Bodenplanken hatte sich viel Sand angesammelt; immer, wenn wir auf der Elbe an Bord kletterten, war es mehr geworden. Es fanden sich lose Blätter als Überbleibsel unserer Liegestellen unter Sträuchern und Buschwerk, ferner Brotkrumen und zahllose Kupferstücke, ja, sogar ein paar Markstücke, die mir in den letzten vier Wochen aus der Tasche gefallen und zwischen den Bodenplanken durchgerutscht waren, sowie fünf oder sechs Haarspangen, die Kathleen längst verlorengegeben hatte. Schließlich stellte sich hier auch ein Teelöffel wieder ein, dessentwegen ich in

Tangermünde ungerecht beschuldigt worden war, ich hätte ihn über Bord fallen lassen. Allein schon um dieses Fundes willen, der den glorreichen Beweis meiner Unschuld erbrachte, lohnte sich die ganze Frühjahresreinigung.

Als ich alles fertig hatte, machte ich mich ans Streichen und Verschönern. Kathleen bringt dem einzigen Haushalt, auf den sie sich überhaupt etwas einbilden kann, einen äußerst lästigen Hausfrauenstolz entgegen und hatte längst beschlossen, daß unser alter, ziemlich mitgenommener Rettungsring und alle weißgestrichenen Gegenstände neue Farbe bekommen müßten. Ich war ganz ihrer Meinung, aber gleichzeitig überzeugt, daß der Erfolg die aufgewendete Mühe nicht verlohnen würde. Nachdem ich Kathleen ohne Streichfarbe und Pinsel nach Deutschland gelockt hatte, wiegte ich mich in Sicherheit und glaubte, daß die Arbeit dank Kathleens Unkenntnis der deutschen Sprache ad Calendas Graeca vertagt sei. Aber Woolworth machte mir einen Strich durch die Rechnung. In Magdeburg befand sich ein Zweiggeschäft dieser Allerweltsfirma, und bei Woolworth braucht man nicht erst lange zu fragen, wenn man etwas haben will. Man läuft einfach im Laden herum, bis man es sieht, hebt es hoch und entrichtet seine fünfundzwanzig oder fünfzig Pfennige. Bei Woolworth kann auch ein Taubstummer Einkäufe machen. Und so geschah es, daß ich, eben gerade mit dem Scheuern fertig, ans Ufer befohlen wurde, wo ich mich einem Farbtopf mit Pinseln gegenüber sah. Es gab keine Rettung mehr für mich, und deshalb hängte ich den Rettungsring an einen passenden Baumast und strich eifrig drauflos. Unterdessen gab Kathleen meiner Hausmädchenarbeit auf ANNIE MARBLE noch den letzten Schliff. Es war schon Spätnachmittag, als sie endlich feststellte, daß wir nun mit Anstand bei dem Internationalen

Motorboot-Treffen bestehen könnten. Den nächsten Tag benutzten wir dazu, uns in den erholsamen Fluten des Glindowsees für alle Mühe und Arbeit schadlos zu halten.

Etwas hatte sich auf unserer Fahrt entscheidend geändert. Wir suchten jetzt nicht mehr ängstlich windgeschützte Stellen auf. Aber nicht etwa, weil der Wind aufgehört hätte, zu wehen; die Tage sind zu zählen, wo das in Norddeutschland der Fall ist. Uns war jetzt vielmehr eine leichte Brise sehr willkommen, selbst wenn wir kochten. Am Abend brauchten wir nun auch nicht mehr nach allen Regeln der Kunst unsere Betten zu machen, sie an den Seiten einzuschlagen und alles oben drauf zu packen, was wir zu fassen bekamen. Jetzt war alles getan, wenn wir zwei dünne Schlafsäcke hervorholten und hinwarfen. Auch sie waren sicherlich bald überflüssig. Tagsüber unterlagen wir etwa alle zwei Stunden der unwiderstehlichen Lockung des Wassers. Das Leben erschien uns einfach unerträglich, bis wir uns aller Sachen entledigt hatten und von der kühlen grünen Flut umspülen ließen. Jetzt konnte ich auch den Deutschen ihre Leidenschaft für das Abwerfen der Kleidung nachfühlen. Wir sagten uns, daß nun endlich der Sommer da sei, und dachten belustigt an die schauderhafte Kälte in Zollenspieker zurück.

Doch wir hatten zu früh frohlockt; denn als wir uns am nächsten Morgen aufmachten, um Potsdam zu besichtigen, erhob sich plötzlich wieder der altbekannte Nordostwind und spielte uns gehörig mit. Dabei hatte Kathleen unter ihrem Kleid kaum etwas auf dem Leibe, und ich war so dünn angezogen, wie es die Herrenmode überhaupt nur zuließ. Wir rannten von einem Schloß zum anderen, bloß um warm zu bleiben.

Prachtvoll sind die Potsdamer Parks: eine entschiedene Verbesserung der einseitigen langweiligen Gartenkünste von Versailles. Die preußische Regierung hatte gerade etwas Geld für ihre Instandsetzung gelockert, und sie sahen mit ihren blühenden Rosen und Stiefmütterchen reizend aus. Ein paar Gartenarbeiter, meist Frauen, brachten die Beete und die Rasenflächen in Ordnung. Flieder, Syringen und Goldlack leuchteten aus den wunderschönen kleinen Wäldchen, die sich über Hügel und Hänge abwechslungsreich hinzogen. Zwischendurch gab es herrliche Fernblicke auf die blauen Seen. Allein um der Aussicht willen lohnt es sich, die mächtigen Stufen zur Orangerie emporzusteigen, wenn man es nicht schon wegen der Pseudo-Raffaelitischen Kartons tut.

Das seltsamste Erlebnis des Tages hatten wir im Neuen Palais, als uns ein Schloßdiener aus der Besucherschar, die sich in Ausrufen wie »Wunderbar!« und »Herrlich!« nicht genug tun konnte, fortlockte, wobei er die Finger auf den Mund legte und sehr geheimnisvoll tat. Er führte uns in eine Flucht von Räumen, die allem Anschein nach der Öffentlichkeit nicht zugänglich waren. Hier zog er mit großartiger Gebärde einen Vorhang beiseite und enthüllte unsern Blicken zwei Bilder von Watteau. Ich kann mir nicht vorstellen, warum er das tat; aber vielleicht hatte er bemerkt, daß wir Bilder mit besonderem Verständnis betrachteten. Watteau ist ein Maler, für den ich nicht allzuviel übrig habe. (Wie müßte ihn das geschmerzt haben, wenn er es gewußt hätte!) Aber diese beiden Bilder waren wohl die größten Kostbarkeiten der sonst mäßigen Sammlung im neuen Palais. Und doch waren es nicht die Watteaus, sondern die Bevorzugung vor den anderen Schloßbesuchern, was mich veranlaßte, gegen die Bestimmungen ein Markstück zur Belohnung in die empfangsbereite Hand des Schloßdieners gleiten zu lassen. Wahrscheinlich verdient er sich ein gutes Stück Geld damit, daß er bei seinen Führungen jedesmal einzelne Besucher herausgreift. Aber dieser Gedanke kam mir erst später.

Regatta in Potsdam

An einem strahlenden Samstagmorgen setzten wir unsern Motor wieder in Gang, verließen den Glindowsee und fuhren über den Schwielowsee bis zum Templiner See. Dieser erste Havelsee hinter Potsdam ist ebenso schön wie die andern und fast ganz von dichten Uferwäldern umschlossen. Etwa sieben Kilometer lang und drei Kilometer breit, bot er in der Mitte bequem Raum für eine mit Bojen gekennzeichnete Strecke, auf der die Motorbootrennen stattfinden sollten. Am Ufer liegt ungefähr in der Mitte der sogenannte Luftschiffhafen. Er hieß wohl deshalb so, weil er ursprünglich für Luftschiffer bestimmt war, oder – was mir wahrscheinlicher vorkommt – weil dort niemals in seiner Geschichte ein Luftschiff gelandet ist. Der Luftschiffhafen ist eine Art städtischer Vergnügungspark, der von der Stadt Potsdam erhalten wird. Es gibt dort einen Badestrand, einen Fußballplatz, eine Rennbahn und ein Bierrestaurant, was mich besonders interessierte, und viele Landungsstege für Yachten.

Und hier erschienen wir nun. Stolz wehte unsere rote Heckflagge, und England zu Ehren stoben vor ANNIEs stumpfen Bug Spritzwasserfluten auf. Die schönsten Motoryachten, die Deutschland zu zeigen hatte, lagen bereits an den Landungsstegen, und wir waren in dem großartigen Schauspiel die einzigen, die eine ausländische Flagge führten. Es war ein erhebender Augenblick, als wir mit der ganzen Pracht unserer Siebeneinhalb-Kilometer-Geschwindigkeit daherkamen, herumschwenkten und unsere Wenigkeit in die großmächtige Regattareihe einfügten.

Zahlreich wie die Sterne am Himmel waren die Boots-
mützen. Überall sah man weiße Flanellanzüge schimmern.
Kathleen und ich hatten unser Möglichstes getan. Ich trug
meinen besten Anzug, d.h. den einzigen, den ich überhaupt mithatte und der von Kathleen während unseres
Aufenthalts im Glindowsee mit Lammsgeduld gesäubert
und gebügelt worden war. Dazu hatte ich meinen einzigen
Kragen und meinen Schlips angetan und mir die Schuhe
geputzt. Kathleen war in ihrem Sommerkleid und wiegte
sich in der Hoffnung, daß die Leute die Farbe ihrer son-
nengebräunten Beine mit modischen Strümpfen verwechseln würden. Wenn zwei Menschen ihre ganze Garderobe
für vier Monate in einem Handkoffer zusammenquetschen
müssen, bleibt kaum Platz für Flanellanzüge und die ent-
sprechenden weiblichen Kleidungsstücke übrig.

Der Empfang, den man uns bereitete, hätte nicht gast-
freundlicher sein können, wenn wir in vollem Staat, wie
für die Woche von Cowes gekleidet, mit einer Fünfzig-Ton-
nen-Nacht gelandet wären. Die Leute fühlten sich ge-
schmeichelt, daß wir ihre Regatta mit unserem Besuch be-
glückten. Die Anwesenheit englischer Komiteemitglieder
enthob uns der Mühe, uns auf Deutsch verständlich zu machen. Als Presseberichterstatter bekam ich für uns zwei
Plätze auf der Veranda des Cafés, von wo aus man die Re-
gattastrecke überblicken konnte. Es war das erste Mal, daß
ich, ein bescheidener Romanschreiber, in die hohe Gesellschaft von Journalisten zugelassen wurde, und so kam
mein unmöglicher Auftrag wenigstens mir zugute, mochte auch das Blatt, für das ich schrieb, nicht viel davon haben. Wie überall zeigten sich die Leute auch hier freundlich erstaunt darüber, daß wir ein fünf Meter langes Boot
mit einem Außenbordmotor glücklich von Hamburg bis

Potsdam gesteuert hatten. Das war nun wirklich nichts Besonderes. Jeder auch nur mäßig geschickte Mensch hätte es fertig gebracht.

Bevor das Rennen begann, ließen wir uns in ANNIE MARBLE zum Essen nieder und kriegten das Kunststück fertig, das Boot in Brand zu setzen. Das ging ganz einfach. Ich tat Brennspiritus in das Näpfchen des Primuskochers und goß dabei etwas vorbei, ohne es zu merken. Als ich dann das Streichholz daran hielt, fing der Spiritus in dem Näpfchen, wie vorgesehen, Feuer. Aber die Flamme sprang über: zuerst auf den Spiritus, der vom Kocher herabtropfte; dann auf das, was über die Bodenplanken geflossen war, und schließlich auf die kleine Lache, die sich in der trockenen Bilge unter den Bodenplanken gebildet hatte. Da sich alles in hellstem Sonnenlicht abspielte, konnte ich das schwach leuchtende Flämmchen des brennenden Spiritus nicht sehen. Ich pumpte den Spiritus im Kocher hoch und war gerade dabei, eine Omelette zu backen, als mir der Geruch von brennendem Teer in die Nase stieg, die Flamme durch einen Spalt in den Bodenplanken emporzüngelte, und deren Ränder, die aus ganz trockenem Holz waren, Feuer fingen. Nur einen einzigen Augenblick lang sah ich zu, wie sich die Flamme ausbreitete, und in dieser Sekunde rasten die Gedanken durch mein Hirn: ich mußte an Englands Ehre, an unsere arme ANNIE, an die prachtvollen Yachten zu beiden Seiten und an die zwanzigtausend Gallonen Benzin auf dem Tankschiff am Ende der Bootsreihe denken. Dann riß ich mich zusammen, und Kathleen war baß erstaunt, als sie plötzlich sah, wie ihr Mann mit einer Bratpfanne nach Kräften Wasser aus dem See schöpfte, es auf den Boden des Bootes goß und dann mit seinem ganzen Gewicht darauf herumtrampelte. Es muß wie ein Tobsuchtsanfall gewirkt haben, war aber das einzige Vernünftige, was ich tun konnte, um das Wasser in der ganzen Bilge zu verteilen und dadurch die Löschung des Feuers zu sichern. Kathleen und ich bekommen es gewöhnlich einmal auf jeder Fahrt fertig, an Bord ein ordentliches Feuer zu stiften, und meist gelingt es uns im ungeeignetsten Augenblick. Glücklicherweise hat keiner von all den Leuten, die uns zu unserer tüchtigen Fahrtleistung beglückwünscht hatten, etwas von dem Vorfall bemerkt. Aber noch heute sind zwei Bodenplanken mit verkohlten Rändern auf ANNIE MARBLE zu sehen – zum Beweis, daß ich nicht geschwindelt habe.

Die Gastfreundschaft, die uns an den beiden Regattatagen zuteil geworden ist, wird uns immer in angenehmer Erinnerung bleiben. Aber zum Schluß des Motorboottreffens habe ich doch meinem Gott gedankt, daß ich niemals imstande war, Bier zu trinken. Diese Abneigung hat mir während des Treffens sicherlich viel Unbehagen erspart und mich vor einem fürchterlichen Kater am Montagmorgen bewahrt.

Zwei britische Mitbewerber nahmen an dem Motorbootrennen teil, und jeder Sieg, den sie errangen, steigerte auch meine Popularität. Es war für mich als einzigem Engländer inmitten der Riesenmenge von Zuschauern ein sonderbar prickelndes Gefühl, die blaue Flagge am Heck von Sir Henry Seagraves »Miß England« und »Miß Alacrity« wehen zu sehen, und dabei zu sein, wie Mr. Bomford das Rennen mit Außenbordmotoren gewann. Die Deutschen ringsum nahmen die britischen Siege mit wahrhaft sportlichem Geiste auf. Ich erkannte es daran, wie sie mir nach jedem Siege immer zunickten und zulächelten. Als Sir Henry schließlich seinen besten Gegner mit 4:3 schlug, erhob sich die Menge vor ihm und schloß auch mich irgendwie in den Glückwunsch mit ein. Wenn man bedenkt, daß es bei kaltem Wind den ganzen Sonntag über unablässig regnete, muß man sich wirklich wundern, daß das Publikum seine gute Stimmung behielt. Die Samstag- und die Sonntagnacht verbrachten wir an unserm Landungssteg beim Luftschiffhafen. Wahrscheinlich fühlte sich unsere dunkle kleine ANNIE von ihren glänzenden Schwesterbooten in den Schatten gestellt. Aber trotzdem hat sie sich, als wir am Montagmorgen losfuhren, wacker gehalten. Der Elto-Motor lief gleich bei der ersten Drehung an, wie meist, wenn er sich beobachtet wußte. ANNIE hob ihren Bug aus dem Wasser und flitzte mit einer dünnen Schaumspur davon – an den Reihen kritischer Zuschauer entlang. Wir fuhren durch Potsdam und über schöne, waldumsäumte Wasserwege bis Wannsee. Ein feiner Regen setzte ein. Wir zogen die Schutzhülle über unser Gepäck, und so ging es weiter, bis wir eine günstige Liegestelle gefunden hatten. Dort machten wir fest, ließen das Zelt herab und wischten alles mit einem Lappen wieder ganz trocken. Als wir uns gerade häuslich niederlassen wollten, rauschten drei große Personendampfer mit Musik, singenden Fahrgästen und allerhand Unruhe, vor allem aber mit starkem Wellengang, an uns vorüber. Zum erstenmal bekamen wir ordentlich etwas ab. Eine Dampferwelle hätte uns nicht gestört; aber gleich drei auf einmal von großen, schnellen Schiffen – das war denn doch zu viel! ANNIE wurde gegen das Ufer geschleudert, und der Kamm der größten Welle schlug über Bord und drang unters Zelt. Das genügte, um alles wieder so feucht zu machen, wie es vor dem Aufwischen gewesen war. Laut und mit Ausdauer verwünschten wir die Personendampfer, deren Geschwindigkeit eine wahre Plage für kleine Boote ist. Es kamen noch zwei, drei Dampfer vorüber, und nun merkten wir, daß wir uns auf einem Hauptverkehrsweg, der Wasserstraße zwischen der Pfaueninsel und Wannsee, befanden und mit unserer prachtvollen Liegestelle nichts anfangen konnten. Wir rollten das triefende Zelt hoch, breiteten die Schutzhülle aus, hüllten uns in wasserdichte Mäntel und machten uns schleunigst davon.

Es gab hier herum nur wenige Stellen, wo man vor den Wellen der unvermeidlichen Personendampfer sicher war. Nach einer langweiligen Sucherei im Regen fanden wir schließlich ein geschütztes Plätzchen bei einem Bootshaus. Hier bleiben wir, schaukelnd und hin und her geworfen, den ganzen Montagnachmitag und die Montagnacht über neben dem Landungssteg liegen, indessen der Regen eintönig auf das wasserdichte Bootszelt niederging. Solche langen Aufenthalte in ANNIE MARBLE hatten etwas Trübseliges an sich, und daran war eine neue Vorratsbüchse schuld, die Kathleen während des Winters angeschafft hatte. Es war eine geräumige Blechbüchse, ideal in Größe und Format, aber mit der märchenhaften Seitenaufschrift: »Pfefferminzplätzchen. Zehn Pfund. 4 Unzen 6 Pence.« Ich kann mir nichts Entmutigenderes vorstellen, als so herumzusitzen und immerzu an zehn Pfund Pfefferminzplätzchen, das Viertelpfund zu sechs Pence, zu denken, wenn der Regen dazu ständig die Begleitmusik macht, und das Boot mit monotonem Geräusch gegen einen Landungssteg bumst. Kathleen fand das auch und war fest entschlossen, nächstes Mal für ANNIE eine Konfektbüchse zu kaufen, auf der mindestens »Schokoladentrüffeln« oder etwas ähnliches Anregendes zu lesen stand.

Am nächsten Tag wollten wir die Freuden und Vergnügungen Berlins durchkosten, von denen wir bisher nur einen Vorgeschmack hatten. Hier erwies sich meine Klubmitgliedschaft als sehr nützlich, die mir die Zugehörigkeit zum Deutschen Seglerverband verschaffte. Sie ermöglichte es uns, ANNIE in sicherer Obhut beim Potsdamer Segelklub in Wannsee zurückzulassen, wo wir sie spät nachts bei unserer Heimkehr an einer leicht zugänglichen, bequemen Liegestelle vertäut fanden. Von Wannsee fährt man mit der Bahn nur zwanzig Minuten bis ins Herz von Berlin, und gerade dort wollten wir ja hin.

Schade um unsere Pläne, mit dem Boot spreeaufwärts mitten durch den fieberhaften Wasserverkehr Berlins und dann weiter bis zur Oder zu fahren. Sie sollten ins Wasser fallen! Denn in Berlin besuchten wir gleich zuerst den Herausgeber einer deutschen Yachtzeitung, für die ich zwei Artikel schreiben sollte, und der Herausgeber sah mich forschend an und sagte:

»Haben Sie eigentlich schon mal was von den Mecklenburger Seen gehört?«

»Nein!«, erwiderte ich gelassen; denn ich wußte, daß es noch eine Menge anderer Leute gab, die auch nichts davon gehört hatten.

»Ach, aber dann müssen Sie hin! Unbedingt müssen Sie hin!« Damit drückte er auf eine Klingel, wie das nur Herausgeber von Zeitschriften fertig kriegen, und ließ sich Landkarten bringen. Er faltete sie auseinander und breitete sie ein paar Augenblicke vor uns aus. Erstaunt ruhten unsere Augen auf vielen Dutzenden, ja Hunderten von Seen.

»Das da ist der Plauer See – sehr, sehr schön! Und der Müritzsee, der größte in ganz Norddeutschland. Man muß 25 Kilometer fahren, um hinüberzukommen. Und hier ist Rheinsberg, wo Friedrich der Große in seiner Jugend lebte! Hier Templin – dort Werbellin … Ja, Sie müssen unbedingt hin! Schade, daß es nur auf demselben Weg zurückgeht. Hoffentlich macht Ihnen das nichts aus? Na, dann ist ja alles in bester Ordnung!« Ich fragte nach der nächsten Badeanstalt, steckte alle Karten, deren ich habhaft werden konnte, in die Tasche und verabschiedete mich.

Nach dem Bad gingen wir in ein gut besuchtes Restaurant, und dort müssen die Leute ihre stille Freude an dem Anblick des jungen englischen Paares gehabt haben, das rot vor Erregung in eifrigem Gespräch eine Landkarte nach der anderen auf dem Tisch ausbreitete und darüber sein Essen kalt werden ließ. Es gibt kein größeres Vergnügen, als Reisepläne nach der Landkarte zu schmieden; nur die Ausführung nachher ist noch schöner. Auf den Karten sah man Seen in verführerischer Menge da und dort beieinander liegen. Außerdem zeigten sich weitere Vorzüge: riesige Wälder und nur sehr wenig Wege und Bahnlinien. Es war ganz klar, daß eine Bootsfahrt die einzig vernünftige Art war, die Mecklenburger Seen zu besuchen. Wunderbar einsam mußte es auf diesen Gewässern sein. Wir waren sofort von dem wilden, leidenschaftlichen Ehrgeiz erfüllt, in jeden kleinsten See dort oben unsere Nase zu stecken. Unsere stolze rote Flagge sollte sich zeigen, wo sie noch nie zuvor geweht hatte. Es ist anzunehmen, daß die britische Flagge schon vor uns auf der Elbe und den Seen um Potsdam erschienen war, obwohl wir freilich noch nie einen Menschen getroffen haben, der sie dort gesehen hatte – bis auf unsere und Sir Henry Seagraves Flagge auf dem Templiner See. Ich hegte aber keinen Zweifel, daß auf den Mecklenburger Seen unsere die erste britische Flagge sein würde. Wir kamen uns daher bei unseren Reiseplänen wie Columbus, Vasco da Gama und Cabot in einer Person vor.

»Sieh mal hier,« meinte Kathleen plötzlich, »wir kommen auch über die Elbe hin statt über Oranienburg zu fahren und dann denselben Weg zurückzunehmen. Der Redakteur kennt diese Strecke sicher nicht. Sieh mal hier, zurück bis Dömitz und dann die Elbe aufwärts. Wir können uns dann auch gleich Schwerin und den Schweriner See anschaun ... Er scheint ziemlich groß zu sein ...«

»Ja, das stimmt!«, sagte ich, »der Mensch scheint ja sein eigenes Land nicht zu kennen. Komisch, daß er uns nichts von dem Weg gesagt hat!«

Später fanden wir, wie sich zeigen wird, daß der Herausgeber der Zeitschrift sein eigenes Land doch wesentlich genauer kannte als wir. Aber für den Augenblick taten wir uns auf unsere Überlegenheit etwas zugute und planten weiter. Um nach Dömitz, etwa hundert Kilometer oberhalb von Hamburg, zu gelangen, wo die Elde in die Elbe fließt, brauchten wir nur eine kleine Strecke unseres alten Weges zurückzufahren. Es gab einen andern Weg für uns: von Potsdam bis Brandenburg, von dort havelabwärts bis zum Zusammenfluß mit der Elbe, und dann nur noch hundert Kilometer elbabwärts bis Dömitz. Voller Freude stellten wir es fest. In Dömitz konnte das neue Abenteuer beginnen. Sofort waren wir entschlossen, es so zu machen. Vergessen war der Plan, uns das Berliner Nachtleben einmal ordentlich anzusehen, und unbedenklich schob ich die erste Gelegenheit, die sich mir bot, beiseite, die großartigen Berliner Kunstgalerien zu besichtigen. Wir konnte es einfach nicht mehr aushalten, unsere Weiterfahrt aufzuschieben. Noch am Abend ging es nach Wannsee zurück. Wir waren fest entschlossen, gleich am nächsten Tag aufzubrechen.

Und so geschah es auch. Das Wetter war wieder abscheulich geworden. Als wir aufwachten, wehte ein kalter, schneidender Nordwind. Aber wir machten uns nichts daraus. Erstaunlich früh schon wälzten wir uns, vor Aufregung ganz durcheinander, von unserem Lager, rollten das Zelt hoch und merkten gar nicht, wie wir dadurch unsere vor Kälte zitternden Körper dem eisigen Wind aussetzten. Wir verabschiedeten uns vom Potsdamer Segelklub, breiteten die Schutzhülle aus, da es zu regnen drohte, und fuhren ab. Gleich zu Beginn unserer Fahrt wurden wir von einem Beamten angehalten, der uns am Eingang zum Kleinen Wannsee laut anrief und eine Gebühr von drei Mark für die Durchfahrt erhob. (Wir waren von der andern Seite über den großen Wannsee hergekommen!) Wir zahlten und kamen gar nicht auf den Gedanken, zu protestieren oder wieder den andern Weg einzuschlagen.

Schnell jagten wir auf dem schönen, waldumsäumten Wasser nach Potsdam zurück, wandten uns dann nach rechts und nahmen den Hauptweg nach Brandenburg. Der eigentliche Havellauf zwischen Brandenburg und Potsdam, auf dem wir gekommen waren, beschreibt zwei Seiten eines Dreiecks, wo auch die großen Potsdamer Seen liegen. Die dritte Seite bildet schon seit langem ein Kanal, den man unter Ausnutzung zweier abseits gelegener Seen angelegt hat, und der für den Frachtverkehr viele Kilometer Weges von der Elbe bis nach Berlin erspart. Hier fuhren wir diesmal. Die Strecke ist nicht so interessant und lange nicht so schön; aber sie war neu für uns, und deshalb hatten wir sie gewählt. Es ist erstaunlich, wie bald sich die Einwirkung Berlins auf den Binnengewässern in der Nähe der Reichshauptstadt verflüchtigt. Die schrecklichen Wochenend- und Sommerhäuschen, die die Themse noch siebzig Kilometer von London entfernt und auch große Strecken der Seine und Marne bei Paris entstellen, haben bis jetzt in der Umgebung Berlins noch nicht ihresgleichen gefunden ..., wenigstens nicht auf der Potsdamer Seite. Es gibt wohl ein paar schöne Landhäuser und Wochenendhotels. Aber die unvermeidlichen Bungalows sind noch nicht in Erscheinung getreten. Man wird noch nicht nachts von Grammophonen und Lautsprechern heimgesucht, und der redliche Wohnbootfahrer findet noch nicht jeden stillen Winkel, den er sich zur Liegestelle wählt, von kleinen geraniengeschmückten Sommerhäuschen besetzt. Der Berliner, der sein Wochenende am Wasser verlebt, wohnt in einem Zelt; und kein Wohnbootfahrer hat etwas gegen ein, zwei Zelte einzuwenden, die sich am Horizont zeigen.

Wir verbrachten die Nacht nur zwanzig Kilometer von Potsdam entfernt und fanden dort eine kleine Ortschaft, die so ländlich wirkte und deren Bewohner über das Auftauchen von Fremden den Mund so weit aufsperrten, daß man hätte meinen können, man sei mindestens fünfundsiebzig Kilometer von jeder Stadt. Als wir abends durch den Ort gingen, sahen wir fröhliches Leben und Treiben um ein Karussell mit acht Holzpferden, die der Besitzer auf ihrem Kreisgestell mit eigener Muskelkraft in Bewegung setzte. Er machte ein glänzendes Geschäft. Es kostete fünfzehn Pfennig für Erwachsene und zehn Pfennig für Kinder, – wir haben auch dreißig Pfennig riskiert – und das ganze Städtchen war um das Karussell zu vergnüglichem Tun versammelt. Am andern Morgen ging ich vor der Abfahrt noch einmal in den Ort, um ein paar frische Brötchen zum Frühstück sowie Zigaretten und Briefmarken zu kaufen. Als ich hineinkam, war ich von der tödlichen Stille überrascht, die dort herrschte. In der einzigen Straße ließ sich keine Seele blicken; nicht einmal Kinder waren zu sehen, und die meisten Fensterläden waren noch geschlossen. Erstaunt blickte ich auf meine Uhr. Es war schon acht, und das Leben hätte in vollem Gange sein müssen. Ich kam zu dem Kram- und Bäckerladen des Ortes. Die Tür war zu. Es war das erstemal, daß ich in Deutschland einen Laden geschlossen fand. Die Sache kam mir immer mysteriöser vor, und ich ging weiter, um einen zweiten Laden zu suchen. Aber es gab keinen. Nun ging ich zu dem ersten zurück und rüttelte ungeduldig an der Tür. Von drinnen antwortete ein hohler Seufzer, und ich hörte unsichere, zögernde Schritte. Schließlich öffnete jemand nach einigem Herumtasten die Tür. Es war wohl der Ladeninhaber. Er war unrasiert, sah verschwiemelt aus, und seine Augen waren blutunterlaufen. Er hatte noch sein Nachthemd an und hielt die Hose, die nicht zugeknöpft war, mit der einen Hand fest, während er sich it der andern gegen die Tür stützte. Ich verlangte Semmeln. Aber er schüttelte verständnislos den Kopf.

»Hab' ich nich!«, sagte er.

Ich fragte nach Brot.

»Hab' ich nich!«, wiederholte er. Und dann taumelte er gegen die Tür und machte sie wieder zu.

Ich ging zu der Gastwirtschaft hinüber und trat in die Schankstube. Hier saßen vier Leute, vor denen das Frühstück unberührt auf dem Tisch stand. Keiner hatte auch nur einen Happen von dem Brot und der Wurst zu sich genommen, die auf den Tellern lagen. Sie hielten alle den Kopf in die Hand gestützt, und man sah es ihrer Haltung an, daß sie einen tüchtigen Kater und Kopfschmerzen hatten. Einer, wahrscheinlich der Wirt, hob mit großer Mühe seinen Kopf und stand schließlich auf. Er kam herüber und hielt sich am Büfett aufrecht. Ich verlangte Zigaretten. Er fuhr sich mit der Hand über die Stirn, erinnerte sich mühsam daran, wo die Zigaretten lagen, und brachte welche zum Vorschein. Nun fragte ich nach Briefmarken. Er kramte aus einem Schubfach ein paar zusammen und riß eine bei dem Versuch, mir da Gewünschte einzuhändigen, mitten durch. Darauf sank er völlig erschöpft in seinen Stuhl. Bloß um ihn auf die Probe zu stellen, verlangte ich Bier, obwohl ich nie Bier trinke und um achteinhalb morgens schon gar nicht.

»Bier?«, murmelte der Wirt: Er schien schon einmal was von Bier gehört zu haben, aber gewiß nichts Gutes. Nach seinen Gebärden und seinem Gesichtsausdruck zu schließen, hatte er einen tiefen Widerwillen dagegen. Möglich, meinte er, daß er irgendwo Bier im Hause habe, und wenn ich durchaus darauf bestünde …? Er war sichtlich erleichtert, als ich ihm zu verstehen gab, ich wolle das Bier auf sich beruhen lassen und gehen. Ich sagte »Auf Wiedersehen!« und verließ die Gaststube. Der Wirt saß wieder mit dem Kopf in den Händen auf seinem Stuhl. Die andern drei hatten während des ganzen Gesprächs nicht gemuckst.

Dies war das einzige Mal, daß ich in Deutschland einen Ladenbesitzer traf, der noch nicht aufgestanden und in seinem Geschäft tätig war. Es war auch die allereinzigste Gelegenheit, bei der ich erlebte, daß schon der bloße Gedanke an Bier einen deutschen Gastwirt unlustig stimmte. Ich kann mir eigentlich gar nicht vorstellen, was in dieser Nacht in dem Landstädtchen vorgefallen war. Daß ein nächtliches Gelage stattgefunden hatte, lag klar auf der Hand. Aber der Grund blieb mir unerfindlich. Wenn das Karussell daran schuld gewesen ist, dann kann ich nur sagen, daß der Karussellbesitzer ein Genie in seinem Gewerbe gewesen sein muß.

Wir setzten unsere Fahrt ohne Frühstückssemmeln fort. Die Strecke bestand zu einem Drittel aus Seen und zu zwei Dritteln aus dem Kanal. In Ketzin, wo wir am Sonntag die Liebespärchen beobachtet hatten, erreichten wir unsern alten Wasserweg wieder und fuhren auf ihm die letzten paar Kilometer flußaufwärts bis Brandenburg. Der Besitzer der Motorbootwerft begrüßte uns herzlich, aber doch mit einem tadelnden Unterton. Hatten wir ihm denn nicht erzählt, daß wir durch Berlin nach Stettin fahren wollten? Wie kamen wir nun wieder nach Brandenburg zurück? Hatten wir etwa den Mut verloren? Aber als wir ihm von unserm neuen Plan, durch Mecklenburg zu fahren, erzählten, kehrte seine frühere Begeisterung schnell wieder. Solche Fahrten machen auf die Uferbewohner in Deutschland immer einen großen Eindruck. Er fühlte sich sehr geehrt, daß wir eine Nacht an seinem Landungssteg zubringen wollten.

Hier in Brandenburg kam ich endlich zu meiner Ersatzschraube, die uns auf unserer ganzen Fahrt in Deutschland nachgefolgt war. Die deutschen Postämter sind großartig darin, wie sie einem postlagernde Sachen nachsenden, wenn man ein entsprechendes Formular mit der neuen Adresse ausfüllt. Im Brandenburger Postamt wurde mir mit gebührender Feierlichkeit mitgeteilt, daß ein Paket für mich da sei und in der Zollabfertigung nebenan auf mich warte. Wir gingen hinüber und wurden von einigen schmucken grünen Uniformen begrüßt, die wir ja schon von Hamburg her kannten. Man war reizend höflich und zuvorkommend, und ich fand nichts von der kurzangebundenen preußischen Grobheit, über die ich so oft gelesen hatte. Im Vorzimmer Londoner Ämter bin ich viel schlechter behandelt worden, – nicht bloß damals, als ich noch ein hungernder Poet war. Man bot uns Stühle an, und wir unterhielten uns ein paar Minuten in verbindlichem Ton, bevor wir auf unser Geschäft zu sprechen kamen. Mein Paket kam zum Vorschein, und ein halbes Dutzend Grünuniformierte schauten erwartungsvoll zu, während ich es öffnete. Ich zeigte ihren erstaunten Blicken die Schraube, deren schöne neue Bronze blinkte. Niemand wußte, wozu sie diente, und ich mußte es ihnen erst in meinem holprigen Deutsch erklären. Sie erörterten, was für eine Gebühr sie von mir erheben müßten, und entschieden sich schließlich, das Ding wie ein Metallbarren nach Gewicht zu verzollen. Sie wogen es ab. Es war etwa ein Pfund, und der Tarif kannte nur zwei Zentner. Sie rechneten hin und her. Dann legten sie mir drei Formulare zur Unterschrift vor. Ich hatte – zehn Pfennig zu entrichten. Ich händigte ihnen das Geldstück ein und bekam zwei Quittungen dafür. Mit guten Wünschen für glückliche Fahrt komplimentierte man uns hinaus, und der Chef der grün uniformierten Beamten ging schnell voraus, um uns die Tür zu öffnen. Etwa acht Menschen hatten eine halbe Stunde zu tun gehabt, drei Formulare und zwei Quittungen waren ausgeschrieben worden und alles für – zehn Pfennig! Als ich mich wieder auf der Straße befand, war ich vom Segen des Freihandels mehr denn je überzeugt.

Vom Postamt begaben wir uns zur Schleuse am Städtischen Kanal. Dort ließ ich ANNIE durchschleusen, indes Kathleen Einkäufe machte. Ihre Abwesenheit war an einem Zwischenfall schuld, der vielleicht bis zum heutigen Tage in Brandenburg Stadtgespräch ist. Wir pflegen unsere Gurken in unserer großen Frischwasserkanne aufzubewahren. Das ist gut für die Gurken und schadet dem Wasser nichts. Während sich nun die Schleuse füllte, nahm ich die Kanne und ging zum Brunnen am Rande des Schleusenbassins, um neues Wasser hineinzutun. Die Insassen von einem halben Dutzend Booten in der Schleuse schauten interessiert zu. Ich schwenkte die Kanne aus, um die letzten Tropfen Wasser, die noch drin waren, zu entfernen. Dabei schleuderte ich eine vierzig Zentimeter lange Gurke hoch in die Luft, und sie fiel mit tödlicher Sicherheit gerade einer wohlbeleibten alten Dame in den Schoß, die im Hecksitz einer Motorbarkasse schlummerte. Sie erwachte mit einem Ruck, ergriff das schreckliche Ding und warf es voller Abscheu geradenwegs ins Wasser. Ewig schade um die schöne Gurke! Die Dame wollte von meinem Entschuldigungsgestammel nichts hören, und in den anderen Booten wälzten sich die Leute vor Vergnügen und wußten sich vor lauter Heiterkeit gar nicht zu lassen. Sollte die nette alte Damen – sie sah wirklich nett aus! – zufällig diese Zeilen zu Gesicht bekommen, so ist sie vielleicht doch so freundlich, noch nachträglich meine ergebenste Entschuldigung mit der Versicherung entgegenzunehmen, daß es sich bei dem Vorfall wirklich nur um ein Mißgeschick gehandelt hat.

Als sich der Sturm gelegt hatte und die Boote sich in Bewegung setzten, brachte es der Schleusenwärter fertig, sein Lachen wenigstens so lange zu unterbrechen, daß er mich fragen konnte, weshalb wir unsern Weg rückwärts nahmen, statt nach Stettin weiterzufahren. Ich erklärte ihm, warum, und er billigte unsern Entschluß. Dabei kam er plötzlich auf einen glänzenden Einfall: für zwei Mark achtzig könne ich von ihm Billets bekommen, die uns berechtigten, sämtliche Schleusen zwischen Elbe und Oder zu benutzen. Mir kam das viel zu schön vor, um wahr zu sein. Ich bin gegen solche Vorauszahlungen vielleicht übertrieben mißtrauisch und hätte lieber nur die achtzig Pfennige für die Schleuse hier entrichtet. Aber der Mann war von seinem Vorschlag so begeistert, daß ich seine Gefühle nicht durch beharrliche Weigerung verletzen wollte und ihm die zwei Mark achtzig gab, wobei ich im stillen meine Weichherzigkeit verwünschte. Ich erhielt ein ganzes Päckchen gedruckter Quittungen, die mir angeblich sämtliche Schleusen von hier bis Stettin erschlossen. Als Kathleen zurückkam und von dem Geschäft hörte, teilte sie meine Zweifel; aber jetzt war es zu spät. Ich konnte meinen Entschluß nicht mehr ändern. Wir verabschiedeten uns von dem Schleusenwärter und fuhren weiter havelabwärts bis zum Plaueschen See.

Der letzte Eindruck, den wir von den Seen um Potsdam bekamen, stand dem ersten an Schönheit nicht nach. Es war strahlendes Sonnenwetter, und der Plauesche See war bezaubernd, als wir über seine glatte Fläche dahinsteuerten. Weit in der Ferne konnten wir die Schleuse von Plaue erkennen, die in den Plauer Kanal führt, auf dem wir gekommen waren. Aber diesmal drehten wir die Pinne hinüber und fuhren unter der Brücke durch in die Havel, wo sie den See verläßt.

Als wir seinerzeit die Havelmündung, hundert Kilometer flußabwärts, auf unserm Weg nach Magdeburg sahen, hatten wir dort den Eindruck gehabt, daß die Havel nur eine kleinere Elbe sei, geradlinig, mit sandigen Ufern und tödlich langweilig. Es war eine erfreuliche Überraschung für uns, daß wir uns geirrt hatten. Die Havel ist ein schöner kleiner Fluß. Sie ist nur halb so breit wie die Themse oberhalb von Windsor, hat aber eine doppelt so starke Strömung; natürlich fließt sie lange nicht so schnell wie die Elbe. Sie macht viele Windungen, und wenn man um die Ecken flitzt, beglückt einen die Vorstellung, schneller dahinzufahren. Die Vegetation reicht bis an den Uferrand; ja sogar Bäume gibt es dort, und wir fuhren durch liebliches Grün, das uns nach dem Blick auf die kahle Elblandschaft geradezu erquickte, obwohl eigentlich unser Aufenthalt auf den Seen den Gegensatz hätte abschwächen sollen. Für AN-NIE war es auch sehr wesentlich, daß es an der Havel Seitenwässer im Überfluß gibt. Einige fließen zu Dörfern hin, und hier hat wohl Menschenhand durch Ausbau etwas nachgeholfen. Aber die meisten sind natürliche kleine, laubüberdachte Wasserläufe, auf denen man nach den Hauptvorzügen einer nächtlichen Liegestelle gar nicht erst zu suchen braucht. Überall finden sich Wind- und Wellenschutz, Einsamkeit und schöne Ausblicke. Wellenschutz hat man hier sehr nötig; denn von den großen Schleppzügen, die man auf der Elbe sieht, nehmen viele ihren Weg havelaufwärts und verursachen durch schnelles Fahren tüchtige Bewegung auf dem schmalen Fluß, die einem ganz unglaublich vorkommt, wenn man an die drakonischen Bestimmungen der »Kommission zur Pflege der Themse« gewöhnt ist. Unterwegs ist es natürlich ein Leichtes, den Wellen auszuweichen. Aber wenn man am Ufer festliegt, wirken sie verheerend. Gäbe es nicht so unendlich viele Seitengewässer an der Havel, dann könnte man nur in der verkehrsstillen Zeit eine Liegestelle benutzen. Das würde aber bedeuten, daß man von Sonnenaufgang bis Sonnenuntergang ohne Unterbrechung weiterfahren müßte.

Wir taten nichts dergleichen. Im Gegenteil: Wir verbrachten auf der hundert Kilometer langen Havelstrecke drei Nächte, was zur Genüge beweist, daß wir uns mit dem Fahren durchaus nicht beeilten, selbst wenn man berücksichtigt, daß wir am ersten Tag erst spät auf den Fluß gelangten und es am zweiten mit einem heftigen Sturm zu tun bekamen. Wir fuhren hinter einer großen Yacht flußabwärts und erregten nichtendenwollende Heiterkeit bei den Insassen, die sich alle auf dem geschützten Achterdeck zusammendrängten. Der Wind rief nämlich Wellen hervor, die geradezu an die Elbewellen erinnerten, und während wir diese festen Wellen schnitten, waren wir beständig den Spritzwasserschauern ausgesetzt, die zwölf Zentimeter hoch bis zu unsern Zeltreifen emporflogen. Den ganzen Vormittag über hielten wir es aus. Aber zur Lunchzeit gaben wir klein bei und bogen in ein Seitenwasser ab. Selbst hier sollten wir nicht gleich zur Ruhe kommen. Das Seitenwasser floß im rechten Winkel zum Wind und war außerdem völlig verkrautet. Wir stellten deshalb sofort den Motor ab, als wir den Fluß verlassen hatten, und prompt trieb uns der Wind gegen das Ufer. So sehr wir uns auch mit unsern kurzen Rudern abmühten, waren wir doch nicht imstande, über den etwa zehn Meter breiten Wasserweg zur wettergeschützten Uferseite hinüberzukreuzen. Dreimal machten wir den Versuch und jedesmal wurden wir von Wind und Unkraut aufgehalten und gegen das ungeschützte Ufer gedrückt. Es war hoffnungslos! In dem verkrauteten Flußbett war der Motor nicht zu benutzen. Schließlich kamen wir aber doch hinüber – auf die allerprimitivste und gewöhnlichste Art. Wir warfen unseren Anker aus, so weit wir konnten, zogen uns hinterdrein, warfen ihn dann schnell wieder aus usw. usw. Ganz schwach vor Lachen und vom Wind und Spritzwasser wie benommen, gelangten wir endlich in die paradiesische Stille des hohen Ufers. Wir aßen uns voll wie eine Boa Constrictor und lehnten uns dann zurück, um auszuruhen und uns zu erholen. Das nächste, was uns einfiel, war, daß es schon sechseinhalb Uhr sei und Zeit zum Essen.

Wie wir in Deutschland
Einkäufe machten

Eines Morgens kamen wir in aller Frühe nach Havelberg, der letzten Stadt an der Havel vor ihrem Zusammenfluß mit der Elbe. Schon vor Wochen hatten wir
ihre Türme von der Elbe aus gesehen – jenseits des schmalen Landstreifens, der hier die beiden Flüsse noch trennt.
Der Anblick war uns nicht allzu verlockend vorgekommen. Wahrscheinlich hatte uns das reizlose Aussehen der
Havelmündung voreingenommen gemacht. Und doch ist
Havelberg ganz bezaubernd: ein entzückendes Städtchen,
das halb auf einer Insel im Fluß und halb am Ufer liegt.
Hoch über dem Wasser erhebt sich der Dom, der wirklich
wie ein Dom aussieht und die Beachtung aller Freunde der
Backsteingotik verdient. Der Ort selbst ist sehr anziehend
it seinen unregelmäßigen Straßen und alten Häusern.

In Havelberg hatten wir Pech. Als Kathleen über das trü-
gerische Wurzelwerk der Weiden an der versandeten Spitze
der Insel ins Boot zurückwollte, verstauchte sie sich den Fuß.
Es war nicht allzu schlimm, und Kathleen versteht ebenso wie
ich, Verstauchungen zu behandeln. Aber sie war doch für
mehrere Tage ans Boot gefesselt. Mit so etwas hatten wir nicht
gerechnet, und es ist viel unbequemer, unerwarteterweise in
einem kleinen Boot festzusitzen als zu Hause. Alles, was man
braucht, ist außer Reichweite, und auf meinen schwachen
Schultern ruhte auch noch die Last, die Dinge im Boot einigermaßen in Ordnung zu halten. Der Uneingeweihte glaubt
wahrscheinlich, es sei nichts leichter als mit vier Kisten, einem Handkoffer und einem Felleisen ordentlich umzugehen.

Wer dieser Meinung ist, sollte es nur erst einmal ein paar Tage lang versuchen, wenn die Kisten, der Handkoffer und das Felleisen alles enthalten, was zum Gebrauch und für die Bequemlichkeit von zwei Personen auf vier Monate nötig ist, und wenn sich diese Sachen ständig in Benutzung befinden. Hätte sich Kathleen nicht bloß nicht den Fuß verstaucht, sondern ein Bein gebrochen, wäre ich vor ihrer Wiederherstellung wahrscheinlich verrückt geworden. Und auch so bin ich von Gewissensbissen gefoltert worden wie noch nie, als mir zum Bewußtsein kam, daß ich Kathleen in meiner närrischen Sucht, schnell weiterzufahren, für ihre ganze Hausarbeit im Boot immer nur die knappen zehn Minuten Zeit gegönnt hatte, die ich brauchte, um allmorgendlich das Zelt hochzurollen. Ich verbrachte täglich eine halbe Stunde damit, ein paar ihrer Wunder zu verrichten und wenigstens einige Sachen ordentlich wegzupacken, damit nicht alles im ganzen Boot verstreut herumlag. Trotzdem sah es Tag für Tag schlimmer bei uns aus, bis Kathleen wieder in der Lage war, zum Bug vorzudringen und alles sauber zu verstauen.

Kathleens Unfall brachte es mit sich, daß ich wieder die Einkäufe besorgen mußte, – eine Aufgabe, um die ich mich unter dem Vorwand, ich müsse Benzin mischen, schon seit Wochen meistens herumgedrückt hatte. Das geschah teils aus reiner Faulheit, teils in der – nie erfüllten – Hoffnung, Kathleen würde sich bei den Einkäufen gezwungen sehen, etwas Deutsch zu lernen.

Ganz oben auf unserer Einkaufsliste pflegte stets Brot zu stehen. Die deutschen Bäckerläden sind vorzüglich in ihrer Art. Selbst in den kleinsten Dörfern verkaufen die Bäcker Sachen, die man in einem durchschnittlichen englischen Dorfladen nur schwer finden würde, z.B. Semmeln. In Deutschland stellen die Bäcker täglich drei- bis viermal einen Schub

Semmeln her: köstliche Semmeln, warm und appetitlich. Man kauft sie nicht nach Dutzenden und Halbdutzenden, sondern nach Pfennigen. In fast jedem Bäckerladen gibt es vier Stück für zehn Pfennige. Für zwanzig Pfennige Brötchen, mit Butter, Wurst, Gurke, Salat, Radieschen, Käse, Honig, harten Eiern, Marmelade, Obst und dergleichen, ergeben ein ausreichendes Lunch für Kathleen und mich. Manchmal streuen die Bäcker Kümmel oder Mohn auf ihre Semmeln. Die Deutschen haben das besonders gern; aber wir fanden, daß man es kaum merkt. Der deutsche Bäcker backt immer noch selbst Kuchen. Die Massenherstellung von Kuchen macht daher in Deutschland nur wenig Fortschritte. Die ausgezeichneten Bäckerkuchen kosten zehn oder höchstens fünfzehn Pfennige je Stück. Von Kuchensemmeln mit Rosinen und dergleichen einfacherem Gebäck bekommt man zwei bis drei Stück für zehn Pfennige; sie sind frisch und wohlschmeckend. Es werden auch verschiedene Brotsorten gebacken: fast weißes, das sogenannte »feine Brot« – hellbraunes, die übliche Sorte, – schließlich dunkelbraunes, das sogenannte »Landbrot«. Landbrot gilt bei den Städtern als Delikatesse. Ich habe mir nie viel daraus gemacht. Immerhin hat es den großen Vorzug, daß es nicht altbacken wird und dann nicht mehr schmeckt. Es wird nur allmählich immer härter. Fünf Tage alt schmeckt es nicht anders als frisch. Wenn man in einem kleinen Boot haust und stets damit rechnen muß, einmal bei schlechtem Wetter irgendwo festzusitzen, wo kein Laden in der Nähe ist, sorgt man stets für ausreichenden Brotvorrat an Bord, und so kommt es, daß das Brot immer ein, zwei Tage alt ist, wenn man es verzehrt. Die Bäckerläden sind die nettesten Läden in Deutschland.

Gleich danach kommen die Schlächterläden. Außer Wurst, Schinken und Speck halten die Schlächter das ganze

Jahre über Schweinefleisch feil; daneben auch oft Rindfleisch. Aber sonst nur sehr wenig. Wir beide, Kathleen und ich, machen uns mitten im Sommer nicht viel aus Schweinefleisch, und in diesem Jahr war es Kathleen überhaupt verboten. Wir verlangten daher zunächst immer, obwohl wir kaum darauf hoffen durften, die selteneren Fleischsorten, die wir etwa einmal in vierzehn Tagen zu kaufen bekamen. Es entspann sich ungefähr folgendes Gespräch:

Schlächter: »Guten Tag!«

Ich: »Guten Tag! Haben Sie heute Lammfleisch?«

Schlächter: »Lammfleisch? Lamm? Nein, hab' ich nicht!«

(»Natürlich nicht!« war der Unterton in seiner Stimme.)

Ich: »Haben Sie dann vielleicht Schaffleisch?«

Schlächter: »Nein, hab' ich nicht!«

(»Sie alter Dussel!«, hätte er wohl am liebsten hinzugefügt.)

Ich (ganz niedergeschlagen): »Ach, je!«

Schlächter (einlenkend): »Aber mein Schweinefleisch ist immer vorzüglich!«

Ich: »Danke! Dann geben Sie mir bitte dreiviertel Pfund Beefsteak!«

Für gewöhnlich bekamen wir Rindfleisch, und es war meist ausgezeichnet. Es wird nur in den deutschen Restaurants im allgemeinen nicht gut zubereitet. Manchmal kriegten wir auch Kalbskoteletts; selten, an Tagen, die rot angestrichen zu werden verdienen, Hammelkoteletts, ein wahrer Genuß, wenn man sich lange von Rindfleisch ernährt hat. Es ist übrigens komisch, was die deutschen Schlächter mit Hammelkoteletts anstellen. Zunächst lösen sie jedes bißchen Fett ab – warum, das werde ich später erklären – und sehen einen dann fragend an. Man nickt zustimmend, wie es auch nicht anders erwartet wird. Nun ergreift der Schlächter sein großes Hackmesser, ein Beil von

---

191

der doppelten Größe eines gewöhnlichen Henkerbeils, wirbelt es in der Luft umher und läßt es mit der flachen Seite schmetternd nach der Reihe auf sämtliche Hammelkoteletts niedersausen. Die Koteletts werden sofort doppelt so groß. Knochensplitter fliegen durch die Luft und prasseln gegen Wände und Fenster. So muß man Beefsteaks unmittelbar vor dem Braten behandeln. Aber ich zweifle sehr, ob es die richtige Art ist, mit Hammelkoteletts umzugehen.

In Deutschland geben sich die Schlächter die größte Mühe, das Fett nicht mitzuverkaufen. Sie sind darin ganz anders als ihre englischen Kollegen, die Fett bei jeder Gelegenheit loszuwerden versuchen und es sogar in Lendenstücke einschmuggeln, wo es nichts zu suchen hat. Sie nehmen einem dann auch noch den Preis für Lendenfleisch dafür ab. In England bekommt man vom Schlächter Koteletts ins Haus geschickt, an denen lange Fettfetzen hängen, die Geld kosten und nicht schmecken. Die deutschen Schlächter geben einem dagegen so wenig Fett wie möglich mit. Sie beschneiden die Koteletts, – vor dem Wiegen! – bis nur noch das magere Kernstück übrig ist. Unter Beefsteak verstehen sie reines rotes Fleisch. Schon oft habe ich einen englischen Schlächterladen schicksalergeben mit dem Bewußtsein verlassen, daß sich der Fleischer ins Fäustchen lachte, weil er mir viel zu viel Fett angedreht hatte. In Deutschland dagegen hatte ich beim Verlassen eines Schlächterladens das Gefühl, daß der Schlächter vor sich hinmurmelte: »Dieser dumme Engländer hat ganz mageres Fleisch genommen und sich nicht getraut, etwas Fett zu verlangen!« Ich habe mich damit abgefunden, obwohl wahrscheinlich Englands Ansehen darunter litt. Aber ich bin nun einmal kein Freund von Fett, und Kathleen macht sich auch nichts daraus.

Nach Brot und Fleisch erhob sich stets die Milchfrage für uns. Es ist immer große Nachfrage nach frischer Milch an Bord der ANNIE MARBLE. Ohne frische Milch schmeckt der Tee nicht, und man kann auch keine Milchpuddings herstellen. Auch zum Frühstückskaffee haben wir am liebsten nur frische Milch. Wir hatten einen Tagesverbrauch von mindestens eineinhalb Liter. In den großen Städten bekam man sie leicht. Dort gibt es überall Milchgeschäfte, die Milch und Sahne feilhalten. In den etwas kleineren Städten fuhr meist ein Wagen herum, von dem man Milch kaufen konnte. Bei unsern Morgeneinkäufen bekamen wir ihn ziemlich sicher zu fassen. Aber in den kleinen Orten war die Sache anders. Es ist schon schwer genug, in einem kleinen englischen Nest Milch zu kaufen. Aber in Deutschland ist es noch viel schwieriger. Ich pflegte ganz gewissenlos mit Kathleens flehendem Augenaufschlag hausieren zu gehen. Sie fragte den Kaufmann, in dessen Laden wir standen, wo es Milch zu kaufen gebe. Für gewöhnlich machte er dann ein zweifelndes Gesicht, was in Gegenden, wo mehr Kühe als Menschen vorhanden sind, meistens bei der Frage nach Milch geschieht. Daraufhin schaute Kathleen enttäuscht drei und veranlaßte den Kaufmann oft dazu, seine Frau zu bitten, uns etwas Milch aus ihrem Haushalt abzugeben. In anderen Fällen bekamen wir halb verständliche freundliche Ratschläge darüber zu hören, wo wir vielleicht Milch kriegen könnten. Und nun begab sich Kathleen auf den Kriegspfad. Gelegentlich geriet sie dabei in die seltsamsten Winkel. Sie sah sich in die dunkelsten Gegenden des Ortes verschlagen, wo kein Mensch ein Wort von ihr verstand und sie selbst nichts von alledem begriff, was man zu ihr sagte. Meist schwenkte sie einfach ihre Milchkanne hin und her – eine Bewegung, die niemand mißverstehen konnte – und folgte dann dem Fingerzeig der Leute, an die sie sich gewandt hatte. Schließlich sah sie in irgendeinem Seitengäßchen ein, zwei große Kannen, in denen die Milch zum Markt gebracht wird. Sie klopfte gegen die Kannen und trotzte dabei heroisch dem Gekläff zahlreicher Hunde, die plötzlich aus dem Nichts auftauchten. Sie stellte ihr Klopfen nicht eher ein, als bis jemand erschien, um sich nach der Ursache des fürchterlichen Radaus umzuschauen. Dem hielt Kathleen dann ihren Milchtopf vor die Nase und gab dazu flehentliche Laute von sich. Recht oft, so hat sie mir erzählt, schüttelte der Ankömmling bloß den Kopf und ging wieder weg. Aber Kathleen, von dem Gedanken an Tee oder Milch zur Verzweiflung getrieben, setzte ihr Klopfen gegen die Kannen so lange fort, bis irgend jemand mit gereizter Miene erschien und ihr Milch gab, bloß um seine Ruhe zu haben.

Die einzige Stelle, wo wir niemals Milch bekamen, waren die Molkereigenossenschaften, die einem in jedem Ort gleich in die Augen fallen. Dort mochte Kathleen klopfen, soviel sie wollte, und stundenlang betteln wie ein junger Hund, ohne auch nur einen Tropfen des köstlichen Nasses zu bekommen. Die Leute in den Molkereigenossenschaften schienen alle besonders hartherzig oder nicht recht bei Verstande zu sein. Aber die Deutschen, die wir trafen, – es waren meist auch Bootsfahrer – gingen, wenn sie Milch haben wollten, immer zu den Molkereien und bekamen auch gleich Milch, süße und saure Sahne, weißen Käse und Butter, soviel sie nur haben wollten. In diesen Molkereien muß es eine geheime Parole geben, die wir niemals haben erfahren können.

Zuweilen stießen wir auf Meierhöfe, die ganz für sich lagen. Dort erhielten wir auf Anhieb Milch und bekamen freundliche Gesichter zu sehen. Aber in Norddeutschland sind solche einzelstehenden Meiereien selten. Meist befinden sie sich mitten in den kleinen Orten, und dort mußten wir das eben geschilderte Theater aufführen.

Auch Gemüse kann man nicht wie in Frankreich und England preiswert und frisch von einzeln wohnenden Häuslern kaufen, weil es in Norddeutschland kaum einsame Bauernhäuschen gibt. Sie stehen vielmehr fast alle in Dörfern beieinander, und ich glaube, alle diese Dörfer liegen wie in Ägypten auf kleinen Erhöhungen über dem Hochwasserspiegel. Wer sich im offenen Flachland ein Haus baut, der fordert den Tod durch Ertrinken geradezu heraus.

Die Milchläden verkaufen außer Vollmilch auch Buttermilch, die sehr billig ist, aber bitter schmeckt. Sahne bekommt man ebenfalls überall. Kathleen und ich haben sie sehr gern. Aber unsere Aufnahmefähigkeit für Sahne ist begrenzt. Wenn wir zum Lunch Früchte mit Sahne gegessen, Sahne in unsern Tee getan und den Milchpudding mit Sahne zubereitet hatten, war uns zumute, als hätten wir zehn Tage lang von nichts anderm als Sahne gelebt. In den Milchläden gibt es auch weichen Weißkäse unerhört billig zu kaufen. Es ist die einfachste Art von Käse. Weißkäse für zehn Pfennig reicht zu zwei Mahlzeiten für zwei Menschen aus. Bei unserer Art, herumzureisen, macht es großen Spaß, unterwegs die örtlichen Käsesorten auszuprobieren. Die verschiedenen Käse, die wir in Deutschland kennen lernten, hatten einen guten Geschmack, aber meist ein sehr kräftiges Aroma.

Wir hatten noch andere Methoden, uns Milch zu verschaffen. Aber sie sind zu zahlreich, als daß ich sie alle anführen könnte. Eine bestand darin, daß wir uns mit den kleinen Jungens, die stets erschienen, wenn wir in eine Ortschaft kamen, anfreundeten und sie dazu anstellten, uns Milch zu besorgen. Das glückte immer, wenn wir es versuchten. Um uns mit den Jungens anzufreunden, brauchten wir zunächst bloß zu fragen, zu welchem Land unsere rote Flagge gehöre. Einer von ihnen war stets im Bilde. Dann sprachen wir Englisch mit ihnen, und es war immer einer dabei, der sich mit seinen Antworten sehen lassen konnte. Schließlich zogen wir Zigarettenbilder hervor und verteilten ein paar. Daraufhin war es kein Kunststück mehr, Milch zu bekommen. Übrigens söhnte sich Kathleen bei solchen Gelegenheiten mit der Tatsache aus, daß ich täglich dreißig Zigaretten rauchte.

Zigarettenbilder sind bei den Jungens in Deutschland ebenso beliebt wie in England. Nur sind sie in Deutschland viel seltener. Außerhalb der großen Städte fällt es keinem Menschen im Traume ein, eine ganze Packung Zigaretten auf einmal zu kaufen. Die Landbewohner in Deutschland kaufen sich immer nur zwei Zigaretten. Wenn man in einem Tabakladen oder in einer Gastwirtschaft Zigaretten verlangt, werden einem gewöhnlich zwei Stück hingelegt. In Tabakläden hatte ich stets die größten Schwierigkeiten, mich verständlich zu machen. Ich mußte meine Bitte vier- bis fünfmal wiederholen, ehe der Händler mir wirklich glaubte, daß ich fünfzig Zigaretten auf einmal haben wollte. Ich ging öfter nach dem Zigarettenkauf noch weiter und bestellte mir eine Tasse Kaffee. Dann setzte sich meist jemand, dem die sensationelle Neuigkeit schon zu Ohren gekommen war, schüchtern neben mich und begann eine Unterhaltung. Zuerst sprachen wir immer über Kanäle, Flüsse und Motorboote. Aber die ganze Zeit über konnte ich bemerken, wie eine furchtbar dringliche Frage auf den Lippen meines Nachbarn zitterte, und bald konnte er sie nicht mehr unterdrücken. Ganz bescheiden kam er damit heraus: » Was in drei Teufels Namen fangen Sie bloß mit fünfzig Zigaretten auf einmal an?«

Die übrigen Einkäufe spielten sich in Deutschland ganz ähnlich ab wie in England. Das Gemüse ist meist gut und preiswert, und in der kurzen Saison gibt es ausgezeichneten Spargel in Hülle und Fülle. Obst ist dagegen knapp und teuer, wohl vornehmlich deshalb, weil es eingeführt wird. In keinem Laden bekommt man Himbeeren zu sehen. Dabei reichen die Waldhimbeeren zur Versorgung der gesamten Bevölkerung aus. Sie sind auch sehr gut im Geschmack, und ich habe sie eimerweise gegessen. Heidelbeeren gibt es für Leute, die sie mögen, in unglaublichen Mengen. In den meisten Wäldern sind sie ohne viel Mühe zu finden. Man braucht sich nur hinzusetzen – dann hat man auch schon so viele Heidelbeeren in Reichweite, daß man eine ganze Waschschüssel voll sammeln kann. Das ist keine Übertreibung. In manchen Gegenden gibt es ebensoviel Walderdbeeren.

Fische bekommt man in allerhand Läden zu kaufen, wo man sie gar nicht vermutet. Nur selten findet man in kleineren Orten ein Geschäft, das lediglich Fische feilhält. Frischen Seefisch gibt es kaum jemals, dagegen fast überall Dörr- und Räucherfisch, vor allem Spickaal und Kabeljau. Aber daraus machten wir uns nicht viel. Meist fanden wir in Grünkramläden große Bassins mit fließendem Wasser, in denen etwa ein Dutzend dicke Fische melancholisch umherschwammen. Wir deuteten auf den Fisch, der uns reizte, und dann fing ihn der Gemüsehändler, warf ihn in die Wiegeschale und wog das springende, zappelnde Tier ab. Darauf nannte er den Preis und, wenn wir einverstanden waren, tötete er das arme Biest mit einem Schlag und händigte es uns ungesäubert und ungeschuppt aus. Das war dann wenigstens ein Frischwasserfisch. Bis auf Forellen schmeckten uns diese Fische nicht besonders; aber sie bildeten immerhin eine angenehme Abwechselung. Von der Hälfte all der Fische habe ich niemals die deutschen Namen gelernt; ich kannte nicht einmal die englischen. Die beiden beliebtesten deutschen Fischsorten, Barsch und Schlei, fanden wir nur mäßig. Wir haben nie einen Hecht zu kaufen bekommen, der uns klein genug gewesen wäre. Auch Hecht wird in Deutschland sehr gern gegessen. Schließlich fanden wir heraus, daß es am billigsten und bequemsten war, frische Fische von einem der vielen Fischer zu kaufen, die in Flüssen und Seen mit Schleppnetzen und Legeangeln ihrem Gewerbe nachgehen.

Die seltsamsten Erfahrungen habe ich bei dem Versuch gemacht, verschiedene Chemikalien, wie zum Beispiel Jodtinktur, in Apotheken zu besorgen. Der Apotheker verstand mein Deutsch nicht, und ich das seine ebenso wenig. Man muß auf alle Fälle eine Sprache schon recht gut beherrschen, um das Wort »tincture of iodine« übersetzen zu können. Immerhin fand sich ein Ausweg aus der Schwierigkeit. Mir fiel plötzlich wieder ein, daß ich früher einmal in finsterer Vorzeit, ehe ich Dichter wurde, Medizin studiert hatte. War nicht gerade Arzneimittelkunde das Fach gewesen, in dem ich mein allerletztes Examen gemacht hatte, und waren nicht neun Jahre Lateinunterricht vorausgegangen? Ich begab mich hinter den Ladentisch des Apothekers, wo sich all seine kleinen Schubfächer und Flaschen mit lateinischen Aufschriften befanden. Hier konnte ich mit dem Finger auf das weisen, was ich haben wollte. Aber es ging noch weiter: wie durch ein Wunder hörte ich mich plötzlich selbst Lateinisch reden und den

Apotheker auf Lateinisch antworten. Ich hatte bisher nie geglaubt, daß Latein eine Umgangssprache sei. Ich sagte: »habeo parvam navem in flumine!« und »fui juvenis medicus!« und dergleichen ohne jede Mühe und Anstrengung. Es war mir eine angenehme Abwechslung gegen das Deutsch. Ich glaube, der Apotheker wird bis an sein Lebensende diese Unterhaltung nicht vergessen. Ich bestimmt nicht; denn der Hauptspaß bei der Sache bestand darin, daß Kathleen, die sich das ganze Gespräch mit anhörte, gar nicht merkte, daß wir statt Deutsch Lateinisch redeten. Für Kathleen ist nämlich eine Sprache wie die andere, solange es sich nicht um Englisch handelt.

Das schöne Schwerin

Es ist schon lange her, seit ich mich dazu verleiten ließ, abzuschweifen und von unsern Einkäufen zu plaudern. Damals lagen wir gerade in Havelberg, und Kathleen hatte sich den Fuß verstaucht. Wir ließen uns durch den Unfall nicht weiter aufhalten, weil wir viel zu erpicht darauf waren, weiterzukommen. Wir wandten der hübschen kleinen Stadt unsern Rücken und verfolgten havelabwärts unsern weg. Hier wird der Fluß für einige Kilometer langweilig und beinahe häßlich. Wie üblich, wehte ein frischer Gegenwind, und die Spritzer flogen nur so. Wir wurden von Zweifeln geplagt, wie es wohl auf der Elbe aussehen mochte, die wir in einer halben Stunden erreichen mußten. Havel und Elbe fließen vor ihrer Vereinigung fast parallel nebeneinander her. Deshalb mußte wohl auch auf der Elbe der Wind stromaufwärts wehen, wenn er es auf der Havel tat. Und gerade aus der letzten Zeit, die wir auf der Elbe verbracht hatten, wußten wir zur Genüge, was solch ein Wind mit ihrer Wasserfläche aufzustellen vermochte. Aber wir waren doch entschlossen, wenigstens einen Versuch zu machen. Sah es zu schlimm auf der Elbe aus, dann wollten wir uns in ein stilles Seitenwasser der Havel zurückziehen.

Und nun muß ich von einem Wunder künden und wegen all der Grobheiten, die ich über den Wind auf der Elbe gesagt habe, feierlichst um Entschuldigung bitten. Wir verließen die Havel, indes Spritzwasserfluten zu beiden Seiten des Bugs in die Lüfte stoben, und fanden auf der Elbe – friedliche Stille. Sie war noch immer der große, grüne mächtig dahinströmende Fluß. Die goldenen Sandstreifen an beiden Ufern traten noch etwas breiter hervor, und die Wasserfläche war glatt wie auf einem Teich. Das war aber noch nicht alles. Der Wind, der uns auf der Havel gezwungen hatte, uns in Shawls und wasserdichte Mäntel zu hüllen, war auf der Elbe zur erfrischenden Brise geworden. Wieso, – das kann ich mir nicht erklären. Ich kann nur die Tatsache feststellen und versichern, daß ich die reine Wahrheit berichte.

Schnell fuhren wir mitten auf die Elbe hinaus und wandten uns dann flußabwärts. Es war ein wunderbares Gefühl: wo wir früher mühsam mit einer Stundengeschwindigkeit von sechs Kilometern stromaufwärts weitergekommen waren, jagten wir jetzt mit achtzehn Kilometern die Elbe zu Tal. Während wir früher peinlich genau unsern Kurs gesteuert und sorgfältig alle Biegungen geschnitten hatten, wobei wir an den verhaßten Buhnen so nahe vorbeigefahren waren, wie wir es überhaupt nur wagen durften, – konnten wir jetzt sorglos in der Mitte der Elbe unsern Weg flußabwärts nehmen. Wir kamen in zehn Minuten um Biegungen herum, für die wir einst eine halbe Stunde gebraucht hatten. Der Blick änderte sich wunderbar schnell. Wir umarmten uns vor Freude und setzten fröhlich unsere Fahrt fort.

Auch die Elbe wirkte anders, und daran waren nicht bloß unser schnelles Tempo, der lachende Himmel und das glitzernde Wasser schuld. Die Wiesen leuchteten grün, und die Bäume standen voll im Laub. Auch Menschen sah man jetzt überall auf den Feldern arbeiten, wo wir zuvor nur trostloses, verlassenes Land erblickt hatten. Sie nahmen uns das Einsamkeitsgefühl, das wir auf der ganzen Fahrt stromaufwärts empfunden hatten. Mitte Juni ist die Elbe viel schöner als Anfang Mai. Sie ist ein Fluß für gutes Wetter; dann aber ist sie herrlich für Motorboote.

Wir schwelgten eine schöne Stunde lang, vielleicht noch etwas länger, in dem überirdischen Genuß einer Talfahrt auf der Elbe. Das Wetter war so prachtvoll, daß wir nicht einmal Windschutz aufzusuchen brauchten. Zur Nacht liefen wir in einen kleinen, versandeten See ein, der eigentlich nichts anderes war als die Erweiterung einer Durchfahrt zwischen zwei Buhnen. In ihm ankerten wir, ohne auch nur den Schutz des niedrigen Ufers aufzusuchen, und nahmen ein schönes Bad. Von ANNIEs Dollbord aus, der wirklich nicht sehr hoch war, konnten wir die Niederung mit Feldstechern überschauen und die Menschen bei ihrer Feldarbeit beobachten. Es gab nicht allzuviel zu sehen; denn ringsum war meist Wiesenland. Das Heuen war gerade voll im Gange. Heuernte, wo sich noch vor sechs Wochen kein Blättchen geregt hatte! Eine Mähmaschine war nur auf jedem zwölften Feld zu sehen. Auf allen andern wurde entweder mit Sensen, oder, was kaum zu glauben ist, mit Sicheln gemäht. Die Frauen gingen hinterher, harkten zusammen und wendeten das Heu. Sie hatten gegen die Sonne weiße Schuten auf dem Kopf. Ich war ganz verblüfft, nachdem ich so viel von den fortschrittlichen Methoden in Deutschland gehört hatte.

Am nächsten Tage setzten wir unsere eilige Fahrt fort. In Wittenberge gingen wir morgens zu Einkäufen an Land und jagten dann noch fünfzig Kilometer flußabwärts, die uns in entgegengesetzter Richtung mühevolle Tage gekostet hatten. Das Wetter blieb vollkommen schön, und die Elbe hatte sich aus einem häßlichen Entlein in einen Schwan verwandelt, der unsere Herzen eroberte. Jetzt hatten wir auch das beschwerliche Anlegen am Ufer nicht mehr nötig, wenn wir unsern Benzintank auffüllen wollten, und wir brauchten auch nachher nicht mehr in eine reißende Strömung hinaus, die uns zurücktrieb, während wir unsern Start vorbereiteten. Jetzt stellten wir einfach den Motor inmitten des Flusses ab, ließen uns von der ruhigen Strömung treiben und gaben dem Auspufftopf wie es in der Gebrauchsanweisung stand, Gelegenheit, sich abzukühlen, ehe wir auffüllten. Beinahe hätten wir uns dazu bestimmen lassen, zu lunchen, während wir so dahintrieben. Aber da kam uns plötzlich der Gedanke an den wundervollen See, der hier in der Nähe liegen mußte,und auf dem wir vor langer Zeit eine Nacht zugebracht hatten. Das veranlaßte uns, anzuhalten. Wir fanden auch den Zugang; aber man kam nicht mehr hindurch. Seit unserm letzten Hiersein war der Wasserstand der Elbe etwa um fünfzehn Zentimeter gesunken, und nicht einmal ANNIE kam durch das eineinviertel Zentimeter tiefe Schlammwasser weiter, das in der Durchfahrt als einzige Flüssigkeit verblieben war.

Wir aßen in fliegender Hast unseren Lunch und schlossen dann wieder auf den breiten blauen Strom hinaus. Die letzten fünfzehn Kilometer bis Dömitz legten wir in einer knappen halben Stunden zurück und winkten den flußaufwärts treibenden Lastkähnen ganz verzückt zu, als wir sie hinter uns ließen. Dann brausten wir unter der großen Eisenbahnbrücke durch, wendeten prompt und fuhren in die kanalisierte Elde, deren unscheinbare Einmündungsstelle uns auf der Fahrt flußaufwärts überhaupt nicht aufgefallen war.

Die erste Schleuse lag bloß ein paar Meter eldeaufwärts. Wir legten an. Ich überließ Kathleen der Pflege ihres verstauchten Fußes, ging zur Schleuse hinüber und warf wie stets bei solchen Gelegenheiten vor Erwartung zitternd, einen ersten Blick auf den kleinen Wasserlauf, der zu den geheimnisvollen Mecklenburger Seen führte. Dann suchte ich den Schleusenwärter auf, der uns weiterfahren lassen sollte, und mußte auf der Stelle eine schwere Enttäuschung erleben. Sie traf mich wie ein Schlag, und der kleine Nadelstich, den ich als Zugabe erhielt, zählte kaum mit.

Um zuerst von dem Nadelstich zu sprechen: stolz wies ich meine Schleusenscheine vor, für die ich in Brandenburg trotz starker Bedenken meine schwer verdienten zwei Mark achtzig entrichtet hatte, und die mir freie Durchschleusung zwischen Elbe und Oder sichern sollten. Sie hatten mich zu meinem Erstaunen durch die drei Schleusen au der Havel hindurchgebracht. Aber als ich sie jetzt dem Schleusenwärter in Dömitz zeigte, schüttelte er nur verächtlich den Kopf.

»Die gelten nur für Preußen,« erklärte er von oben herab, »aber hier sind wir in Mecklenburg. Wir haben unser eigenes System!«

Darauf nahm er mir eine Mark fünfzig als Gebühr für die nächsten vier Schleusen ab, gab mir ein Formular dafür und die strenge Anweisung, es an jeder Schleuse, zu der wir kamen, auszufüllen: eine Formalität, die man in Preußen nicht kannte.

Aber das war, wie gesagt, gar nichts im Vergleich zu der schrecklichen Eröffnung, die er mir machte, als ich ihn ganz bescheidentlich bat, nach den Mecklenburger Seen weiterfahren zu dürfen. Wir könnten wohl bis Schwerin, wenn wir wollten – so sagte er – aber auf der anderen Strecke des Eldekanals sei der Weg zu den Seen und zur Oder gesperrt. Dort befinde sich eine Schleuse im Umbau, und da könne man einfach nicht weiter. Der Chefredakteur in Berlin war über seine Flüsse also doch besser im Bilde gewesen als wir!

Ich ging zu Kathleen mit ihrem geschwollenen Fuß zurück und brachte ihr die Hiobsbotschaft so schonend wie möglich bei. Besorgt überlegten wir hin und her. Wenn wir auf der Elde nicht weiterkamen, blieb uns nichts anderes übrig, als auf der Elbe die hundert Kilometer, die wir eben so vergnügt flußabwärts gekommen waren, wieder zu Berge zu fahren. Eine scheußliche Vorstellung, die uns ganz närrisch machte! Schon beim bloßen Gedanken daran wandelte sich unsere frischgebackene Liebe zur Elbe in giftigen Haß. Aber mit britischem Eigensinn bissen wir die Zähne zusammen. Wir wollten uns nicht von einer Schleuse, bloß weil sie unpassierbar war, zurückschrecken lassen. Wir würden einfach weiterfahren, und wenn wir nach Lübz kamen, wo sich die Schleuse befand, würden sich schon Mittel und Wege finden, sie zu umgehen, hindurch oder darüber wegzukommen, und wenn wir selbst über die Wehrströmung mußten. Mit diesem Entschluß kehrte ich zum Schleusenwärter zurück und erklärte ihm von oben herab, uns seien sämtliche schadhaften Schleusen Mecklenburgs ganz gleichgültig. Ich deutete dabei an, daß sich Engländer durch solche Kleinigkeiten nicht abschrecken ließen und erhielt auf meine Bitte die Erlaubnis zur Weiterfahrt. Er war viel zu verblüfft, um zu protestieren.

Wir hatten solchen Eindruck auf ihn gemacht, daß er seinen Mecklenburger Stolz aufgab und sich zu dem Ratschlag herbeiließ, wir sollten hier in Dömitz noch möglichst viel Vorräte an Bord nehmen; denn fast die ganze Strecke bis Schwerin führe durch unbewohntes Land oder Städte. Dieser Rat war sehr vernünftig. Wir kauften gleich für zwei Tage ein, ehe wir Dömitz verließen. Beide Benzinkannen und den Motor ließen wir mit einem Gemisch aus Benzin und Öl füllen und besorgten uns dazu noch eine ganze Kanne unseres Lieblingsöls, das in Deutschland nicht leicht erhältlich ist. Nun hatten wir Benzin für mehr als sechzig Kilometer und für den Fall, daß wir zwar Benzin, aber kein Öl zu kaufen bekamen, noch für weitere siebzig Kilometer Öl.

Was uns der Schleusenwärter von der unbewohnten Gegend erzählt hatte, war richtig. Die längste Strecke zwischen Dömitz und Schwerin, auf der wir an keinem größeren Ort vorüberkamen, waren die fünfzig Kilometer oberhalb von Grabow. Ein großer Teil der kanalisierten Elde durchfließt das ödeste, verlassenste Heideland, das mir jemals vorgekommen ist. Die Kahlheit weiter Strecken wird in dieser Gegend noch durch einsame Krüppelkiefern, die vereinzelt herumstehen, betont. Wo aber der Fluß nicht gerade diese trostlose Heide durchquerte, floß er meist inmitten schöner Wälder zwischen Eichen, Buchen, Kiefern und Föhren dahin.

Ich möchte die Elde nicht gerade mit einem zehn Meter langen Schnellboot befahren. Sie hat ziemlich scharfe Krümmungen und Windungen, die oft an ganz spitz umgebogene Haarnadeln erinnern. Aber das spricht durchaus nicht gegen die Elde; denn gerade die vielen Windungen und Ecken machen die Fahrt auf ihr abwechslungsreich und halten ständig das Interesse wach. Sie ist für kleine Boote ideal; ein Fluß, wie ich ihn mir immer gewünscht hatte. Bis auf die Heidestrecken ist das Landschaftsbild der Elde wunderschön. Sie ist tief und bietet trotz einer Breite von nur etwa achtzehn Metern keinerlei Schwierigkeiten. Der Verkehr beschränkt sich auf das zweimal wöchentlich nach Schwerin fahrende Schiff und ein paar Paddel- und Ruderboote. Es gibt nur sehr wenig Städte, und die, zu denen wir kamen, wie Grabow, haben sich wohl seit dem Mittelalter nicht wesentlich verändert. Nur sieht man heutzutage in den Schaufensterauslagen ein paar landwirtschaftliche Maschinen. Der Friedrich-Franz-Kanal, in den man auf der Fahrt nach Schwerin einbiegt, macht einen ganz andern Eindruck. Er fließt viele Kilometer kerzengerade durch freies Wiesenland. Er ist nicht breiter als die Elde. Aber sein gerade Lauf bringt seltsame optische Wirkungen hervor. Als wir aus der Schleuse am einen Ende des Kanals auftauchten, konnten wir bis zur Schleuse am andern Ende sehen. Die Brücke, die auf halben Wege über den Kanal führt, wirkte aus der Entfernung lächerlich klein, und durch diese Brücke hindurch nahmen wir gerade noch in Blickweite ein winziges schwarzes Pünktchen wahr: die Stemmtore der nächsten Schleuse.

Abwechslung boten auf der Fahrt hauptsächlich die Schleusen. Man muß sie in Mecklenburg selbst bedienen, und die Mecklenburger Schleusen stellen die kurioseste Raritätensammlung dar, die ich jemals außerhalb eines Museums gesehen habe. Manche Falltore muß man mittels eines Zahnrades mit Sperrklinge hochwinden, andere mittels einer Eisenstange, in der sich eine Doppelreihe von Löchern befindet. In diese Löcher steckt man Pflöcke, die einem langen eisernen Hebel als Stützpunkte dienen. Manchmal drehen sich die Handgriffe in waagerechter, manchmal in senkrechter Richtung. Eine Schleuse hatte ein geheimnisvolles oberes Tor, das von selbst ins Wasser sank, wenn die Schleuse voll war, und aus dem Wasser hochgewunden werden mußte, ehe sie sich entleerte. Als wir bei dieser Schleuse anlangten, war sie gerade voll, und wir haben erst lange herumprobiert und ängstlich an dem Handgriff gedreht, ehe wir darauf kamen, daß das Tor ins dunkle Wasser versunken war.

Obgleich man die Schleusen selbst zu bedienen hatte, mußte man doch immer erst den Schleusenwärter ausfindig machen, um sich den »Schein« abstempeln und datieren zu lassen, ehe man weiterkonnte. Außerdem waren etwa an jeder vierten Schleuse eine Mark fünfzig bis vierzig Pfennige zu entrichten, wie es dem Schleusenwärter gerade in den Sinn kam. Er braucht nicht an der Schleuse zu wohnen. Manchmal wohnt er über einen Kilometer weit in einem Dorf. Manchmal ist er in einer Wassermühle am Wehr beschäftigt. In kleinen Städten kann es auch der Bäcker sein, der drei Straßen weit weg wohnt. Aber wo er auch sein mag, man muß ihn ausfindig machen und seine Unterschrift bekommen. Unterläßt man es, dann kommt man früher oder später doch zu einer Schleuse, wo der Wärter neben der Schleuse wohnt, und hat schreckliche Weiterungen. Das vermute ich wenigstens; ich selbst habe aber niemals feststellen können, was einem dann passiert. Ich war in der Jagd nach dem Schleusenwärter bald ebenso findig geworden wie Kathleen auf der Suche nach Milch.

Den meisten Spaß und die größte Freude haben uns auf dem Wege nach Schwerin die primitiven Zugbrücken bereitet, die über den Störkanal gehen, der vom Friedrich-Franz-Kanal zum Schweriner See führt. Beide Kanäle sind übrigens nur je dreißig Kilometer lang. Die Zugbrücken sind so eingerichtet, daß sie wie eine Hälfte der Tower Bridge in die Höhe gehen. Ihr Scharnier steht durch Zugseile mit einem Gegengewicht in Verbindung, das an einem Gerüst hoch in der Luft hängt, und das man meilenweit über das kahle Land hin sehen kann. Wenn man an die Brücke kommt, ist sie natürlich herabgelassen und durch zwei Bolzen festgeriegelt, die am Ende der Brücke in Hülsen am Lande stecken. Man zieht diese Bolzen heraus und geht dann von der Brücke hinunter, die nun sofort durch den Druck des Gegengewichts majestätisch in die Höhe geholt wird, so daß das Boot darunter wegfahren kann. Danach muß man natürlich die Brücke wieder schließen. Man spuckt sich in die Hände, krempelt die Hose hoch, nimmt einen tüchtigen Anlauf und stürzt sich auf die fast senkrecht vor einem aufragende Brücke. Der Anlauf bringt einen ein, zwei Meter weit hinauf, und nun packt man das Seitengeländer und klettert verzweifelt weiter empor. Wenn man fast oben ist, fängt die Hebelkraft des Körpergewichts an, die Brücke wieder nach unten zu drücken. Unter der Last bewegt sie sich allmählich schneller abwärts und stößt schließlich mit einem solchen Krach auf die Erde, daß einem die Zähne klappern. Aber man muß schon bis zu diesem Krach durchhalten; denn wenn man anfängt, die Brücke hinunterzugehen, hebt sie sich gleich wieder senkrecht in die Höhe. Ist sie ganz unten, läßt man die Bolzen in die Hülsen ein, zählt seine Brüche und fährt weiter.

Spötter meinen vielleicht, daß dies nicht die richtige Art sei, die Zugbrücken zu schließen, und daß es einen verborgenen Mechanismus geben müsse, durch den sie heruntergedreht werden könnten. Das dachten Kathleen und ich auch erst, und wir haben von oben bis unten danach gesucht, bis wir uns schließlich ganz verzweifelt zu dem eben geschilderten Verfahren entschlossen. Aber es gibt wirklich keinen solchen Mechanismus. Später haben wir einen deutschen Schiffer beobachtet, der die Sache genau so handhabe wie wir. Und kein deutscher Schiffer wurde sich wohl zu so ausgefallenen Turnübungen verstehen, wenn er nicht müßte.

Eine Fahrt auf diesen fast vergessenen Mecklenburger Wasserläufen ist sehr hübsch und für alle englischen Motorbootfahrer leicht zu machen. Dömitz liegt nur hundert Kilometer elbaufwärts von Hamburg und bis Schwerin braucht man von Dömitz auf der Elde und den Kanälen auch nicht viel weiter zu fahren. In anderen Worten: von Hamburg nach Schwerin hin und zurück ist eine bequeme Vierzehntagetour.

An einem Sonntag ging es durch die letzte Schleuse und dann noch ein paar Kilometer den Kanal bis zum Schweriner See. Hier konnte man über Verkehrsstille auf dem Wasser nicht klagen. Sämtliche Motorboote Schwerins – und es gibt viele! – waren zum Sonntag ausgelaufen und über den See gefahren. Am Kanal wurde gefrühstückt. Mindestens alle fünf Minuten begegnete uns ein Boot, und jedesmal rief der Anblick unserer wehenden Heckflagge Staunen hervor, dem sofort ein herzlicher Gruß folgte. Sollte der König jemals auf ANNIE MARBLE eine Fahrt unternehmen, dann wird er sich bestimmt so vorkommen wie ich. Mit der einen Hand hielt ich die Pinne fest, indessen die andere ständig damit beschäftigt war, die Vorüberfahrenden zu grüßen. Kathleen empfand die Sache viel lästiger; denn sie mußte die Grüße der Damen erwidern, und es ist nicht so ganz leicht, sich höflich zu verneigen, wenn man mit ausgestreckten Beinen auf dem Boden eines Bootes sitzt.

Als der Kanal zu Ende war, flitzten wir beinahe unvermittelt auf den See hinaus. Der Schweriner See ist wohl der schönste der größeren Seen Norddeutschlands. Zweiundzwanzig Kilometer lang und sechs Kilometer breit, wird er fast seiner ganzer Länge nach durch einen niedrigen Damm geteilt, der aber nicht in Erscheinung tritt. Ringsum ist er von bewaldeten Hängen umsäumt, die etwa sechzig Meter hoch sind. Die Sonne strahlte, Wasser und Himmel waren blau, und der Wind war gerade stark genug, eine leicht schäumende Bugwelle zu erzeugen. Mitten im See liegen zwei schöne, bewaldete Inseln, deren Grün zusammen mit den mächtigen grünen Hängen ringsum das Blau und Gold zur vollendeten Harmonie abstimmte. In der Ferne am anderen Ende des Sees, waren die Türme des Doms und die Renaissancefassade des Schlosses zu sehen. Ein märchenhaftes, schönes Landschaftsbild! Wir vergaßen all unsere Sorgen, während wir über den See dahinglitten, am Fuß der Hänge in der Nähe der Stadt im kristallklaren Wasser anlegten und den ganzen goldenen Nachmittag über die Aussicht genossen.

Wir hatten wirklich Sorgen, und das wurde uns erst am nächsten Morgen so richtig klar, als wir in die Stadt gingen. Wir waren knapp bei Kasse. Sieben Mark – das war alles, was wir beide aufzuweisen hatten, als wir unser Geld zusammenkratzten. An dieser Knappheit war in erster Linie die närrische Hast schuld, mit der wir uns aus Berlin davongemacht hatten. Früher pflegte ich immer bei der Lektüre von Reisebüchern die Nase über solche Mißwirtschaft zu rümpfen, die es dazu kommen ließ, daß das Bargeld ausging. Heute habe ich mehr Verständnis dafür, wenngleich unsere Klemme vor allem auch darauf zurückzuführen war, daß es in dem vom Touristenverkehr vergessenen Norddeutschland nur sehr wenige Orte gibt, wo man Reiseschecks einlösen kann. Trotzdem waren wir bloß leise besorgt und keineswegs verzweifelt, als wir zur Stadt hinaufgingen; denn ich hatte vor kurzem in einem lichten Augenblick nach England geschrieben und mir Geld postlagernd nach Schwerin bestellt. Wir begaben uns also zum Hauptpostamt. Es war auch Post für mich da, hauptsächlich Briefe von entrüsteten Chefredakteuren, die über zu wenig Photos fluchten. Aber – Geld war nicht gekommen. Enttäuscht blickten wir uns an. Wir besaßen zusammen sieben Mark, und es gab zwei, drei Möglichkeiten für uns, die alle nicht sehr erfreulich waren. Als hungernder Poet hatte ich mich früher oft mit sieben Schillingen vierzehn Tage über Wasser gehalten. Aber wenn nun das Geld überhaupt nicht kam? Rostock war etwa neunzig Kilometer entfernt; dort konnte ich einen Scheck einlösen. Mit sieben Mark würde ich vielleicht die Bahnfahrt bis Rostock bezahlen können. Aber dann blieb für Kathleen nichts übrig, und wir kannten die Fahrpläne zur Genüge, um damit zu rechnen, daß ich vor meiner Rückkehr womöglich in Rostock übernachten mußte. Und dabei hatten wir gerade für heute das opulenteste Schlemmermahl in Aussicht genommen, das wir im besten Hotel Schwerins bekommen könnten! Wir konnten es schon vor Hunger kaum noch aushalten. Hunger und Ärger über meine Dummheit ließen schließlich einen Plan in mir reifen. Ich suchte eine Bank auf und fragte dort zunächst nach einem Beamten, der Englisch spricht. Mit männlicher Fassung trug ich die niederschmetternde Mitteilung, daß niemand da sei, das das könne. Ich verfiel wohl oder über wieder in mein komisches Deutsch und bekam es damit tatsächlich fertig, die Bank zu veranlassen, daß sie mir einen Reisescheck einlöste. Ja – man machte mir sogar in aller Form das Anerbieten, einen Scheck auf London für mich einzulösen. Aber so weit wollte ich doch lieber nicht gehen; denn ich hatte nichts auf meinem Londoner Konto. Immerhin werde ich mich wohl nächstens, wenn ich in Geldschwierigkeiten bin, als Bauernfänger auftun. Wenn ich schon in lumpiger Motorbootskleidung einen Bankvorsteher, dessen Sprache ich nicht einmal verstehe, dazu bringen kann, mir einen Scheck auf London einzulösen, muß es mir bestimmt gelingen, in der American Bar des Savoyhotels einen Millionär Geld aus der Tasche zu locken. Jedenfalls alle Achtung vor dem Bankvorsteher, der uns aus einer mißlichen Lage gerettet hat!

Mit 207 Mark in der Tasche zogen wir los, und ich glaube, keine Mahlzeit in Deutschland, nicht einmal das Hamburger Mittagessen nach dem Schrecken von Zollenspieker, hat uns so trefflich gemundet. Danach kam uns Schwerin gleich noch viel strahlender und fröhlicher vor, obwohl wir uns nur mit Mühe vorwärtsbewegen konnten.

Schwerin ist wirklich ein heller, lustiger Ort, dessen großartige Lage man schon über den blauen, hügelumsäumten See hin erkennt. Es hat breite, saubere, schöne Straßen und freundliche Einwohner. Der Dom, zum größten Teil aus dem 14. Jahrhundert stammend, – einige Partien sind sogar noch älter – ist ein Musterbeispiel der Backsteingotik, und sein Inneres steht sogar – zur Besichtigung offen. Wunder über Wunder erlebten wir: man brauchte weder einen Küster ausfindig zu machen noch Eintrittsgeld zu zahlen. Innen sind vier prachtvolle flämische Grabplatten aus Bronze und die üblichen deutschen Wappen zu sehen. Das Schönste von Schwerin ist sein Schloß, die Großherzogliche Residenz. Sie liegt auf einer Insel im See, von der Stadt durch einen wenige Meter breiten Wasserarm getrennt. Das Schloß hat einen echten Renaissancekern, ist aber fast vollständig in der Mitte des letzten Jahrhunderts erbaut worden: eine Tatsache, die bei seiner Schönheit kaum glaublich erscheint. Der Architekt hat die Atmosphäre der Renaissance vollendet getroffen. Das Schweriner Residenzschloß ist das einzige im Stil einer vergangenen Zeit errichtete Bauwerk, das ich auf den ersten Blick gern hatte. Auch sein Inneres wirkt sehr anziehend. Nur an der unendlichen Länge des Zeughauses hatte ich etwas auszusetzen. Es enthält zahllose Reihen von Glasschränken, die mit den Uniformen sämtlicher Regimenter des Mecklenburger Heeres vollgestopft sind. Aber man kann dafür ständig von den Fenstern aus auf den herrlichen See schauen. Von allen Herrschern, die in den letzten zwanzig Jahren ihren Thron verloren haben, ist mir Seine Hoheit der Großherzog von Mecklenburg-Schwerin am sympathischsten. Auch die Schweriner Gemäldegalerie lohnt sehr den Besuch; aber man muß aufpassen, weil sie nur ein um den andern Tag geöffnet ist, und man schon um drei Uhr nachmittags hinausgeschmissen wird.

Alle diese Sehenswürdigkeiten der Stadt haben wir nicht etwa auf dem leise schläfrigen Spaziergang besucht, den wir nach unserer Schlemmerei unternahmen. Wir sind mehrere Tage in Schwerin geblieben und haben uns während der Zeit beim Schweriner Motorbootklub aufgehalten. Wir waren bei der Ankunft gleich dorthin gefahren und hatten ANNIE der Obhut des Klubwarts anvertraut. Als wir wiederkamen, wurde uns ein eindrucksvoller Empfang durch die Klubmitglieder zuteil, die im Laufe des Tages hingekommen waren. Es hat vielleicht keinen Zweck, ihnen hier in diesem Buch dafür zu danken, das sie wahrscheinlich nie lesen werden. Aber ich sehe keine andere Möglichkeit und möchte deshalb doch die Gelegenheit wahrnehmen. Die großzügige Gastfreundschaft, die zwei abgerissenen Landstreichern in einem unglaublich schmutzigen und unansehnlichen Boot erwiesen wurde, war wohl das überraschendste Erlebnis unserer Fahrt durch Deutschland. Es kann ja sein, daß zwei Deutsche bei einem Besuch in England der gleichen Freundlichkeit begegnen würden. Ich möchte es aber eher bezweifeln.

Schließlich mußten wir uns doch losreißen, und zwar nicht bloß, weil wir nach den unbekannten Abenteuern an der Lübzer Schleuse und nach den Gefahren des Müritzsees Verlangen trugen. Es gab auch noch prosaischere Gründe für uns. Kathleen hatte sich ja an der Havel den Fuß verstaucht und auf der Elde zwei Tage lang mit der Galle zu tun gehabt. Nach unserm dreitägigen Aufenthalt in Schwerin waren seit der letzten Wäsche an Bord der ANNIE MARBLE mehr als zwei Wochen vergangen. Ein Waschtag war daher dringend nötig. Wir nahmen Abschied, so leid es uns tat, fuhren nach der andern Seite des Sees hinüber und legten im verschwiegenen Versteck einer einsamen Bucht an. Dort schrubbte Kathleen die Hemden, Kissenbezüge, Pyjamas und alles, was ein Weißwarenhändler nur aufzuzählen vermöchte, hängte es dann zum Trocknen an die Zeltreifen, bügelte und lüftete die Wäsche und tat alles, was sonst noch dazu gehörte, bis sie sich schließlich nach fieberhafter Tagesarbeit für befriedigt erklärte.

Man muß nicht etwa denken, daß ich den ganzen Tag faul im Boot herumgesessen und meiner Frau bei der Arbeit zugeschaut hätte. So gut meint es das Leben nur selten mit mir. Ich hatte inzwischen verschiedene Briefe, hauptsächlich an Chefredakteure, geschrieben und die Dürftigkeit meiner Photosendungen hinwegdisputiert. Als die Wäsche beendet war, machten wir uns auf, um die Post zum Briefkasten zu befördern. Am Ufer entlang gingen wir durch herrliche Wälder, zuweilen über die Höhen, manchmal auch an ihrem Fuße dahin. Auf der Landkarte hatten wir ein Dorf entdeckt; dorthin führte uns der Spaziergang. Es war das Dorf Gorslow, das gerade gegenüber von Schwerin auf der andern Seite des Sees lag. Aus langer Erfahrung wußten wir, daß in einem Dorf ein Gasthof und bei einem Gasthof ein Briefkasten war. Außerdem waren die paar Dörfer am See, die wir gesehen hatten, freundliche kleine Orte gewesen, gewissermaßen Ausläufer von Schwerin, das den Mecklenburgern als Sommerfrische dient.

Aber Gorslow war nichts dergleichen. Es war wohl das primitivste Nest, das mir in Deutschland je vorgekommen ist, primitiver als die winzigen Dörfer, auf die man in Kalabrien stößt. Der breite, sandige Weg führt bis zum Dorfplatz. Zu beiden Seiten liegt ein Häuflein Häuser, und damit ist auch schon Weg und Dorf plötzlich zu Ende. Nicht einmal ein Fußweg geht auf der andern Seite weite. Im Straßensand spielten Kinder herum. Sie hatten nichts weiter als ärmellose, bis zum Knie reichende Hemdkittel an. Neben den Haustüren standen stämmige Frauen, die uns erstaunt und feindselig musterten. Die Kinder hielten in ihrem Spiel inne, steckten die Finger in den Mund und gafften uns an. Das Dorf sah wohl kaum viel anders aus als ein Dorf im Dreißigjährigen Krieg, durch das gerade die Pappenheimer Kürassiere gezogen waren. Vor einer Scheune fand ich einen Mann, der gerade dabei war, einen Wagen zu beladen. Ihn fragte ich nach der Gastwirtschaft. Eine volle Minute lang stand er da und starrte mich an. Ungeduldig wiederholte ich meine Frage, und schließlich meinte er mürrisch, es gebe hier keine Gastwirtschaft.

»Was, keine Gastwirtschaft? Ist dann wenigstens ein Briefkasten hier?«

»Nee!«, erwiderte der Mann.

»Na, wo ist denn einer? Vielleicht da drüben?« fragte ich und zeigte nach der andern Hälfte des Ortes hinüber, die etwa einen Kilometer weiter lag.

»Nee!«, sagte der Mann. In sein mürrisches Wesen mischte sich jetzt Schadenfreude über mein fassungsloses Staunen.

»Wo kann ich denn einen finden?«

»In Schwerin!«, sagte der Mann und zeigte auf die Schloßtürme jenseits des Sees, die im Abendlicht purpurn schimmerten. Und damit wandte er sich wieder seine Arbeit zu.

Wir wanderten zurück und kehrten der Atmosphäre des Dreißigjährigen Krieges den Rücken. Bei ANNIEs Liegestelle trafen wir einen Radfahrer, der ganz verzückt in den Anblick unseres Bootes versunken war. Ihm vertrauten wir unsere Post zur Weiterbeförderung an. Heute wissen wir, daß er seine Aufgabe treulich erfüllt hat. Ich beschwöre jeden Leser dieses Buches, der einmal nach Schwerin kommt, auch nach Gorslow zu gehen. Er wird das erste fremde Gesicht sein, das sich dort seit dem 19. Juni 1929 zeigt.

Am andern Tag verließen wir nach dem Lunch den Schweriner See für immer und bogen wieder in den Störkanal ein – den unbekannten Abenteuern an der Lübzer Schleuse entgegen. Kaum hatten wir ein halbes Dutzend Kilometer zurückgelegt, als das Gewitter, das schon den ganzen Morgen über ringsum am Horizont gegrollt hatte, gerade über unsern Köpfen losbrach. Drei volle Stunden regnete, hagelte, donnerte und blitzte es unaufhörlich. Aber es machte uns gar nichts aus; denn wir hatten gerade Plate erreicht, als der Sturm losging, und in Plate führt eine Brücke über den Kanal, die just für diesen Notfall angelegt schien. Sie überbrückt den Kanal mit einem großen und zwei kleinen Bögen. Die letzteren sind wie kleine Tunnels, etwa sechs Meter lang, zwei Meter breit und ebenso hoch. In einen solchen Bogen paßte ANNIE gerade hinein, wobei die Brücke noch so weit überragte, daß Bug und Heck bei jeder Windrichtung vom Regen verschont blieben. Der Wind hat in den drei Stunden nach allen Richtungen des Kompasses herumgewechselt. Hier unter der Brücke machten uns Regen, Hagel und Wind gar nichts aus. Mit überlegenem Gleichmut saßen wir da und tranken unsern Tee. Andere Motorboote, in denen meist frischgebackene Freunde von uns saßen, kamen regendurchweicht vorübergefahren. Die Insassen waren jämmerlich naß. Wir warteten ab, bis gegen Abend der blaue Himmel zum Vorschein kam, und fuhren zu einer gemütlichen Liegestelle für die Nacht.

Als wir den Störkanal hinter uns gelassen hatten und uns wieder auf der Elde befanden, nahmen wir direkten Kurs auf Lübz mit seiner außer Betrieb befindlichen Schleuse. Wo wir auch hielten, an jeder Schleuse, durch die wir kamen, hatten die Leute nichts Eiligeres zu tun, als uns zu erzählen, daß die Lübzer Schleuse unpassierbar sei, und es gar keinen Zweck habe, weiterzufahren. Auf alle Vorstellungen erwiderten wir, daß uns dies Aussicht nicht schrecke. Allmählich glaubten wir schon selbst daran, dabei hatten wir noch nicht die leiseste Vorstellung davon, wie die Schwierigkeit zu überwinden war. Aber wir hatten uns philosophisch mit allem abgefunden, was bevorstand. Ehe wir wieder umgekehrt und lahm mit eingekniffenem Schwanz an all den Leuten vorübergefahren wären, denen wir unsere übertriebene Sorglosigkeit gezeigt hatten, hätten wir lieber das Boot in Lübz verbrannt und den Versicherungsschaden geltend gemacht. Lieber Betrug als Schande!

Die Unpassierbarkeit der Lübzer Schleuse wirkte sich hier am deutlichsten in fast völligen Aufhören des Verkehrs auf der Elde aus. Während mehrerer Tage sahen wir nur ein einziges Schifflein von der kleinen Stadt Parchim flußabwärts fahren; außerdem ein, zwei Paddelboote, deren Insassen damit rechneten, daß sie das Fahrzeug um die Lübzer Schleuse herumschleppen mußten. Das war aber auch alles! Die Schleusenwärter unterwegs hatten sich seit Monaten an die Verkehrsflaute gewöhnt, und es hielt schwerer denn je, sie ausfindig zu machen. In Parchim, dessen Hauptstraße den Fluß mit einer Drehbrücke überquert, gab es beinahe einen Aufstand, als wir uns die Brücke öffnen ließen und dadurch den Straßenverkehr einen Augenblick aufhielten. Ja, es kam noch schlimmer: die Aufregung legte sich nicht sofort. Wie üblich, sammelte sich eine Menschenmenge auf der Brücke, um uns weiterfahren zu sehen. Aber der Start wollte uns nicht glücken. Immer wieder drehten wir am Motor; aber jedesmal gab es nur ein paar schwächliche Explosionen, die Maschine zitterte und stand wieder still. Es war zum Verrücktwerden, besonders da wir seit zwei Monaten daran gewöhnt waren, unter den Blicken einer staunenden Menge auf Anhieb zu starten. Beim zwanzigsten Versuch kreischten die Leute vor Vergnügen. Unsere Nerven versagten, wir griffen, von Spottrufen umtönt, zu den Rudern und fuhren um eine Biegung, bis wir außer Sicht waren. Nun erneuerten wir unsern Versuch und – natürlich lief der Motor an und brachte uns zu einem stillen Anlegeplatz.

Aber am nächsten Tage wurde unsere Abfahrt durch die Widerspenstigkeit des Motors von neuem vereitelt. Wir reinigten seine Zündkerzen, bewegten seinen Vergaser hin und her und redeten ihm gut zu. Aber er wollte nicht anlaufen. Es ist nervenaufreibend, in der Verlassenheit eines fremden Landes an einem Außenbordmotor herumzuflicken. Der Motor hängt über dem Wasser, und wenn der Maschinenteil, den man gerade entfernen will, sich plötzlich löst, fliegt er leicht ins Wasser und ist weg für immer. Dann sitzt man mit einem hoffnungslos verstümmelten Motor da, fern von jeder menschlichen Anteilnahme und von Ersatzteilen, ja auch fern von Nahrung und Trinkwasser. Trotzdem probierten wir mit unendlicher Sorgfalt und Vorsicht immer weiter an der Maschine herum und lasen dazu die »Erläuterungen« genau durch. Nachdem wir den ganzen Tag lang herumgebastelt hatten, – ein Monteur hätte wohl alles in einer halben Stunde erledigt! – kamen wir endlich zu der Überzeugung, daß der Unterbrecher nicht in Ordnung war. Ich glaube, wir hätten schön früher zu dieser Überzeugung kommen können, hätten wir uns nicht vor den Folgen gefürchtet, die sie uns eröffnete. Dank der Voraussicht der Elto-Gesellschaft besaßen wir einen Reserve-Unterbrecher. Aber beim Auswechseln mußte man, wie wir bei Durchlesen der »Erläuterungen« feststellten, erst das Schwungrad entfernen, die elektrischen Schaltungen umlegen und alle möglichen schrecklichen Verrichtungen vornehmen. Als wir uns schließlich zu einem Versuch aufgerafft hatten, stellte sich heraus, daß Kathleens Finger nicht stark genug waren, das Schwungrad zu halten, während ich es abzulösen versuchte. Wir brauchten dazu noch weitere Hilfe.

Es blieb mir nichts anderes übrig, als nach Parchim hineinzugehen und einen Monteur aufzusuchen. Das tat ich denn auch; aber bei dem Versuch, im Laden auseinanderzusetzen, was ich wollte, platze mir beinahe der Kopf. Noch heute sind mir die deutschen Ausdrücke für »flywheel«, »timer« und »nut« unbekannt. Trotzdem machte ich mich schließlich einigermaßen verständlich, und in der Kühle des Abends kam der Monteur mit mir zu ANNIEs Liegestelle hinaus, wo Kathleen geduldig auf uns wartete. Ich hatte das Erläuterungsbuch so oft durchgelesen, daß ich genau wußte, was zu tun war. Ich glaube, ich hätte die Erläuterungen in ihrem überseeischen Englisch aus dem Kopf hersagen können ... ja, ich kann es wohl heute noch. Zitternd vor Unruhe, die ich mühsam zu verbergen suchte, setzte ich dem Monteur auseinander, welche Aufgabe ihm bei der ganzen Verrichtung zukam. Er hatte sehr manierlich seine Nagelschuhe am Ufer zurückgelassen und kniete nun neben mir in ANNIE MARBLE vor dem Motor. Er verstand alle meine Gebärden und radebrechenden Redensarten. Wir stürzten uns auf den Motor. Mit Hilfe des kräftigen Mannes bekam ich im Nu das Schwungrad los, entfernte behutsam den Unterbrecher, nahm den neuen zur Hand und brachte es, zitternd vor Furcht, fertig, die elektrischen Drähte auf ihn umzuschalten und ihn richtig einzusetzen. Gemeinsam mit dem starken Monteur machte ich wieder das Schwungrad an und sorgte, die furchtbaren Warnungen des Erläuterungsbuches immer vor Augen, dafür, daß es auch vollkommen festgeschraubt wurde.

»Na«, sagte ich, »ob es auch funktioniert?«

Ich zog den Motor aus dem Wasser hoch, goß Benzin auf, schaltete die Batterie ein und drehte das Schwungrad. Sofort trat die Maschine in Tätigkeit. Es gab klare, starke Explosionen. Der Monteur zwinkerte mir bewundernd zu. Er hatte nicht die leiseste Ahnung, was wir eigentlich gemacht hatten; denn ihm war ein Motor dieses Typs noch niemals vor Augen gekommen. Er hatte noch nie zuvor einen Unterbrecher gesehen, und ich hielt es nicht für angebracht, ihm zu verraten, daß ich auch noch nie einen gesehen hatte. Er war einfach starr darüber, daß die Reparatur sofort geklappt hatte, ohne daß wir lange mit Werkzeugen herumgearbeitet, ausprobiert und nachgeschaut hätten. Er hatte freilich keine Ahnung davon, daß Kathleen und ich schon vorher sechs Stunden an dem Motor herumgebastelt hatten. Für ihn war ich einer der größten Monteure der Welt, und in der Schankwirtschaft nebenan, wo wir unsern Erfolg feierten, erging er sich allen Gästen gegenüber in Lobeshymnen über mich. An diesem Tage hatte England in Mecklenburg erheblich an Ansehen gewonnen.

Als wir am andern Tag weiterfuhren, durften wir wieder an einem schnellen, lebhaften Start unsere Freude haben. Der Weg führte uns weiter auf der verlassenen Elde dahin, die sich in phantastischen Biegungen und Windungen durch die einsame Gegend schlängelte. Auf dieser Strecke wurden wir zum erstenmal seit unserer Ankunft in Deutschland durch den Anblick von Hügelland erfreut. Es waren wunderlich kleine Hügel, die kaum diesen Namen verdienten; aber sie kamen uns in ihrer flachen Umgebung viel größer vor, nachdem wir einen ganzen Monat durch Tiefland gefahren waren. Sie reihten sich mit ihren stumpfen Kegeln aneinander und wirkten genau wie unsere anmutigen Höhenzüge im Hampshire und Sussex, wenn man sie durch das umgedrehte Fernglas betrachtet. Es waren die spaßigsten Miniatur-Ebenbilder, die man sich nur vorstellen kann. Die Ähnlichkeit ist auf das Fehlen von Hecken zurückzuführen; denn das ganze Land rundum ist bebaut, und das ununterbrochene Wogen der grünen Ähren erinnerte aus der Entfernung ganz überraschend an unsern wundervollen englischen Rasen.

Aber bald kümmerten wir uns nicht mehr viel um das hübsche Landschaftsbild, durch das wir dahinfuhren. Der

Gedanke, daß Lübz vor uns lag, nahm uns ganz gefangen. Wir konnten ihn auch gar nicht mehr loswerden, weil alle Leute nichts Eiligeres zu tun hatten, als uns von der Lübzer Schleuse zu erzählen. Unaufhörlich schwebten wir zwischen Furcht und Hoffnung. Wenn der Fluß oberhalb und unterhalb der Schleuse, wie anzunehmen war, steile Ufer hatte, wurde das Unternehmen, ANNIE herumzubefördern, sehr erschwert. Vielleicht bot sich uns die Möglichkeit auf der Wehrströmung dahinzuschießen; wir mußten uns entscheiden, ob wir es wagen wollten. Vielleicht half man uns dabei; aber vielleicht störte man uns auch. Vielleicht mußten wir feststellen, daß die ganze Sache unmöglich war. Aber diesen Gedanken ließen wir gar nicht erst in uns aufkommen. Schließlich löst die Zeit alle Probleme! Wir blieben oberhalb der letzten Schleuse vor Lübz noch eine Nacht liegen. Unser Motorboot war das einzige, das in diesem Jahr hier durchgeschleust wurde. Am andern Morgen fuhren wir unserm Schicksal entgegen. Einen Kilometer vor Lübz kam jemand laut rufend ans Ufer gelaufen, als wir vorüberfuhren. Wir machten halt und hörten uns an, was er uns über die Lübzer Schleuse zu sagen wußte. Wir dankten ihm so höflich, wie es unser Ärger über den Aufenthalt zuließ. Und dann ging es schnell die letzten paar Minuten flußabwärts zur Stadt.

Auf den Mecklenburger Seen

Schon lange bevor uns die letzte Schleife des Flusses die Beschaffenheit der Ufer an der Schleuse enthüllte, konnten wir über die Biegung hinweg die gewaltigen Schleusenarbeiten beobachten. Rammaschinen, Kräne und Kleinbahnen waren mit Höchstgeschwindigkeit am Werk. Menschen waren zu Dutzenden da und dort tätig. Man bekam den Eindruck einer gigantischen Arbeitsleistung. Und nun ging es um die Ecke ... Welche freudige Überraschung! Auf dieser Seite der Schleuse war das Ufer niedrig und flach. Der Wasserspiegel lag nur fünfzehn Zentimeter tiefer als das Ufer, auf dem die Wäsche des Ortes luftig an der städtischen Wäscheleine flatterte. Von vielen neugierigen Blicken verfolgt, fuhren wir vergnügt darauf los und machten an dem schönen niedrigen Ufer fest. Jetzt war unsere Sorge nur noch halb so groß. Wir gingen an Land und fanden eine enge Gasse, die durch die Stadt zu dem Fluß oberhalb der Schleuse führte. Auch dort war das Ufer schön niedrig. Es war sogar eine kleine, schwimmende Landungsstelle noch aus der Zeit übrig geblieben, wo auf dem Fluß reger Verkehr geherrscht hatte. Man konnte also zumindest das Boot bequem hinüberschaffen. Wir brauchten nur noch einen Karren und ein paar handfeste Hilfskräfte aufzutreiben.

Als wir wieder bei ANNIE angelangt waren, hatte sich dort wie gewöhnlich eine Menge gaffender Müßiggänger angefunden. Es konnte uns also an Hilfe nicht fehlen. Neben der Schleuse befand sich eine Kunsttischlerei und eine Holzhandlung. Dorthin wandte ich nun meine Schritte und legte mir schnell ein paar passende deutsche Sätze im Kopf zurecht. Der Kunsttischler hörte mir zu, ohne eine Miene zu verziehen. Er schien meine Bitte für die vernünftigste Sache der Welt zu halten, holte einen vierrädrigen Karren mit einem flachen Brett obendrauf aus einem Schuppen und fragte mich, ob es damit gehen würde. Das Ding sah unglaublich gebrechlich aus. Aber ich warf mich ein, zweimal mit aller Wucht auf den Karren und erklärte ihn dann für fest genug, um ANNIEs Gewicht auf einer Strecke von zweihundert Meter über Steinpflaster auszuhalten. Damit war die Sache so gut wie gemacht.

Knapp zwei Stunden nach unserer Ankunft lag ANNIE auf der anderen Seite der Schleuse schon wieder im Wasser. Gemeinsam mit Kathleen hatte ich sie vollständig ausgeräumt und den Motor entfernt. Ein halbes Dutzend aufgeregter Fischer hatte sie aus dem Wasser geholt, auf den Karren gehoben und unter den aufmunternden Zurufen des Tischlers durch den Ort befördert. Ich war dabei immerzu um den Karren herumgelaufen und hatte aufgepaßt, daß ANNIE nicht durch Übereifer der Leute zu Schaden kam. Auf der andern Seite war sie dann wieder aufs Wasser herabgelassen worden, und wir brauchten den Weg mit dem Karren nur noch einmal zu wiederholen, um unsere gesamte Habe zur Landungsstelle zu befördern. Damit war alles erledigt. Die ganze Sache hat mich mit Trinkgeldern acht Mark gekostet. Da ANNIE nun einmal ausgeräumt war, benutzten wir gleich die Gelegenheit, die Bodenplanken herauszunehmen, und ließen ihr die zweite Frühjahrsreinigung zuteil werden. Wie durch ein Wunder gelang es uns, damit fertig zu werden, ehe die Stadt von unserer Anwesenheit Wind bekam und herbeieilte, uns zuzuschauen. Unser Glück grenzte wirklich ans Wunderbare; denn kaum war alles beendet und ANNIE wieder bewohnbar, als auch schon von neuem ein furchtbares Gewitter hochkam, das einen achtstündigen Regen im Gefolge hatte. Aber das machte uns gar nichts aus. Saßen wir doch längst wieder geborgen unter ANNIEs Zeltdach.

In Lübz trafen wir eine dort ansässige Engländerin. Aus ihrem Garten erhielten wir die unschätzbare Minze, die unsere neuen Kartoffeln, unsere Schoten und auch das Lammfleisch, das wir gelegentlich einmal zu kaufen bekamen, wesentlich schmackhafter machte. Sie begleitete uns am nächsten Tag auf der letzten Strecke unserer Fahrt zu den geheimnisvollen Mecklenburger Seen. Unterwegs bekamen wir einen Eindruck von dem Ausbau der Elde, auf den bereits der Umbau der Lübzer Schleuse hingedeutet hatte. Die Arbeiten in der Elde waren von der gleichen Art, wie wir sie schon auf dem Plauer Kanal beobachtet hatten. Alle Schleifen und Windungen, die die Flußlandschaft so anmutig und abwechslungsreich gestalten, wurden ausgeglichen. Das Flußbett wurde vertieft und erweitert. Die neuen Schleusen, die schon errichtet waren, wirkten riesenhaft. Die größte hatte einen Fall von fünfzehn Metern, und ihre Wehrströmung liefert die unerhört billige elektrische Kraft, die gerade auf das häusliche Leben in Mecklenburg einen umwälzenden Einfluß auszuüben beginnt. Durch den Eintragungszwang bei allen Schleusen bekam ich einen Einblick in den Wandel, der sich hier vollzieht. Zur Registrierung mußte ich fast immer in die Küche der Schleusenwärter kommen, und dort habe ich mehr als einmal gesehen, wie das Essen auf einem elektrischen Kocher zubereitet wurde, und wie die Hausfrau mit einem elektrischen Bügeleisen plättete.

Die Elde hat zwischen Lübz und dem Plauer See – den man übrigens ja nicht mit dem Plaueschen See bei Brandenburg verwechseln darf – viel von ihrem Liebreiz eingebüßt; aber dafür wird sie sich zu einer großartigen Wasserstraße entwickeln. Sobald der Ausbau erst auf der ganzen Elde bis Dömitz fortgeführt ist, – nur etwa ein Drittel ist bisher fertig! – wird ein neuer ausgezeichneter Wasserweg von Hamburg bis zur Ostsee und nach Berlin und Schlesien führen. Heute sparten wir so viel Weges, daß wir fast wider Erwarten schon am Ende des Tages Plau und den Plauer See erreicht hatten. Dabei waren wir ein paar Stunden weniger gefahren, als wir nach unserer ziemlich neuen Landkarte hatten erwarten dürfen. Es war uns dabei sehr angenehm gewesen, daß unser netter Bootsgast den Dolmetscher spielte und für uns die ewigen Fragen beantwortete, wie wir es eigentlich fertig bekommen hätten, über Lübz hinauszukommen. Diese Frage verfolgte uns durch das ganze übrige Mecklenburg, genau so wie man uns vorher mit der Nachricht gelangweilt hatte, daß die Lübzer Schleuse unpassierbar sei.

Bei dieser Gelegenheit möchte ich noch eine andere Frage erwähnen, die gleichzeitig mit der nach der Lübzer Schleuse an uns gestellt wurde, und die stets zu einer Erörterung über die beiden großen Mecklenburger Seen führte: den Plauer See und die Müritz. Nach einem Blick auf ANNIE MARBLE fragten uns die Leute: »Wollen Sie etwa in diesem Dings da über den Müritzsee fahren?« Der Müritzsee genießt einen beinahe mythischen Ruf bei der Flußbevölkerung in Norddeutschland, und das ist ganz verständlich, weil er der größte See dort ist. Sieben Menschen, so erzählte man uns, waren 1928 auf ihm ertrunken.

Die Bootsfahrer in Norddeutschland kann man in zwei Klassen einteilen, – zwei Kasten, hieße es wohl richtiger: eine höhere, die im eigenen Boot über den Müritzsee gefahren ist, und eine niedere, die es nicht fertig gebracht hat. Später, als wir erst die Überfahrt hinter uns hatten, erfüllte die Erwähnung dieser Tatsache die Blicke mancher Leute mit Neid. Zuweilen genügte sie auch bei den andern, eine gleiche gelegentliche Bemerkung zu unterdrücken, die in jeder Unterhaltung, mit wen sie auch stattfand, lauerte. Der Grund liegt darin, daß der Müritzsee – und in geringerem Ausmaße auch der Plauer See – wie die meisten Binnengewässer leicht von plötzlichen Wirbelstürmen und Böen heimgesucht wird, die nicht wetterfesten Booten gefährlich werden können.

Unter solchen Umständen ist es durchaus verständlich, daß die Besitzer von Booten für Binnengewässer den rautenförmigen, sechzehn Kilometer langen und acht Kilometer breiten Plauer See und die etwa sechsundzwanzig Kilometer lange birnenförmige Müritz mit großer Ehrfurcht nennen. Auf dem Plauer See ist die Gefahr gleichmäßiger. Die Müritz dagegen ist viel unberechenbarer und kann sich der längsten Totenliste rühmen.

Immerhin hatten wir auf unserer Fahrt durch Mecklenburg schon so viel vom Plauer See und von der Müritz zu hören bekommen, daß wir mit größtem Interesse über den Plauer See schauten, als wir die letzten paar Meter von der Plauer Schleuse eldeabwärts fuhren. Es ließ sich nicht leugnen: er war sehr stürmisch. Aber wir konnten doch das jenseitige Ufer klar erkennen und machten uns deshalb wegen der Überfahrt weiter keine großen Sorgen, besonders nachdem wir erst einmal am Abend in einem großen Kutter auf dem See herumgesegelt waren. Dieser Kutter gehörte einem deutschen Bildhauer, dessen Name mir leider unverantwortlicherweise entfallen ist. Gleich als wir am Ufer des Plauer Sees beim Plauer Segelklub angelegt hatten, lud er uns sehr freundlich zur Fahrt ein. Wer wissen möchte, wie einem zumute ist, wenn man sich wie die ungeschickteste Landratte vorkommt, die jemals auf einem Schiff war, der sollte nur mal nach zwei Monaten Motorbootfahrt bei frischem Segelwind unvermittelt an Bord eines großen, fremden Kutters gehen und sich in einer Sprache, die er nicht versteht, Kommandos ins Ohr brüllen lassen. Zehn Minuten lang fühlte ich mich schlimmer als eine Landratte; denn ich wußte, daß ich in dem Kutter sehr wohl hätte segeln können, wenn man mir nur ein paar Sekunden Zeit gelassen hätte, um zur Besinnung zu kommen.

Als wir am andern Morgen über den Plauer See fuhren, wehte die lebhafte Brise wieder und unser Boot holte ziemlich über, da wir bei dem Kurs, den wir einschlagen mußten, Breitseite vorauf gegen die Wellen lagen. Aber ANNIE machte das nichts aus. Wenn sie nicht gerade Gegensee hat, ist sie ein tüchtiges Boot, was man ihr gar nicht zutrauen sollte; denn sie macht die ungeschicktesten, unbeholfensten Bewegungen, die ich je gesehen habe. Sooft eine Welle an sie herankam, legte sie sich mit einem Ruck über und ließ sie unter sich hinweggehen; dann nahm sie mit einem zweiten Ruck ihre richtige Lage wieder ein. Es war kein Heben oder Schlingern zu spüren, nur eine Reihe von krampfhaften Hüpfern, die der Uneingeweihte für Vorzeichen einer unmittelbar bevorstehenden Katastrophe gehalten hätte. Und doch hat ANNIE auf der fast einstündigen Überfahrt bei tüchtigem Wellengang kein Wasser geschluckt, höchstens wenn ich sie einmal direkt in die Wellen hineinsteuerte, um mich zu vergewissern, daß es noch die alte ANNIE war, die mich auf der Elbe einst in einer halben Stunde bis auf die Haut hatte naß werden lassen. Wer sich Zeit lassen kann, ist übrigens in der Lage, über all die kleinen Seen hier zu fahren, ohne daß er es überhaupt mit stürmischem Wellengang zu tun bekommt. Im Sommer kann man sich nämlich darauf verlassen, daß der Wind, wenn nur etwas Nordwind dabei ist, um sechs Uhr abends vollständig abflaut. Die Leute in der Gegend erzählen, daß sie sogar ihre Uhren nach der abendlichen Flaute stellen, und wir selbst haben diese Erscheinung öfter beobachtet. Die Windstille dauert etwas länger als eine Stunde.

Heute wendeten wir nach der Überfahrt und nahmen unsern Kurs am Ufer entlang zu einer weiten, stillen Bucht, wo der Wald bis an den Rand des Sees reichte. In diesen Wäldern gibt es viel Wild, und wir sind ihm auch begegnet. Außerdem sollten Wildschweine frei darin umherstreifen; aber die haben wir nicht zu sehen bekommen. Bei der Einfahrt in die Bucht erregte eine charakteristische Erscheinung der Mecklenburger Seen unsere Aufmerksamkeit: ein Wasservogel, Haubentaucher genannt. Wenigstens glaube ich, daß er so heißt; ich habe jetzt im Augenblick, da ich dies niederschreibe, kein Nachschlagebuch zur Hand und kann mich daher nicht, wie üblich, mit meiner Allwissenheit brüsten. Diese nichtsnutzigen Vögel haben die schlechte Gewohnheit, wenn man gerade auf eine seichte Stelle zufährt, vor einem plötzlich aus dem Wasser zu tauchen. Ihre phantastischen Köpfe mit dem Federbusch hält man immer leicht für Baumäste von jener unangenehmen Sorte, die unter der Einwirkung von Wind und Wellen langsam aus dem Wasser nach oben kommt. Wieder und wieder habe ich beim Anblick solcher borstigen Büschel gerade unter ANNIEs Bug in panischem Schrecken krampfhaft die Pinne gedreht, um gleich danach mit einem herzhaften Fluch erleichtert aufzuatmen, wenn die vermeintlichen Baumäste vor uns davonschwammen.

Für Motorbootfahrer sind die Mecklenburger Seen ein wahres Paradies. Vor allem sind sie fast nur mit dem Boot zu erreichen und werden von Bahnlinien und Hauptverkehrswegen nur an ein, zwei Stellen berührt. Bis auf den Plauer See und die Müritz sind sie sämtlich leicht zu befahren. Das Land ringsum ist nur dünn besiedelt. Die riesigen Staatsforsten, vornehmlich aus Kiefern und Fichten, aber auch aus Buchen und Eichen bestehend, reichen fast überall bis an die Ufer, die bei den meisten Seen auf der Wasserseite von einem undurchdringlichen Schilfgürtel umsäumt sind. Doch das Schilf zieht sich nicht ununterbrochen um den ganzen See herum. Will man landen, so findet man auf allen Seiten Lücken im Schilf, das übrigens beim Kochen erhöhten Windschutz gewährt.

Jeder einzige See – mit Ausnahme des Wemtowsees, der in der Mark Brandenburg liegt – ist ein wahres Kleinod an Schönheit. Er herrscht kein sehr reger Verkehr auf ihnen. Nur etwa zwölf Seen werden von dem Hauptverkehrsweg gekreuzt, und hier trifft man eine ganze Menge Kajütboote, Segelboote und Paddler. Aber auf den etwas abseits liegenden Seen ist es für gewöhnlich ganz einsam. Sehr oft ankerte ANNIE als einziges Boot auf einem ziemlich großen See. In beinahe allen, mit wenigen Ausnahmen, ist das Wasser verführerisch kristallklar, und der Grund besteht aus schönem, festen Sand. Die Landstraßen, die sich an den Seen entlangziehen, können sich eines so festen und angenehmen Sandbodens nicht rühmen. Wir fanden das heraus, als wir gleich nach unserer Ankunft auf dem Plauer See – der Schweriner See hat Kiesgrund – ein köstliches, erquickendes Bad nahmen. Wir legten uns an eine seichte Stelle und sonnten uns. Nicht ein einziges Mal drang ein fremdes Boot störend in unser Versteck. Es ist ein Hochgenuß, in einem See bei prallem Sonnenschein zu baden. Ich kann mir nichts Schöneres denken, und nachdem wir erst in einigen fünfzig Seen gebadet hatten, ist uns dieser Zeitvertreib zur zweiten Gewohnheit geworden.

Hatten wir auch unsere Ungeduld so weit zügeln können, daß wir einen ganzen Nachmittag im Plauer See vertrödelten, so waren wir doch viel zu neugierig auf die Müritz, um uns noch länger hier aufzuhalten. Gleich am nächsten Morgen setzten wir die Fahrt auf der breiten, sich schlängelnden Wasserstraße fort, die gerade gegenüber dem Einfluß der Elde in den Plauer See einmündet. Eine Drehbrücke und viele Einkäufe in Malchow, das an diesem Wasserlauf liegt, hielten uns leider sehr auf, und als wir gerade wieder unterwegs waren, schlug plötzlich das Wetter um. Wir waren froh, schnell über den nächsten See hinüber zu kommen und für den Rest des Tages im Schutz des hohen Nordufers anlegen zu können. Am andern Tag ging unser Wunsch in Erfüllung: es herrschte schönes, sonniges Wetter, während wir über den Kölpinsee fuhren, einen Blick in den herrlichen, ganz einsamen Jabelschen See taten und schließlich durch einen langen Kanal an vielen Sonntagsbooten vorbei auf die Müritz hinaussteuerten. Im ersten Augenblick machte sie noch keinen besonderen Eindruck auf uns. Wir befanden uns in der kleinen Bucht am Nordende, die nicht größer als viele andere Seen ist, mit der Stadt Waren am Ufer gegenüber. Dann fuhren wir noch etwas weiter und durch die Öffnung, die auf dem Hauptteil des Müritzsees hinausführt. Sogleich weitete sich der Horizont riesenhaft. Wir überschauten eine Wasserfläche von sechsundzwanzig Kilometer Länge. Von unserm tiefen Sitz auf dem Boden des Bootes aus konnten wir an einem großen Teil des Horizonts ringsum überhaupt kein Land erblicken. Das Land, das wir sahen, und die unendlich fernen Baumwipfel wirkten erschreckend weit. Der Anblick des Müritzsees ist zweifellos sehr eindrucksvoll, wenn man vorhat, in einem kleinen, offenen Boot hinüberzufahren.

Das lag aber vorerst noch nicht in unserer Absicht. Heute, wo es so windstill war, wie man es sich nur wünschen mochte, mußten wir unsere Überfahrt verschieben; denn morgen erwartete uns Post in Waren, und wenn man vierzehn Tage ohne Briefe gewesen ist, sind sie eine stürmische Überfahrt über den Müritzsee wohl wert.

Unser Aufenthalt in Waren gab Anlaß zu einer spaßigen Episode. Wir hatten auf der Landkarte einen kleinen See entdeckt, der von der Müritz ausgeht und die Rückseite der Stadt umfließt. Er gab bestimmt bei jeder Witterung eine ideale Liegestelle ab; außerdem konnten wir ANNIE dort sicher zurücklassen, wenn wir am nächsten Morgen in die Stadt gingen. Wir suchten also die Einfahrtstelle zu diesem See, die samt der Brücke, die hinüberführte, auf der Karte klar und deutlich angegeben war. Schnell fuhren wir an dem Ufer entlang, wo sie sein mußte, fanden aber keine Spur. Verdutzt steuerten wir immer weiter und wurden schon an unserer Schiffahrtskunst ganz irre. Aber die Einfahrtstelle wollte sich nicht zeigen. Schließlich wendeten wir, um das Ufer noch einmal näher in Augenschein zu nehmen.

Und endlich fanden wir die Einfahrt. Ich glaube nicht, daß es vielen Menschen gelungen wäre. Sie war nämlich eingerohrt, und das Rohr hatte einen Durchmesser von etwa sechzig Zentimetern. Auch eine Brücke führte darüber, ganz wie es auf der Landkarte angegeben war. Aber ANNIE hätte man da nicht weiter bringen können, selbst wenn man zuvor die Zeltreifen abnahm. Die Sache endete damit, daß wir einen wehmütigen Blick auf den schönen, einsamen, geschützten Feisnecksee warfen, auf den wir nie hinübergelangen sollten. Diese Nacht aber und, da sich die Ankunft unserer Briefe verzögerte, auch noch die nächste, verbrachten wir auf der offenen Müritz, wo wir uns in der geschütztesten kleinen Bucht, die wir in der Nähe von Waren ausfindig machen konnten, mit ANNIE ans Ufer schmiegten.

Sonntags war es prachtvoll windstill gewesen. Der Montag hatte sich nicht so verheißungsvoll angelassen. Und am Dienstag, als unsere letzten Briefe kamen, herrschte graues, trübes Wetter, und es drohte zu regnen. Besorgt prüften wir den Wind. Es war ein schwacher Nord mit einer leichten Neigung nach Westen. Er war als Rückenwind gerade richtig für uns, wenn wir über den Müritzsee fuhren. Der Wellengang kam dann auch von hinten, und dabei pflegte sich ANNIE ja komischerweise immer am besten aufzuführen. Ich holte in Waren auch noch das Urteil der Ortskundigen ein. Sie betrachteten forschend das Firmament, prüften den Wind und fragten mich dann, welche Höchstgeschwindigkeit ich mit ANNIE erzielen könne. Als ich es ihnen gesagt hatte, waren sie der Meinung, daß wir bei sofortigem Aufbruch das andere Ufer noch erreichen könnten, ehe es auf dem See stürmisch wurde. Diese Ansicht hatte ich gerade hören wollen. Wir machten ANNIE los, stießen ab und begannen die Überfahrt .

Zuerst ging es ganz leicht. Wir konnten zwar das Ziel, auf das wir zunächst losfuhren, nicht sehen, hielten aber unsern Kurs mit Hilfe der Landmarken am Ufer inne. Die Wasserfläche war nur leicht gekräuselt, und der Motor lief unentwegt erstklassig. Allmählich versank Waren und das

Land hinter uns. Es ging immer weiter und weiter hinaus in die Mitte des Sees, und bald waren wir rings nur noch vom Wasser umgeben, so weit wir blicken konnten. Ganz in der Ferne zeigten sich Baumwipfel über dem Horizont. Wohin wir auch sehen mochten, nirgends zeigte sich ein trauliches Fahrzeug. Nicht einem sind wir auf der ganzen Fahrt begegnet, und das war doch etwas bedrückend. Auch der Anblick eines Haubentauchers mit zwei Kleinen auf dem Rücken, sechs Kilometer vom Lande entfernt, vermochte uns nicht wesentlich aufzumuntern. Himmel und Wasser hatten unheilverkündende stumpfe, bleifarbene Tönung. Als wir eine Stunde gefahren waren, konnte man merken, daß sich der Wind etwas versteifte. Der Wellengang hatte, seit wir aus dem Schutz des Landes heraus waren, an Heftigkeit zugenommen. Glücklicherweise stellten wir schon jetzt den Motor ab, um den Benzintank nachzufüllen. Hätten wir noch eine Viertelstunde oder jedenfalls so lange, als wir ohne Auffüllung noch weiterkamen, gewartet, dann wären wir ernsthaft in Schwierigkeiten geraten. Aber da wir während der Überfahrt doch einmal auffüllen mußten, waren wir schlau genug, es zu tun, solange es sich noch leicht machen ließ.

Es war ein unbehagliches Gefühl mitten auf der Müritz dahinzutreiben, indes der fröhliche kleine Motor schwieg. Das Klatschen der Wellen gegen das Boot war das einzige Geräusch, das wir vernahmen, und ANNIEs zielloses Herumschaukeln hatte etwas Beklemmendes. Weit und breit ließ sich kein Boot und kein Dampfer sehen. Draußen auf dem Meer ist man an diese Einsamkeit gewöhnt; man rechnet damit und wird selbst im kleinsten Boot nicht so von ihr bedrückt. Aber auf dem Müritzsee waren wir in ANNIE MARBLE, als unser kleiner Elto-Motor plötzlich kalt und stumm war, schon nach fünf Minuten rastlos damit beschäftigt, ihn wieder in Gang zu setzen. Außer der Totenstille quälte mich wie gewöhnlich auch mein schlechtes Gewissen. Ich hatte ernstlich die Absicht gehabt, die Zündkerzen vor Beginn der Überfahrt zu reinigen. Aber erst jetzt dachte ich wieder daran. Ich haßte den Gedanken, ANNIE womöglich über eine unsichere Wasserfläche neun Kilometer weit rudern zu müssen, falls der Motor nicht wieder anlief. Wir blieben deshalb nicht lange ruhig liegen. Sobald sich der Auspufftopf abgekühlt hatte, füllte ich auf. Kathleen drehte zitternden Herzens das Schwungrad und – der Motor lief zu unserer Zufriedenheit an.

Die zweite Hälfte der Fahrt war nicht angenehm. Wind und Wellengang verstärkten sich erheblich. Inmitten der hohen, gierigen Wellen rundum nahm sich unser offenes Boot lächerlich unzulänglich aus. Wie erwartet, hatten wir den Wellengang gerade im Rücken, und so beunruhigend ANNIE auch dahinstampfte, kamen wir doch niemals unmittelbar in Gefahr. Dafür belästigten aber die langen, heftigen Wogen den Motor. Er veränderte sein Geräusch, je nachdem es aufwärts oder abwärts ging. Heute weiß ich, daß er niemals in Gefahr war, auszusetzen. Aber ich hatte mich seit Monaten daran gewöhnt, auf jede Veränderung im Geräusch des Motors zu achten und darin Anzeichen einer Störung zu sehen. Das ständige Auf und Nieder hielt mich unwillkürlich in Spannung. Ein, zweimal klatschten Wellen gegen den Motor, und der mißhandelte Mechanismus antwortete mit heftigem Zischen und Keuchen. Das hatte zur Folge, daß Kathleen und ich immer auf dem Sprunge waren, da wir uns einbildeten, es müsse an Zündung, Ventil oder Vergaser etwas in Ordnung gebracht werden. Und schließlich waren die Wellen so groß, daß sie ANNIE hochhoben, wobei gelegentlich die Schraube, die dreißig Zentimeter unterhalb des Hecks vergnüglich dahinsummte, aus dem Wasser kam. Jedesmal, wenn das geschah, ging der Ton des Motors in kreischenden Lärm über, und es war nicht mehr möglich, zu steuern; denn ein Boot mit Außenbordmotor kann man natürlich nur steuern, solange es vom Motor vorwärts bewegt wird. Auf dem Kamm einer Woge wild herumzuschliddern, ohne steuern zu können, ist ein unheimliches, gräßliches Gefühl.

Je mehr wir uns unserm Ziel näherten, desto weiter entfernten wir uns aus dem Schutz des Landes, das wir hinter uns gelassen hatten, desto lebhafter wehte deshalb der Wind, und desto höher gingen die Wellen. Ich schäme mich nicht, offen einzugestehen, daß ich eine große Erleichterung empfand, als ich gerade vor uns das weiße Rautenglas des Leuchtturms gewahrte, das unser Ziel anzeigte. Strahlendweiß hob es sich von den dunklen Kiefern ab, die während unserer Fahrt auch allmählich immer größer und größer geworden waren. Das Land war noch etwa fünf Kilometer entfernt, und während wir darauf zuhielten, hatten wir Wind und Wellen gerade im Rücken. Fünf Minuten später war uns schon viel wohler zumute; denn wir beide, Kathleen und ich, können uns darauf verlasen, daß wir imstande sind, drei Kilometer im Notfalle zu schwimmen. Unsere persönliche Sicherheit versöhnte mich selbst mit der Möglichkeit, das Boot einzubüßen. Aber wir haben es natürlich nicht verloren. Auf die sonderbarste Manier stampfend, aber ohne auch nur einen Tropfen Wasser an Bord zu bekommen, näherten wir uns dem gelobten Leuchtturm. Unsere Lebensgeister hoben sich immer mehr, und unsere Stimmung wurde zusehends fröhlicher, seit wir nicht mehr mit Ertrinken zu rechnen brauchten. Ja selbst ein wirklich lähmender Augenblick machte nur wenig Eindruck auf uns, als nämlich ANNIE plötzlich durch ein Zusammenschlagen mehrerer Wellen mit ihrem Bug in die Rückseite einer hohen Woge tauchte, die sich aus irgend einem Grunde nur langsam vorwärts bewegte, und wir bei jeder Drehung der Schraube immer tiefer hineingerieten. Als das Wasser schon den Bootsrand erreicht hatte, kam uns von hinten endlich die nächste Welle zu Hilfe und hob uns wieder in die Höhe, während sie sich vorwärtsbewegte. Dadurch entrannen wir einem Mißgeschick, es hatte nur wenig gefehlt, und wir hätten soviel Wasser über Bord bekommen, daß unser Weiterkommen erheblich gehemmt worden wäre.

Die letzten paar Wellen waren recht hoch. Aber wir überstanden sie siegreich, während sie unter uns dahinschlugen. Und dann fuhren wir schnell in den Schutz der Kanalmündung ein. Ich glaube, Kathleen hat sich dabei umgedreht und höchst ungebührlich der letzten, mächtigsten Welle eine lange Nase gemacht, als sie mit weißem Schaumkamm hinter uns hergerast kam und nur einen Meter von unserem Motor entfernt ohnmächtig verebbte.

Nun zählten wir also auch zu der auserlesenen Schar derer, die über die Müritz gefahren waren! Als ich zwei Stunden später nach der Mahlzeit an unserer Liegestelle in der Kanalmündung halb betäubt dalag und gerade im Einschlummern war, schreckte mich der beständige Lärm der Brandung hoch, die sich draußen brach. Jetzt war der Müritzsee wirklich sturmbewegt. Aber gegen Abend legte sich der Wellengang wieder, und die Müritz war erheblich glatter, als ich den Serpentinenteich im Hydepark manchmal erlebt habe.

Da auf dem See überhaupt kein Verkehr geherrscht hatte, erwarteten Kathleen und ich, nun auch seinen südlichen Abfluß, den Bolterkanal, wo wir eben angelegt hatten, völlig verlassen zu finden. Aber darin hatten wir uns getäuscht. Die Mündung des Bolterkanals und die Seeufer ringsherum bilden eine sehr beliebte, aber auch sehr erlesene Sommerfrische. Es gibt da und dort an den Mecklenburger und Märkischen Seen, überall wo Straßen und Eisenbahnen ihre lieblichen Ufer berühren, Sommerfrischen. Schwerin ist zum Beispiel eine, Waren eine andere, und auf preußischem Gebiet Rheinsberg. Aber sie wirken alle wie kleinere, man kann schon sagen: sehr kleine Brüder der Badeorte an der See. Überall bekommt man die üblichen Familiengesellschaften zu sehen, die auf zwei bis drei Wochen zur Erholung gekommen sind. Man begegnet den üblichen Ferienpärchen, die die übliche Ferienfreundschaft auskosten, mit den üblichen roten Nacken und sich häutenden Nasen. Aber am Bolterkanal sieht es ganz anders aus; denn dorthin kommt man bloß mit dem Boot, und deshalb sind auch nur Bootsleute da. Die Verbände der Segel- und Paddelbootklubs halten sich hier eine Kantine, und ein Dutzend Kajütboote lagen im Kanal. Die Paddler pflegen am Seeufer entlang zu wandern, und wo sich ein schöner Blick aufs Wasser bietet, da schlagen sie ihre Zelte auf. Es ist der gemütlichste und lustigste Fleck Erde, den man sich nur vorstellen kann. Alle führt die gleiche Freude am Wassersport zusammen, und jeder kann hier dem andern sein Bootslatein über alle möglichen Heldentaten auftischen. Die weiten Buchten mit ihrem sauberen Sandgrund zu beiden Seiten der Kanalmündung bieten einen idealen Badestrand. Die Höhen sind mit schönen Waldungen bedeckt. Wer das Leben ohne Spaßmachertrupps und Badekabinen aushalten kann, muß an dieser Gegend des Müritzsees seine Freude haben.

Unsere Ankunft im Bolterkanal gestaltete sich recht dramatisch. Alles befand sich beim Mittagessen an Bord der Yachten. Der See war um diese Zeit zweifellos bewegt und ein, zwei Yachten warteten gerade auf besseres Wetter, um nach Waren hinüberzufahren. Ich ließ mich gar nicht erst darauf ein, den Leuten zu erzählen, daß das Wasser im See auf der ersten Hälfte unserer Fahrt ruhiger gewesen war als im Kanal, wo sie lagen, nahm vielmehr den Ruhm einer stürmischen Überfahrt für Kathleen, mich selbst und unsere liebe kleine ANNIE voll in Anspruch. Alle wußten ja, daß wir eben über den See gekommen waren. Es gab aber auch Bootsleute, von denen bekannt war, daß sie die Kanalmündung von Süden her erreicht hatten und dann bei ihrer Heimkehr die tollsten Geschichten von ihrer Fahrt über die Müritz zum besten gaben, deren Wasser nicht einmal die äußerste Spitze ihres Bugs benetzt hatte. Deshalb erregte unsere Ankunft in dem komischen kleinen Boot ebenso wie die schmucke rote Heckflagge ziemliches Aufsehen, und wir wurden von allen Yachten, die im Kanal vor Anker lagen, freundlich willkommen geheißen.

Kampf gegen die Mücken

Unser Aufnahme im Bolterkanal war so freundlich, daß
wir dort an den Ufern der Müritz eine Weile blieben.
Und schließlich fuhren wir auch noch in Gesellschaft einiger Yachten weiter. Sie befanden sich auf dem Heimweg
nach Berlin, schienen es aber nicht besonders eilig zu haben, sondern machten einen Tag hier und zwei Tage dort
Station, solange sie auf den Seen waren, und niemand wird
sie deswegen schelten. In dieser Gesellschaft wurde es
Kathleen und mir so recht klar, wie stur und schweigsam
doch das englische Volk eigentlich ist, im Vergleich nicht
nur mit der lateinischen Rasse, sondern auch mit den Deutschen.

ANNIE lag gewöhnlich etwas abseits bequem im Schilf,
während die großen Yachten an Stegen anlegten, und von
dort drang das angeregte Geplauder unaufhörlich an unser Ohr. Es war wie in einem Dohlennest. Auch kleine Zwischenfälle in Schleusen und die Begegnung mit anderen
Schiffen wirkten mächtig anregend. Kathleen und ich hatten, wenn wir nach unten geschleust wurden, ein sehr ein-
faches und bequemes Verfahren, uns zu vertäuen. Wir legten die im Bug befestigte Fangleine über eine Sprosse der
eisernen Leiter an der Wand des Schleusenbassins und
hielten das lose Ende im Heck fest. Während es nach unten ging, gaben wir langsam nach. War schließlich die
Schleuse leer, zogen wir einfach die Fangleine wieder herunter und waren startbereit. Die großen Yachten erforderten größere Aufmerksamkeit. Das war ganz selbstverständlich. Aber die Leute wollten niemals einsehen, daß

ANNIE vollkommen sicher war, und trauten uns wohl auch nicht viel Verständnis und Erfahrung zu. Beim Anblick unserer geschickten Vertäuung regten sie sich schrecklich auf und gaben mit ihren Protesten nicht eher Ruhe, als bis wir noch weiter Vertäuungen vorgenommen hatten, bloß um sie zu besänftigen. Die Schleusenwärter, soweit überhaupt welche da waren, regten sich ebenfalls über uns auf und vollführten dabei keinen geringeren Lärm.

Eines Abends – ich glaube, es war der erste, den ich in Gesellschaft der Yachtleute zubrachte, – wurde ich Zeuge einiger ihrer Gewohnheiten, über die ich Bauklötze staunte. Sie brachten Schnaps- und Likörgläser zum Vorschein. Es waren stattliche Gläser, die das Fassungsvermögen etwa eines halben Wasserglases hatten und auch ähnlich aussahen. Wir Männer standen alle im Kreise auf dem Landungssteg und bekamen jeder so ein Wasserglas voll Schnaps. Ich gab peinlich auf die andern Obacht, um nicht gegen die Etikette zu verstoßen. Bei dem Ruf »Prosit!« wurden sofort alle fünf Wassergläser an fünf Münder gesetzt, im Nu gekippt und wieder in die frühere Lage zurückgebracht, um gleich neu gefüllt zu werden. Das setzte mich noch nicht weiter in Erstaunen. Ich dachte, man würde sich nun, das Glas in der Hand, hier unterhalten. Aber nein! »Prosit!« hieß es nun wieder, und alle fünf Wassergläser gingen in die Höhe, die fünf Getränke nahmen denselben Weg wie zuvor, und sofort trat eine neue Flasche in Erscheinung. Es wurde frisch eingegossen. Aber jetzt bereitete ich dem guten Ruf Englands unauslöschliche Schande. Ich hatte genug! Ich hätte ebensogut mit der Keule eins über den Kopf bekommen können, als in zwei Minuten anderthalb Wasserglas voll reinen Branntweins hinter die Binde zu gießen. Die andern sahen mich sonderbar argwöhnisch an, und ich habe den Verdacht, daß sie mich innerliche als Spielverderber verwünschten. Aber – vielleicht hatten sie auch bloß einmal feststellen wollen, wieviel so ein Engländer vertragen kann. Der Verdacht, daß sie einen solchen Plan ausgeheckt hatten, kam mir im Augenblick, als ich dankend ablehnte. Aber ich war mir dessen doch nicht ganz sicher. Jedenfalls wurden jetzt in unserer Gruppe schnell hintereinander Rheinwein, Sekt und eigenartige, unbekannte Liköre in passender Zusammenstellung herumgereicht und mit dem feierlichen Losungswort »Prosit!« unserm Innern einverleibt. Ich kam, schon ganz notleidend, jedesmal mit und fand meinen einzigen Trost in dem Gedanken, daß Kathleen, die sich mit den Damen über Babykleidung unterhielt, in der Nähe war und mich unversehrt auf die ANNIE MARBLE zurückbefördern konnte. Ihre Hilfe erwies sich jedoch als nicht nötig, – wieso, das bleibt mir unerklärlich. Aber ich denke mir, Englands Schutzengel war zugegen und sorgte dafür, daß Englands Ansehen durch so einen englischen Weltenbummler nicht allzu sehr geschädigt wurde.

Kathleen und ich hatten, wie ich schon erzählte, ein Gelübde abgelegt, nach der Landkarte sämtliche Seen Mecklenburgs und Brandenburgs, die ANNIE erreichen konnte, zu befahren, und wir haben diese freiwillig übernommene Aufgabe auch redlich durchgeführt. In diesem Seengewirr war jeder einzige schön, und auf den meisten herrschte völlige Einsamkeit. Neun Zehntel, ja mehr noch: neunundneunzig Hundertstel der Ufer waren mit dichten Wäldern bedeckt, mit Kiefern-, Fichten-, Buchen- und Eichenwäldern, in denen wir nach Herzenslust herumwandern konnten, so oft wir Bewegung nötig hatten, und uns nicht gerade das Wasser lockte. Wir sind weit über tausend Kilometer im Boot durch

Deutschland gefahren, und ich kann beschwören, daß wir dank dem Training, das Kathleen verordnet war, doppelt so viele Kilometer gelaufen sind.

Drei herrliche Wochen lang sind wir gemächlich aus einem See in den anderen gefahren, und da wir in jeden hineinsteuerten, ist bestimmt damit zu rechnen, daß wir zu allermindest auf einem die ersten gewesen sind, die die rote Heckflagge gezeigt haben. Ich selbst bin fest überzeugt, daß unsere Flagge überhaupt die erste ihrer Art in ganz Mecklenburg war. Ich habe keinen Mecklenburger getroffen, der sie schon einmal gesehen hatte. Sollte aber ein Engländer, der dieses Buch liest, die Mecklenburger Seen schon besucht haben, oder einen Engländer kennen, der es getan hat, so bitte ich ihn dringend darum, mir zu schreiben. Mir wird dann, glaube ich, ebenso zumute sein wie Scott, als er feststellen mußte, daß Amundsen vor ihm am Südpol gewesen war. Trotzdem wäre ich für eine Mitteilung dankbar. Und wenn wir selbst nicht die ersten Engländer gewesen sind, die diese Seen besucht haben, so hat unser Aufenthalt auf ihnen doch etwas voraus: hier war es, wo ich nach dem Abschied von unsern Fahrtgenossen dieses Buch zu schreiben begann. Ich weiß mir keine Erklärung dafür, wieso ich es richtig fand, meine schwer verdienten Ferien auf diese Weise zu stören. Aber es ist nun einmal geschehen. Vielleicht wollte ich etwa schreiben, was kein Wutgeheul von Chefredakteuren über dürftige Illustrationen zur Folge hatte. Jedenfalls habe ich dieses Buch hier auf diesen Seen begonnen. Wer sich die Mühe macht, einmal zurückzublättern um meine Schilderung der Schrecken von Zollenspieker nachzulesen, der mag sich dazu ausmalen, wie ich sie in Rheinsberg niedergeschrieben habe: in herrlicher Umgebung, zurückgelehnt in

ANNIEs schwellende Kissenpracht, am Rande des blauen Sees, während die Wolkenschatten über die dichten Kiefernwälder dahinhuschten. Das Bad, das ich eben genommen, wirkte noch anregend in mir nach, und ich freute mich schon auf das nächste Bad, das mich ermuntern sollte, die Seiten vollzuschreiben, die ich mir vorgenommen hatte. Unter ähnlichen Umständen habe ich auch diese Seiten hier eben geschrieben, in einem kleinen Seitenwasser der fernen, fast märchenhaften Oder, indessen Kathleen als echte Hausfrau strickend in meiner Nähe saß.

Um dieses Strickens willen ist Kathleen zum erstenmal in ihrem Leben darüber erfreut gewesen, daß ich wieder zu arbeiten anfing. Mit Lammsgeduld ließ sie die Geistesabwesenheit und Blödheit meines Benehmens über sich ergehen, die ich stets während der Arbeit entfalte; denn in ANNIE MARBLE lag Wolle in vielen Hunderten von Metern verstaut, die vor unserer Heimkehr nach England Zoll für Zoll verstrickt werden mußten, und bisher hatte ich immer höchstens so lange still gesessen, daß Kathleen nur gerade den Gedanken fassen konnte, mit dem Stricken zu beginnen. Jetzt aber war ich zwei Stunden und länger an meine Schreibunterlage und meinen Füllfederhalter gefesselt, und Kathleen fand daher das Leben sehr viel gemütlicher.

Das Tempo, in dem wir, schreibend und strickend, unsere Fahrt durch Mecklenburg fortsetzten, hätte jede Schildkröte, die etwas auf sich hält, auch noch erzielen können. Unser Benzinverbrauch betrug im Durchschnitt täglich einen Tank voll. Das reichte gerade hin, um uns aus einem schönen See in einen andern, noch schöneren, zu befördern. Bei der Auswahl unserer Liegestellen am Ufer hatten wir bald große Erfahrung und waren uns auch stets einig.

Sobald wir durch die Einfahrt auf einen neuen See gelangten, musterten wir die Situation mit einem einzigen Feldherrnblick. Ohne lange Erörterung wußten wir sofort, ob die Umstände eine schattige oder eine windgeschützte Liegestelle nötig machten, und gleichzeitig fanden wir auch die freie Stelle im Schilf heraus, die diese Vorbedingungen erfüllte. »Dort ists richtig!«, sagten wir dann, und ANNIE wandte sich, ebenfalls einverstanden, der Stelle zu. Etwa zwanzig Meter vom Schilf entfernt stand der Motor still; der Anker ging nieder; die Strickleiter wurde ausgeworfen – und kaum war der Anker auf Grund gekommen, als wir auch schon lustig im Wasser herumschwammen. Nachher ruderten wir ANNIE behutsam zu der gewählten Liegestelle im Schilf und beschäftigten uns mit Schreiben, Stricken, Essen und Faulenzen, wie es einem jeden gerade in den Sinn kam. Es war ein ideales Dasein, solange Arbeit und Müßiggang ihren Reiz behielten und Lektüre nicht ausging.

Man muß, um einen See genau kennen zu lernen, mindestens vierundzwanzig Stunden auf ihm verweilen. Die schattige Liegestelle, die einen gegen die Mittagssonne schirmt, braucht durchaus nicht immer mit der identisch zu sein, die abends beim Kochen Windschutz gewährt, und möglicherweise liegt weder die eine noch die andere morgens im Schatten. Aber gerade dann ist er besonders begehrenswert, weil man sonst von der frühen Morgensonne, die aufs Zelt prallt, schon um sechs Uhr zu einem überstürzten Frühstück vom Lager aufgescheucht wird, statt es um achteinhalb Uhr in aller Muße einzunehmen, worauf man mindestens zwei Zigaretten folgen läßt, ehe man überhaupt daran denkt, abzuwaschen, sich zu rasieren, das Zelt hochzurollen und dann an die Arbeit zu gehen oder weiterzufahren. Indem man auf der Suche nach den drei

Liegeplätzen in aller Gemächlichkeit über den See hin und her wendet, wird man mit ihm erst so recht vertraut. Man lernt die verschiedenen Durchblicke kennen sowie die wechselnden Tiefenverhältnisse und die besonderen Eigenarten aller Ufer, ganz zu schweigen davon, daß der See im Laufe des Tages auch sein Aussehen verändert. Nach vierundzwanzig Stunden ist man so weit, den See als alten Freund zu betrachten und beim Abschied eine seltsame Wehmut zu empfinden, gerade stark genug, um einen die Weiterfahrt zu würzen, wenn man auszieht, sich einen neuen See zu erobern.

Die meisten Mecklenburger Seen bilden eine Reihe von Sackgassen, die vom Hauptdurchfahrtsweg ausgehen, welcher die Müritz mit der Oder und mit Berlin verbindet. Manche sind von diesem Durchfahrtsweg aus unmittelbar zugänglich. Andere liegen in einer Seenkette für sich, in die man nur durch eine Schleuse gelangt. So ist es zum Beispiel auch um die Seen bei Rheinsberg, Templin und Lychen in der Mark Brandenburg bestellt. Aber eine Schleuse dann und wann macht niemandem etwas aus. Auch die Schleusengebühr von achtzig Pfennigen läßt sich ertragen. Vor allem aber kommt man dabei ohne viel Umstände zu Trinkwasser. Ich habe nie recht gewußt, wie ich in einem Laden oder in einem Hause Trinkwasser verlangen sollte. An Schleusen aber braucht man gar nicht erst lange zu fragen; denn dort findet sich überall ein großer Wegweise zur nächsten Trinkwasserpumpe. Meist steht auf der Tafel »In dringenden Fällen …« Aber wenn man nicht mehr als vier oder fünf Liter Trinkwasser an Bord hat, liegt stets ein »dringender Fall« vor, selbst wenn die Kanne wie bei uns überhaupt nur neun Liter faßt. Die Versorgung der Bootsfahrer mit Trinkwasser erfreut sich der besonderen Aufmerksamkeit der deutschen Regierung. Auf den großen Kanälen sieht man an längeren Strecken ohne Schleuse Tafeln, auf denen angegeben ist, wo man Trinkwasser bekommen kann. Das weiß jeder zu schätzen, der oft auf der Themse gefahren ist, wo man an vielen Schleusen drei Pence für eine Kanne Trinkwasser entrichten muß. Es ist lästig und ärgerlich, Geld für Wasser zu zahlen. Wahrscheinlich erheben die Schleusenwärter diese Gebühr, um nicht ewig mit der Bitte um Wasser behelligt zu werden. Da sie das Recht dazu haben, kann man sie auch nicht tadeln. Aber ich möchte der »Kommission zur Pflege der Themse« doch vorschlagen, an jeder Schleuse einen Hydranten aufzustellen, oder die Abgabe von Wasser den Schleusenwärtern zur Pflicht zu machen. Das würde viel zur Annehmlichkeit einer Themsefahrt beitragen, und die Schleusenwärter hätten dann kein Recht mehr, sich zu beklagen.

Die einzelnen Seen nach ihren Vorzügen aufzuzählen, ist eine sehr schwierige Aufgabe. Jeder hat seinen eigenen Reiz. Der allerschönste aber ist doch wohl der Große Zechliner See, dessen Ufer mit ihren Wäldern und wogenden Äckern viel Abwechslung bieten. Er ist sehr tief, teilweise bis zu fünfundzwanzig Metern, während die meisten Seen dieser Art eine Tiefe von neun Metern haben. Ebenso schön, jedenfalls nach meiner unmaßgeblichen Meinung, ist der Glauensee am Ende der Templiner Seenkette. An seinem Nordufer gibt es hohe, steile, runde Hügel, die unserm Hügelland sehr ähnlich sehen. Bei näherer Betrachtung stellt sich freilich heraus, daß es eigentlich nur hohe Sanddünen sind, auf denen die Landbevölkerung mit großer Mühe Getreide angebaut hat.

In Mecklenburg-Strelitz führt die Bevölkerung ein hartes Leben. Das bebaute Land besteht vorwiegend aus Besitzen von weniger als fünf Morgen, die immer eine ganze Familie ernähren müssen. Wie, – das weiß der liebe Himmel! Wenn man an die dichtstehenden hohen Kornähren in England denkt, hat man das Gefühl, daß das dürftige, spärliche Wachstum an Hafer und Gerste hier kaum Einernten lohnt. Wenn man sich bückt, kann man durch das ganze Getreide eines zwanzig Meter breiten Ackersteifens hindurchschauen und dabei die Gegenstände auf der anderen Seite genau erkennen. So sieht durchschnittlich der Getreidestand in Mecklenburg aus, und es wird trotzdem alles abgeerntet.

Die Ernte erfolgt oft mit der Hand. Der Familienvater mäht das Getreide mit der Sichel ab; hinter ihm kommen die Frauen und Kinder und binden die Garben zusammen – wie vor Jahrhunderten. Aber damit ist diese Geschichte noch nicht zu Ende! Als ich einmal einen Blick in eine Scheune warf, sah ich, wie zwei Männer das Getreide mit Dreschflegeln ausdroschen. Und der größte Teil des Korns wird dann in Windmühlen gemahlen.

Will man hier in der Gegend Einkäufe machen, dann muß man einen Ort dazu wählen, der gute Verbindungen über Land hat. Die meisten Ortschaften sind weltvergessene kleine Nester, wo ein fremdes Gesicht nur selten zu sehen ist, und wo schon Glück dazu gehört, Brot zu bekommen. Die Orte mit Bahnverbindung dagegen – es gibt nur wenige, wie Templin, Lychen, Rheinsberg und Zechlin in der Mark Brandenburg – sind freundliche kleine Sommerfrischen mit ein bis zwei Gasthöfen. Hier kommen die Leute an ihren freien Tagen her, wie der Londoner nach Margate fährt. Die Ufer sind beiderseitig auf einer Strecke von knapp einem Kilometer mit Picknickgesellschaften und Badehäuschen besetzt, die sie aber nicht entstellen.

Badehäuschen sind übrigens nicht besonders begehrt. Im allgemeinen sind die Frauen in Deutschland, was Unterkleidung anlangt, ungeniert. Zum Baden ziehen sie sich in Gesellschaft am Ufer aus und benutzten höchstens einen Strauch als Schutzwand oder hüllen sich in heiklen Augenblicken in ihre Bademäntel. Als ich einmal am Ufer des Zechliner Sees in ANNIE MARBLE über einer wichtigen und schwierigen Arbeit saß, kam eine kleine Schar plaudernd daher, machte etwa zwanzig Meter von mir entfernt halt und zog sich zum Baden um, ohne mich auch nur eines gelegentlichen Blickes zu würdigen. Sie schenkten mir nicht mehr Beachtung als einem Spatz. Die meisten von ihnen trugen allerdings sehr dezente Badekostüme mit Schößen.

Etwas anderes machte sich dafür viel störender bemerkbar als weibliche Badegesellschaften und wuchs sich während unseres Aufenthaltes auf den Seen allmählich zur richtigen Plage aus: die Mücken. Eine Reihe warmer Tage hatte sie zu Hunderten, ja Tausenden ausgebrütet. Hartnäckig folgten sie wie Bluthunde ANNIE MARBLE von Ort zu Ort. Sie machten sich übrigens erst allmählich unangenehm fühlbar. Aber schließlich gelang es ihnen, uns den Aufenthalt auf den Seen völlig zu verleiden. Die norddeutschen Mücken sind an sich nicht unbescheiden und stechen einen nicht den ganzen Tag. Ihre Geschäftsstunden dauern von neun Uhr abends bis drei Uhr morgens. Aber während ihrer Arbeitszeit sind sie, wie alle Lebewesen in Deutschland, angestrengt tätig. Diese nichtsnutzigen Insekten versammelten sich nachts an unserem Pfühl und stachen mit unglaublicher Wildheit und Ausdauer drauflos. Damals waren die Nächte auch noch so windstill und schwül, daß dem erhitzten Körper jede

Decke zur Qual wurde. Um wenigstens etwas Ruhe vor den Mücken zu haben, mußten wir uns in unsere Schlafsäcke verkriechen und das Gesicht mit Tüchern bedecken. Aber dabei vergingen wir schier vor Hitze und konnten kein Augen zutun, ganz zu schweigen davon, daß die Mücken uns in die Nasenspitze stachen, die notgedrungen unbedeckt blieb. Nacht für Nacht ließ uns das teuflische Bündnis zwischen Hitze und Mücken schlaflos daliegen. Schließlich machte ich einmal, toll vor Wut, unsere Vertäuung los und ruderte schnell auf die Mitte des Sees hinaus, wo uns nur noch wenige Mücken belästigten, so daß wir wenigstens etwas Schlaf finden konnten, unbekümmert darum, daß unser Anker an der sechs Meter langen Leine nicht auf Grund kam und ANNIE möglicherweise mit uns in der Dunkelheit nach Belieben umhertrieb. Dabei lag noch drohend vor uns die Aussicht, Nächte auf engen Flüssen und verkehrsreichen Kanälen zubringen zu müssen, wo wir kein solches Manöver vornehmen konnten. Fürchterlich malte sich mir die Zukunft aus. Ich finde auch in den besten Zeiten schwer Schlaf und war jetzt durch eine Reihe guter Nächte in ANNIEs einschläferndem Schoß sehr verwöhnt, nachdem ich durch monatelange Überarbeitung auf das Mindestmaß von ein bis zwei Stunden Schlaf heruntergekommen war. Die Mücken haben das Gelingen unserer Fahrt schwerer gefährdet als alle anderen Hindernisse, denen wir begegnet sind. Nordostwinde, Frösche, reißende Strömung, stürmische Seen, unpassierbare Schleusen usw.. Ich verpfände mein Wort dafür, daß wir nahe daran waren, uns geschlagen zu geben und sofort nach Stettin und von dort nach Hause zu fahren. Aber eine Möglichkeit gab es noch, die wir erst ausprobieren wollten.

Wir gingen in der Sommerfrische Lychen zu einem Stoff-händler und versuchten, ein Moskitonetz zu kaufen. Er hatte keines, da Moskitonetze anscheinend in Norddeutschland unbekannt sind. Aber vielleicht hatte er auch bloß unser komisches Deutsch nicht verstanden. Als wir nach Mull fragten, holte er einen Ballen Kattun hervor, unter dem ein Frosch bei Winterschlaf hätte ersticken müssen. Schließlich fanden wir Gardinentüll, den ich in meiner Verzweiflung kaufte. Kathleen verbrachte in heißer Arbeit einen ganzen Nachmittag damit, den Tüll zusammenzunähen. Ich hatte die allerschwersten Bedenken gegen seine Brauchbarkeit; denn es war ein Hohlsaummuster drin, durch das jede einigermaßen begabte Mücke hindurchschlüpfen mußte. Die Moskitos der Mittelmeerküste konnten es bestimmt. Aber es war unsere letzte Hoffnung, und Kathleen nähte fieberhaft an dem Stoff herum, um das Netz bis zum Abend fertig zu bekommen, was ihr schließlich auch gelang. Das Netz nahm sich wirklich ganz nett aus. Es hing an einem Querholz in Form einer Käseglocke vom mittleren Zeltreifen herab. Die Wölbung befand sich gerade über unsern Häuptern, und die Kanten wurden rundherum sorgsam unter die Matratzen gestopft. Als alles fertig und das Netz am Fußende und seitlich festgesteckt war, krochen wir hinein und stopfen von innen das letzte Stück unter die Matratze. Dann warteten wir in atemloser Spannung …

Keine einzige Mücke fand ihren Weg durch das Hohlsaummuster, nicht eine einzige während des ganzen Restes unserer Fahrt. In Riesenschwärmen sammelten sie sich draußen und erhoben, schwer beunruhigt, lärmenden Protest, den Kathleen nur mit einer langen Nase erwiderte. Nie wieder wurde unser Schlaf von diesen gräßlichen

Quälgeistern beeinträchtigt. Ja, ihr durchdringendes Summen außerhalb des Netzes wiegte uns sogar sanft in den Schlummer. Der Stoff unseres Netzes hätte, wie gesagt, niemals einen italienischen oder arabischen Moskito ferngehalten. Aber gegen die deutschen Mücken schützte er vollkommen. Das einzige, was gegen das Netz sprach, war der Zwang, unter ihm schlafen zu gehen. Das bedeutet nämlich, daß wir uns schon um neun Uhr hinlegen mußten und nicht mehr im Bett lesen konnten. Bei elektrischem Licht wäre es allerdings möglich gewesen, und deshalb werden wir auf unserer nächsten Fahrt elektrisches Licht an Bord haben. Wenn man die Glühbirne innerhalb des Netzes anbringt, kann man ganz bequem im Liegen lesen und wird dabei weder von Mücken noch von Nachtfaltern, Fliegen, Schnaken und all dem übrigen Getier belästigt, das einem sonst den längeren Gebrauch künstlichen Lichtes in einem Wohnboot verleidet. Es ist eine sehr praktische Einrichtung, die ich nur dringend empfehlen kann.

Die Mückenplage muß mich wohl etwas gegen die Lychener Seen eingenommen haben. Sie sind in Deutschland sehr beliebt; aber ich finde sie nicht so schön wie zum Beispiel die Templiner Seenkette. Einer der großartigsten und einsamsten Seen, der Drewensee, ist uns auch durch die allerdings ganz harmlosen Algen verleidet worden, die seine Oberfläche mit einem mattgrünem Schmelz überziehen. Baden und Abwaschen ist in dem unappetitlichen Wasser nicht möglich. Diese Erscheinung findet sich vielfach und ist, wie gesagt, völlig harmlos. In Deutschland sagt man dazu: das Wasser blüht. Meine gute Meinung von den Templiner Seen ist vielleicht durch den hübschen Anblick Templins, eines mauerumgürteten Städtchens, beeinflußt. Mauern, Tore, Bastionen: alles ist vollkommmen

erhalten und gut restauriert. Es ist die schönste Stadtum-
wallung, die ich in Deutschland gesehen habe, schöner
noch als die festen Mauern von Tangermünde.

Ehe wir den Seitenkanal, der zu den Templiner Seen
führt, erreichten, hatten wir schon die Hauptseekette verlassen und waren in den Wasserlauf gekommen, der aus
ihr abfließt. Es war ein hübscher, von Bäumen beschatte-
ter kleiner Fluß, der sich zwischen Wiesen und Wäldern
dahinschlängelt, tief und leicht schiffbar: unsere alte Freun-
din, die Havel, die hier entspringt. Das letzte, was wir von
ihr gesehen hatten, war ihre Mündung gewesen. Und seither waren wir über dreihundert Kilometer durchs Land
gefahren. Wir hatten die große, hufeisenförmige Schleife
überquert, die sie auf ihrem Wege nach und von Berlin beschreibt.

Der Abschied von dem Seengebiet wurde uns sehr
schwer. Ich habe ihm weniger Platz in diesem Buche ein-
geräumt, als es verdient, und als ich in Aussicht genommen hatte. Ich kann es allen Bootsfahrern nur immer wieder angelegentlich empfehlen. Und gleichzeitig bitte ich
alle Engländer, die mit ihrem Boot über die Mecklenburger und die Märkischen Seen gefahren sind, an mich zu
schreiben und mir ihre Eindrücke mitzuteilen.

Das Ende der Fahrt

Der schöne Havellauf zwischen Wäldern und Wiesen zieht sich über dreißig Kilometer dahin. Hier herrscht auf dem Fluß ein sehr reger Verkehr, denn alle Leute, deren Fahrzeug größer ist als ein Paddelboot, müssen diesen Weg zu den Seen einschlagen, es sei denn, daß sie den riesigen Umweg über Havel, Elbe und Elde machen wie Kathleen und ich. Manchmal wurden wir gleichzeitig mit zehn Yachten durchgeschleust. Im allgemeinen sind die deutschen Yachtfahrer gute Wassersportler; sie segeln ausgezeichnet und verhalten sich auch in den Schleusen trotz ihrer Neigung zu angeregtem Geplauder recht umsichtig. Wir kamen daher in den meisten Schleusen in aller Bequemlichkeit durch. Nur einmal haben wir einen bösen Zwischenfall miterlebt, als ein ausgemachter Narr bei Rückenwind mit vollen Segeln in ein dichtbesetztes Schleusenbassin hineingebraust kam. Ihm selbst ist es dabei am übelsten ergangen. Bei ANNIEs schäbigem Anstrich konnte ihr Aussehen durch solche Püffe keinen großen Schaden mehr leiden. Aber sein glänzender Bootslack sah sehr erneuerungsbedürftig aus, als er sein Boot wieder klar zur Fahrt hatte. Fast unmittelbar danach hatten wir selbst unser einziges Abenteuer mit einem Menschen ohne Bootsverstand zu bestehen. Wir hatten gerade unterhalb der alten Zehdenicker Schleuse angelegt, – es gibt dort zwei Schleusen, von denen eine außer Betrieb ist – als ein Segelboot mit einem schwachen Hilfs-Außenbordmotor, der wohl ungefähr fünf Kilometer in der Stunde schaffte, flußaufwärts daherkam. Plötzlich bemerkte der

Mann im Boot, daß die Schleuse wider Erwarten nicht in Betrieb war, schrie seine Frau, die die Pinne hielt, an, lief, als sie ihm nicht schnell genug war, nach achtern und riß ihr mit noch lauterem Geschrei die Pinne aus der Hand, drehte das Boot im Kreise, so daß es schließlich wieder flußaufwärts lag, zauderte, versuchte, die Geschwindigkeit herabzumindern, und rammte dabei die nichtsahnend am Ufer liegende ANNIE gerade mittschiffs. Ich verhütete einen Schaden, indem ich den Bug seines Bootes, als er herankam, packte. Sofort wurde ich mit geschwätzigen Entschuldigungen überschüttet.

»Verzeihen Sie bitte«, sagte er, »hier hat man es mit Wind, Strömung und Schleusen zu tun! Man kann doch schließlich nicht auf alles achtgeben, nicht wahr?«

Dabei ging nur eine ganze schwache Brise. Die Strömung war mäßig, und ANNIE lag fünfzig Meter von der Schleuse entfernt. Ich gab ihm das durch Blicke zu verstehen, da mein Deutsch dieser Aufgabe nicht gewachsen war. Aber er nahm keine Notiz davon. Er schien weiter nichts dabei zu finden, daß er das einzige Boot an einem zweihundert Meter langen Ufer gerammt hatte. Es dauerte zwanzig Minuten, bis er und seine Frau die Fassung wiedererlangt hatten, losfuhren und sich von neuem in das unerhörte Abenteuer stürzten, eine Schleuse zu suchen und zu passieren.

Aber das geschah in Zehdenick, und ehe wir dorthin kamen, sollte sich noch alles Mögliche ereignen. Wir fuhren dreißig Kilometer auf der schönen Havel und freundeten uns mit einer Schar Flößer an. Die großartig gehaltenen staatlichen Forsten in Deutschland liefern sehr viele Baumstämme, die meist flußabwärts nach Berlin oder Stettin geschafft werden, manchmal in Lastkähnen, aber für gewöhnlich auf Flößen. In kleineren Mengen werden sie da und dort an den Ufern der Seen gesammelt und dann beim Beginn der Havel zu einem großen Fluß zusammengestellt. Dieser Vorgang ist am allerinteressantesten. Ein Flößer wird zu einem ganz entlegenen, einsamen See geschickt und bringt ein kleines Floß zur Havel, das etwa aus dem Holz zweier Baumstämme besteht. Die Forstleute haben die Bäume gefällt und in Blöcke zersägt; diese Blöcke haben sie dann aufs Wasser gebracht und zu einem Floß zusammengenagelt. Der Flößer erscheint mit einem Rucksack, in dem sich seine persönliche Habe befindet, und einer langen Schifferstange über der Schulter, einem furchtbar schweren Gerät, das eine doppelte Stahlspitze hat und am Ende abgeflacht ist, so daß es je nach Bedarf als langes Ruder oder als Floßstange dient. Es ist noch schwerer und größer als die Ruderstangen mit flachem Brett, die man auf den sumpfigen Wasserflächen etwa der Norfolk Broads zu sehen bekommt. Mit diesem Gerät stakt der Flößer sein kleines Floß an den Ufern von etwa sechs Seen entlang bis zur Havel. In der Luftlinie beträgt die Strecke ungefähr fünfzig Kilometer. In Wirklichkeit sind es aber mehr als hundert Kilometer; denn der Flößer kann keine Bucht abschneiden, weil er, einmal vom Ufer fort, mit seiner Floßstange nicht mehr auf Grund kommt. Vorn auf dem Floß stehend, stößt er die Stange ins Wasser, preßt seine Schulter gegen die Krücke und stemmt, bis er selbst fast waagerecht liegt. Oft berührt er das Floß gleichzeitig mit Händen und Füßen und geht gewissermaßen auf allen Vieren. Ganz, ganz langsam bewegt er sich bis zum andern Ende des Floßes, dessen schwerfällige Masse er Zentimeter um Zentimeter hinter sich vorwärts stemmt. Ganz gefesselt habe ich einmal einem Flößer einen Tag lang bei seiner Arbeit auf den Seen zugeschaut. Er brauchte tatsächlich den ganzen Tag dazu, das plumpe Ding über eine Strecke von zweieinhalb Kilometern um eine Bucht herumzustaken, die kaum einen halben Kilometer breit war. Es war ihm nicht möglich, den Abkürzungsweg quer über die Bucht einzuschlagen. Bei heftigem Gegenwind und Wellengang ist die Arbeit natürlich noch unendlich schwerer.

An einer Stelle seines Floßes breitet der Flößer etwas Heu hin, errichtet darauf ein Gestell aus drei gebogenen Stöcken und legt eine Decke darüber. Damit ist seine Behausung fertig, die wie ein Zigeunerzelt aussieht. Steine und eine kleine Eisenplatte stellen seinen Herd dar. Er wohnt tagelang auf dem Floß, mit dem er ein paar Kilometer täglich vorwärtskommt, bis er schließlich in Fürstenberg oder an einem ähnlichen Ort mit einem halben Dutzend anderer Flößer trifft, die genau im gleichen Schneckentempo wie er zum Sammelplatz kommen. Hier werden nun sämtliche Flöße zu einem langen Floß verbunden, und die Flößer tun sich zusammen. Manchmal staken drei Leute auf jeder Seite. Auf der Havel hilft ihnen jetzt die Strömung etwas weiter. Aber der Weg führt noch durch ein, zwei Seen, die der Fluß bildet, und hier müssen wieder die Uferränder abgefahren werden. Zuweilen kann sogar etwas getreidelt werden. Es ist ein furchtbar langsames, mühevolles Treideln mit höchstens fünfzehn Zentimeter langen Schritten. Aber man kann doch wenigstens einmal treideln. In Spandau nimmt die Arbeit schließlich ihr Ende. Ein Flößer bringt im Jahr gewöhnlich drei Flöße von Mecklenburg nach Spandau, ehe der Eisgang seine Arbeit unterbricht.

Hinter den Templiner Seen ist der Wentowsee der letzte der Seenkette. Er bildet eine Sackgasse, die vom rechten Havelufer ausgeht. Diesen See mag ich am wenigsten leiden.

Das eine Ufer wird von Ziegeleien entstellt. Das andere ist zwar bewaldet, aber flach und uninteressant, und das Wasser ist hier eine ganze Strecke vom Ufer ab so seicht, daß man nur schwer landen kann. Als wir den See besuchten, wehte auch noch ein kalter, rauher Wind gerade den See hinunter und zeigte an, daß die Hitzewelle sich gebrochen hatte. Für die Durchschleusung zum Wentowsee wurden uns eine Mark und fünfzig abgenommen, und als wir wieder hinaus wollten, mußten wir den gleichen Betrag noch einmal zahlen. Ich mache mir nicht das geringste aus dem Wentowsee.

Gleich unterhalb des Wentowsees wird die Havel mit einem Mal garstig. Neun, zehn Kilometer lang bis Zehdenick sind die Ufer mit Ziegeleien und Fabriken besetzt. Wenige hundert Meter Fahrt bringen diesen jähen Wechsel der entzückenden Uferlandschaft zu äußerster Häßlichkeit höchst dramatisch zustande. Mit einem Schlage tritt plötzlich auch der Frachtverkehr in Erscheinung. Flußabwärts bis Zehdenick, ja noch darüber hinaus, werden die Lastkähne meist von Menschenhand vorwärts gebracht. Manchmal sind drei Mann mit ihren Ruderstangen an der Arbeit. Zuweilen werden die Kähne auch von der Besatzung getreidelt. Das ist fast die gleiche Plackerei und geht beinahe ebenso langsam wie das Treideln der Flöße. Bei Wind wird zur Unterstützung ein mächtiges Großsegel gesetzt. Aber in dem sehr engen Flußbett haben die Kähne eine starke Abdrift, die sie ständig gegen das Ufer drückt, so daß die Mannschaft fast ihre ganze Zeit damit zubringt, sie mit den altmodischen Ruderstangen wieder abzustoßen. Und es ist keine so ganz einfache Sache, einen Lastkahn von dreihundert Tonnen vom Ufer abzustoßen. Man kann es daher verstehen, daß die Kähne oft in der Diagonale quer zum Flußbett liegen und es vollständig versperren. Die Fahrt in einem Motorboot bringt hier viele Aufregungen mit sich.

In Zehdenick verläßt der Verkehr die Havel, die infolge ihrer Krümmungen und Untiefen eine Strecke lang nicht schiffbar ist. Stattdessen nimmt er seinen Weg durch den parallel verlaufenden Voßkanal, der etwa dreißig Kilometer weit in derselben Richtung fließt. Hier gibt es zwei, drei Schleusen, derentwegen die Lastkähne von Menschenhand weiterbefördert werden. Bis zum Hohenzollernkanal lohnt es sich nicht, Schlepper zu benutzen. Wie wir feststellten, waren die Lastkähne so gebaut, daß gerade immer einer in eine Schleuse hineinpaßte. Nichts anderes konnte gleichzeitig mit einem Lastkahn darin Platz finden. Bisher war es uns immer geglückt, ANNIE in einem Winkel des Schleusenbassins zu verstauen und uns mit dem ersten Lastkahn durchschleusen zu lassen. Jetzt hatten wir wenigstens den Trost, daß in Deutschland die Vergnügungsboote dem Frachtverkehr im Range vollkommen gleichstehen. Wir brauchten nur solange zu warten, bis wir an der Reihe waren. In Frankreich dagegen hat kein Vergnügungsboot Aussicht auf Durchschleusung, solange irgend ein anderes Fahrzeug da ist. Hätte diese Bestimmung auch in Deutschland gegolten, dann wären wir nie über Zehdenick hinausgekommen; denn wenn wir vor einer Schleuse anlangten, warteten immer schon Lastkähne, und des kamen ebensooft neue an, wie vor uns liegende weiterfuhren.

Bei dem deutschen System kommt es vielfach vor, daß, bis ein Vergnügungsboot an der Reihe ist, sich noch ein paar andere angesammelt haben, und da der Raum in der Schleuse für alle ausreicht, werden sie gleich zusammen durchgeschleust. So haben wir an einer Schleuse mehreren Ruderbooten, die gerade ankamen, als die Reihe an uns war, zwei Stunden Wartezeit erspart. Bei der nächsten Schleuse hatten wir dann selbst, da wir uns mit der Weiterfahrt beeilt hatten, das gleiche Glück. Wir langten gerade an, als eine Yacht hindurchgeschleust werden sollte. Hinter dem Voßkanal sind die Schleusen wieder größer, und es macht sich keine Verkehrsstauung mehr bemerkbar.

Der Voßkanal ist erst vor ein paar Jahren durch einen kurzen Verbindungsweg, den Liebenwalder Kanal, bis zum Hohenzollernkanal, diesem Meisterstück unter den künstlichen Wasserstraßen Deutschlands, fortgeführt worden. Der Hohenzollernkanal ist in der Tat ein Meisterstück; das stellten wir fest, als wir auf ihn hinauskamen. Er fließt fast ohne Krümmung von Spandau bis zur Oder und ist sehr breit. Auf einer Strecke von über neunzig Kilometern ist er ohne Schleuse: der schönste Wasserlauf, den man sich für ein Langstrecken-Motorbootrennen nur denken kann. Mit seinen Ausmaßen und mit seinem großartigen Anblick macht der Hohenzollernkanal seinem Namen alle Ehre. Auf der gleichen Strecke hatte es bereits einen einigermaßen brauchbaren Wasserweg gegeben, den Finowkanal; er wird aber nicht mehr benutzt. Der Hohenzollernkanal zieht sich quer übers Land dahin und wird in einem Aquädukt über einen mehr als fünfzehn Meter tiefen Sumpf geführt. Hier sieht man überall Tafeln, die den Gebrauch von Ruderstangen untersagen: denn es besteht immer die Gefahr, daß ein Schiffer mit seiner Ruderstange den Boden des Aquädukts durchstößt und das Wasser ausläßt. An der höchsten Stelle führt der Aquädukt etwa dreißig Meter über der Gegend dahin. Wenn wir auf unserer Fahrt in ANNIE MARBLE aufstanden und über den Rand des Aquädukts schauten, blickten wir auf die Wipfel eines Kiefernwaldes herab.

Dann kommt man zu den Niedersinower Schleusen. Es ist eine sogenannte Schleusentreppe; sie besteht aus vier Schleusen hintereinander, von denen jede einen Fall von etwa neun Metern hat. Die Durchschleusung ist sehr geschickt ausgedacht. Zwischen zwei Schleusen haben zwei Lastkähne nebeneinander Platz. Da nun die Kähne auf jeder Seite gleichzeitig zugelassen werden, fährt zwischen den Schleusen immer ein Kahn zum andern vorüber. Die Lastkähne werden von elektrischen Lokomotiven hinein- und herausgeschleppt. Ein elektrisch betriebener Mechanismus öffnet und schließe die Schleusentoren. Nirgends wird Zeit verloren, so daß ein Lastkahn alle vier Schleusen in eineinviertel Stunden durchfährt. Das Wasser, das jedesmal aus einer Schleuse abfließt, wird in einem Sammelbecken aufgefangen und wieder hochgepumpt. Die Wasserzufuhr zu der hochgelegenen Kanalstrecke ist ein schweres Problem. Noch nicht zufrieden mit dieser Schleusentreppe, ist die deutsche Regierung jetzt dabei ein Schiffshebewerk zu errichten: ein Wasserbassin, in das die Schiffe hineinkommen, und das dann wie ein Fahrstuhl nach oben geht und sich dort nach der oberen Kanalstrecke hin öffnet, und umgekehrt. Dieses Hebewerk wird mit einer Höhe von sechsunddreißig Metern das größte der Welt werden.

Leider kann ich das alles nur mit nackten Worten schildern. Als ich den ganzen Blick gerade aufnehmen wollte, wurde ich barsch angerufen und nicht allzu höflich darauf aufmerksam gemacht, daß das Photographieren verboten sei. Gott weiß, warum! Jeder, der das Verbot kennt, könnte trotzdem alle Aufnahmen, die er haben wollte, machen, wenn er nur sein Vorhaben geschickt zu verbergen weiß. Ich kann mir gar nicht vorstellen, welchen Schaden Deutschland dadurch erleiden sollte, daß jemand eine

Schleusentreppe aufnimmt. Das Verbot hat mich sehr verstimmt; denn der Blick von oben auf die Schleusentreppe und die Täler des Finowkanals und der Oder ist wirklich prachtvoll.

Als die erste Sensation vorüber war, fanden Kathleen und ich den Hohenzollernkanal mit der Zeit etwas langweilig. Es macht kein besonderes Vergnügen, ein Motorboot auf einem unendlich gerade dahinfließenden Kanal abwärts zu steuern, und wir konnten auch nicht immerzu stehen und den Anblick genießen. An den Ufern gibt es kaum ein Haus und auch sonst kein Bauwerk zu sehen. Wenn man im Boot sitzt und steuert, hat man vor sich eine endlose Reihe von Brücken, die sich ganz in der Ferne zu mikroskopischer Winzigkeit verflüchtigen.

Aber es hatte für uns doch noch eine willkommene Unterbrechung der eintönigen Fahrt gegeben. Auf halbem Wege zwischen dem Liebenwalder Kanal und den Niederfinower Schleusen waren wir zum Werbellinsee, dem Stolz der Mark Brandenburg, abgebogen. Es war ein guter Gedanke gewesen, über den wir uns freuten. Schon der Zufahrtskanal, ein etwa fünf Kilometer langer, enger Wasserweg, ist sehr schön, und der See selbst ist großartig. Etwa elf Kilometer lang und einen Kilometer breit, ist er von waldigen Anhöhen umgeben. Auf der ganzen Fahrt über den See genießt man die herrlichsten Ausblicke. Das Wasser ist tiefblau. Der See ist stellenweise fünfundvierzig Meter tief. Wie ich hörte, kann er bei Sturm schreckenerregend sein. Aber an den beiden Tagen, die wir auf ihm verbrachten, war der Himmel blau. Es ging eine leichte Brise, und das Wasser glitzerte. Köstliche Tage waren das! Der See ist sehr leicht zu erreichen. Yachten kommen in einer guten Tagesfahrt, die meist über den schleusenfreien Hohenzollernkanal führt, von Berlin aus hin, und deshalb ist er auch sehr besucht. Als wir anlegten, befanden sich einige Dutzend Yachten auf dem See. Er war aber groß genug für uns alle. Es gab uns einen Stich durchs Herz, als wir den Werbellinsee und die Freunde, die wir dort gefunden hatten, wieder verlassen mußten. Uns war recht trübe dabei zumute; denn der Werbellinsee war unser letzter See. Der Abschied von ihm schien uns mit einem Ruck der Heimat näher zu bringen. Als wir aus der Einfahrt zum See wieder in den Hohenzollernkanal einbogen, hatten wir das Gefühl, daß unsere Fahrt fast zu Ende sei. Die Aussicht, die Niederfinower Schleusen passieren zu müssen und auf einen neuen Fluß, die unbekannte, geheimnisvolle Oder zu kommen, wirkte kaum ermunternd auf uns ein.

Unterhalb der gewaltigen Schleusentreppe von Niederfinow kommt der Hohenzollernkanal plötzlich in eine herrliche Landschaft. Nach dem starken Fall bei den Schleusen fließt er jetzt tief unter den Hügelhöhen dahin. Das Nordufer besteht aus steilen runden Hügeln. Es sind wieder die altbekannten großen Sanddünen, die sich hier aber sehr eindrucksvoll ausnehmen. Ich hielt sie für die höchsten Erhebungen in Norddeutschland. Jedenfalls zeichnen sie sich da und dort durch besondere Namen aus. Die höchste heißt Teufelsberg. Wahrscheinlich führte man die Bildung eines so gewaltigen Bergs, der fast so hoch ist wie der Box Hill in Surrey, auf Teufelswerk zurück. Nichts Geringeres konnte wohl daran schuld sein! Nachts lagen wir am Fuße des Teufelsberges. Aber ich rate allen, die unseren Spuren folgen, es lieber nicht zu tun. Zwischen dem Kanalrand und dem Lande liegt ein etwa sechs Meter breiter Sumpf, über den man hinüber muß, wenn man sich das ausgefallene Vergnügen machen will, auf Höhen zu klettern und Ausblicke zu genießen. Außerdem ist der Sumpf ein Lieblingsaufenthalt für Frösche, Mücken und Schlangen. Wir waren froh, als wir unsern Liegeplatz wieder verlassen hatten und – unsere Fahrt zur Ostsee fortsetzten.

Bei Hohensaaten, wo der Kanal die Oder erreicht, liegen drei Schleusen. Eine führt schon ganz oben in den Hauptfluß, die zweite etwas weiter unten und die dritte auf den sogenannten Großschiffahrtsweg. Auf der Strecke von Hohensaaten nach Stettin beginnt nämlich das Oderdelta. Der Fluß teilt sich in zwei Hauptbetten mit einem Streifen Flachland dazwischen, das von zahllosen kleinen, sich schlängelnden Wasserläufen durchzogen ist. Diese sind aber gegen beide Oderarme abgedeicht. Das Flußbett zur Rechten ist breiter und hat eine stärkere Strömung. Das linke Flußbett aber haben die Wasserbaubehörden stellenweise geradegelegt, ausgebaggert und für Fahrzeuge bis zu tausend Tonnen schiffbar gemacht.

Wir haben alle Leute, die etwas davon zu verstehen schienen, um Rat gefragt, welchen Weg wir einschlagen sollten. Allgemein ging das Urteil dahin, daß es auf dem Großschiffahrtsweg mehr zu sehen gebe, daß wir dort aber weniger Hilfe von der Strömung zu erwarten hätten. Der Hauptlauf der Oder sei auf beiden Seiten von hohen Deichen umschlossen. Die Landschaft dahinter sei sehr reizvoll; wir würden sie jedoch von ANNIE aus nicht sehen können.

Deshalb fuhren wir den Großschiffahrtsweg abwärts. Dabei wurde uns von Minute zu Minute melancholischer zumute. Das wirklich sehr schöne Landschaftsbild stimmte uns bei dem Gedanken an das nahe Ende unserer Fahrt nur noch trauriger. Das linke Ufer des westlichen Oberarms zeigt eine Wildnis von riesigen Sandhügeln, die so hoch sind, wie das Hügelland in Sussex und alle ganz verrückt durcheinander stehen. Von den Gipfeln aus gibt es schöne Blicke über das Odertal und das Hügelgewirr gen Westen. Einige sind mit Burgruinen bekrönt, deren Besichtigung sich lohnte. An den Ufern liegen seltsame kleine Städte von eigenartigem Reiz, wie z.B. Schwedt, das zu der Zeit, als der Brandenburgische Besitz der Hohenzollern unter Brüdern aufgeteilt war, Hauptstadt der Uckermark gewesen ist. Schließlich gelangten wir nach Mescherin, das bloß noch zwanzig Kilometer von Stettin entfernt ist. Und nun wußten wir, daß unsere Zeit gekommen war. So traurig muß einem Mörder zumute sein, wenn der Henker in seine Zelle tritt.

Wer eine Bootsfahrt in Norddeutschland unternehmen will, tut gut, von Stettin aus anzufangen. Der Hafen dort ist ohne Ebbe und Flut. Auf ihm herrscht nicht ein Zwanzigstel des Hamburger Verkehrs. Wenn man die Stadt auf dem Großschiffahrtsweg verläßt, braucht man gegen keine Strömung anzukämpfen und gelangt sogleich in eine schöne, interessante Landschaft, die reichlich Windschutz bietet. Wer so fährt, sollte zunächst Mescherin ins Auge fassen. Hier gibt es ein Seitenwasser, das einen Kilometer lang ist und an dessen Ende man eine geschützte, ganz einsame Liegestelle findet, wo man in Ruhe seine Bootseinrichtung in Ordnung bringen und das Boot klar zur Fahrt machen kann. Das geht lange nicht so leicht, wenn man in einem verkehrsreichen Hafen ankommt. Es ist sehr empfehlenswert, in einem Seitenwasser anzulegen; denn es herrscht einiger Verkehr auf dem westlichen Oderarm. Dieser Verkehr ist zwar größtenteils harmlos, besteht aber teilweise auch aus den gräßlichsten Personendampfern, denen ich jemals begegnet bin. Sie dampften mit einer Geschwindigkeit von einigen fünfzehn Knoten in einem ziemlich engen Flußbett dahin und rufen einen schrecklichen, verheerenden Wellenschlag hervor, dem man sich in einem offenen Motorboot an einer Liegestelle wirklich nicht aussetzen sollte. Es kommen wohl nur etwa zwei solche Dampfer an einem Abend vorüber. Aber kein Mensch mit gesunden Sinnen läßt gerne zweimal an einem Abend sein Boot vollschlagen.

Während wir in Mescherin am Ende des schönen Seitenwassers einsam vor Anker lagen, söhnten wir uns mit dem Gedanken an die Heimreise aus. Es gab fürwahr genug Gründe, die dafür sprachen. Ich hatte die Fahrt mit drei Paar Hosen angetreten; aber als wir die Oder erreicht hatten, war bei allen dreien der blanke Körper an den Knien und im Sitz zu Vorschein gekommen. Kathleen hatte sie immer und immer wieder gestopft und geflickt. Die Ausbesserungen an diesen Hosen wollten wie Penelopes Gewebe kein Ende nehmen. Sie störten Kathleen sehr unangenehm in ihrer Strickarbeit. Auch um Kathleens Kleidung war es aus mehr als einem Grunde sehr schlecht bestellt. Wenn wir so noch länger in Deutschland herumtrödelten, konnte es uns passieren, daß uns die deutsche Polizei bei aller Nachsicht eines Tages einlochte.

Wir machten uns also stark und fuhren eines Sonntagmorgens die letzten zwanzig Kilometer flußabwärts und gleich durch den Stettiner Hafen hindurch. Bei dem örtlichen Klubhaus des Motoryachtklubs von Deutschland legten wir an. Es war der frühere Kaiserliche Yachtklub, und er ist noch immer sehr exklusiv. Ich würde es keinem Fremden anraten, sich so ohne weiteres auf seine Gastfreundschaft zu verlassen, wenn er nicht wie wir zum Glück, ein Einführungsschreiben mit hat. Bevor wir diesen Talisman zückten, wurden wir keineswegs so mit offenen Armen empfangen, wie das in anderen deutschen Klubs der Fall gewesen war. Das überraschte uns aber durchaus nicht. Wenn zwei abgerissene Deutsche in England am Landungssteg der »Royal Yacht Squadron« auftauchten, würde es ihnen nicht anders ergehen.

Am Montag gingen wir in Stettin am Uferkai entlang und sahen uns die Büros der Schiffahrtsgesellschaften an. Aber ich traute meinem Deutsch nicht und suchte daher erst einmal den Britischen Konsul auf, der wie durch ein Wunder auch gleich einen Dampfer herausfand, der schon am nächsten Tag nach England fuhr. Dabei besteht nur eine unregelmäßige Dampferverbindung zwischen Stettin und London.

Am Montagabend verzehrten wir unsere letzten Hilfsvorräte. Die Konserve mit Pökelrinderfleisch, die wir in Hamburg gekauft hatten, wurde bei dieser Gelegenheit vertilgt. Es war das erste Konservenfleisch, das wir auf unserer ganzen Fahrt zu uns genommen haben. Die Mahlzeit verlief recht melancholisch. Ich kann Pökelrinderfleisch nicht leiden, vor allem, wenn es den Hauptgang der beinahe letzten Mahlzeit an Bord der ANNIE MARBLE bildet. Dienstag früh richteten wir das Bot für die Seereise her, rollten das Zelt zu einem Bündel zusammen, nahmen die Zeltreifen ab und verpackten das Geschirr in Zeitungspapier. Dienstagnachmittag fuhren wir durch den Hafen, legten uns längsseits neben das wackere Schiff KOLBERG, und der Dampfkran heißte ANNIE MARBLE an Bord, nachdem wir den Motor in das Bootsinnere gepackt und die gewohnte halsbrecherische Klettertour über die Schiffsleiter vollführt hatten.

Dienstagabend ging die Fahrt los, und Samstag früh erreichten wir die Themse. Wir lagen etwa zwei Kilometer unterhalb der Tower Bridge. Erst um zwölf Uhr dreißig traten günstige Flutverhältnisse für uns ein. Nachdem uns die Zollbeamten ohne viel Umstände abgefertigt hatten, war ANNIE um zwölf Uhr dreißig wieder von Bord und lag auf dem Wasser. Der Motor lief ausgezeichnet an, und wir begannen unsere letzte Fahrt auf dieser Reise. Die Themse zwei Kilometer unterhalb der Tower Bridge ist für ein offenes Boot mit flachen Boden nicht gerade das Richtige. ANNIE stand in dem Wellengang Kopf, machte Männchen, holte über und toste überhaupt ganz entsetzlich auf den Wellen herum. Das grüne Wasser schlug über Bord. Da Fluthöhe war, hatte sich der ganze Schiffsverkehr in Bewegung gesetzt. Mehr als einmal mußten wir in dem wallenden Wasser wenden, um einer Welle, die uns einholte, mit dem Bug voran zu begegnen; denn die kurzen steilen Wellen hatten die unangenehme Neigung, über den Motor hinweg auf die Achtersitze zu schlagen. Unsere Bodenplanken waren von Wasser überflutet, als wir schließlich bei der Blackfriarsbrücke an eine verhältnismäßig ruhige Stelle kamen. Diese drei Kilometer hatten mehr Gefahr und Aufregung für uns mit sich gebracht, als die über fünfzehnhundert Kilometer in Deutschland. Oberhalb der Blackfriarsbrücke zerteilte ein grimmiger Westwind die Flut in große steile Wellen, auf denen wir wie rasend dahintosten, während bei jedem Satz, den ANNIE vollführte, im Boot alles auf den Bodenplanken herumpolterte und umherschlug. Dabei war es noch ruhiger als auf dem Pool, gleich unterhalb von London Bridge; wir brauchten uns nicht einmal mit Händen und Füßen festhalten, um nicht aus dem Boot zu fliegen. Aber die Bewegung genügte uns gerade. Noch immer mit der Flut fahrend, jagten wir unter der Waterloobrücke durch. Neben der Parlamentsterrasse machten wir einen Augenblick halt, um den Benzintank aufzufüllen, und setzten dann, von Spritzwassern umsprüht, unsere Fahrt fort, bei der uns die Haare zu Berge standen. Als wir unter der Vauxhallbrücke durchgefahren waren, stand plötzlich der Motor still.

In der Flußströmung war so etwas wie ein Fell herumgeschwommen, das sich nach längerem Tauchen allmählich in eine schwammige, klebrige Masse verwandelt hatte, kautschukähnlich, aber eigentlich noch zäher. Diese Haut war in unsere Bootsschraube geraten und hatte sich in einem großen Klumpen um Schraube und Schraubenwelle herumgewickelt. Ich langte über das Heck nach unten, konnte aber weder mit den Händen noch mit einem Messer etwas ausrichten.

Wir gaben es auf, ruderten ans Ufer und machten ANNIE an einem Lastkahn fest, der neben einem zementierten Kai lag. Als wir gerade die Fangleine befestigten, bemerkte ich, daß Flutwechsel eingetreten war. Der Aufenthalt von fünf Minuten hatte genügt, uns der Flut zu berauben. Fünf Minuten später wirbelte die Strömung an uns vorüber. Der Westwind trieb sie in einem Tempo vorwärts, mit dem es ANNIE schwerlich hätte aufnehmen können, auch wenn ihre Schraube sich noch gedreht hätte.

Für uns blieb nichts mehr zu tun. Unsere Fahrt war zu Ende. Wir verließen ANNIE, die fest an ihrem Lastkahn vertäut war, und fanden eine Autodroschke, in die wir unsere Habe verstauten. Dann fuhren wir heim: zu Bädern, echt englischem Lammbraten, Leihbibliotheken, Roßhaarmatratzen und Sprungfederbetten.

Erst am Sonntagmorgen kehrte ich zu ANNIE MARBLE zurück, die bei der Vauxhallbrücke immer noch ganz bequem im Uferschlamm lag. Ich mußte eine volle Stunde schwer arbeiten, bis ich die Schraube wieder freigemacht hatte. Und dann fuhr ich noch eine Stunde mit der Flut themseaufwärts und brachte ANNIE bei Kew in ein gemütliches Winterquartier.

Sie hatte sich's redlich verdient.